Lilly Kertesz

# Von den Flammen verzehrt

## Erinnerungen einer ungarischen Jüdin

Mit einer Dokumentation von Schülerinnen und Schülern
der Kooperativen Gesamtschule Stuhr-Brinkum
Herausgegeben von Ilse Henneberg

Donat Verlag

Aus dem Ungarischen übersetzt von Zsuzsanna Szekelyne Egry


Die Deutsche Bibliothek – CIP-Einheitsaufnahme
**Lilly Kertesz:** Von den Flammen verzehrt : Erinnerungen einer ungarischen Jüdin. Mit einer Dokumentation von Schülerinnen und Schülern der Kooperativen Gesamtschule Stuhr-Brinkum. Herausgegeben von Ilse Henneberg – Donat Verlag, 1999
    ISBN 3-931737-73-X

Das Foto auf dem Hintergrund des
Titelumschlags bildet das Mahnmal
für das Außenlager Obernheide
des KZ Neuengamme ab und
stammt von Gerrit Koch, Stuhr.

© Donat Verlag, Bremen
Alle Rechte vorbehalten
Lektorat: Helmut Donat, Bremen
Umschlag und Layout: Toni Horndasch, Bremen
Druckerei: R & C-Service, Bremen

# Inhalt

# Ungarn

„Hier sind die Soldaten der Britischen Armee! Ihr seid frei! Ab morgen gibt es Lebensmittel. Die Kranken werden versorgt, die Gesunden kommen in Quarantäne. Sie können nach Hause. Keine Panik! Jeder bleibt an seinem Platz! Hier sind die Soldaten der Britischen Armee. Bergen-Belsen ist befreit!"

Ungläubig hörten wir, was der Lautsprecher verkündete. Es war still im Lager geworden. Die lange Gefangenschaft lehrte uns, vorsichtig zu sein. Vielleicht treiben die Deutschen wieder einmal einen Scherz mit uns? Oder ist es eine Falle? Lärm schreckte uns auf. Die Menge strömte dem Zaun zu. Ich hielt Icas Hand fest, damit wir uns nicht im großen Gedränge verloren. Zwei Panzer bewegten sich auf uns zu. Englische Soldaten winkten, lächelten den weinenden und schreienden Gefangenen zu. Manchmal mußten die Tanks halten, damit sie die tobenden Menschen nicht niederwalzten, von denen sich einige, vor Freude verrückt, vor sie hinwarfen. „Ich glaube, es ist doch wahr", sagte Ica mit heiserer Stimme. War der ersehnte Augenblick wirklich da? Haben wir es doch erlebt?

Es war Sonntag, der 15. April 1945. Ein Jahr war seit der Anordnung über das Tragen des gelben Sterns vergangen. Keiner ahnte, daß mit dem Einmarsch der Deutschen in Ungarn am 19. März 1944 das Schicksal der ungarischen Juden bereits besiegelt war. Viele glaubten nicht mehr an den Sieg der deutschen Armee. Ihre Stärke ließ von Tag zu Tag nach. Niemand rechnete damit, daß sie noch die Zeit hätten und sich die Mühe machen würden, die ungarischen Juden zu verschleppen. Ich wußte nur wenig darüber, interessierte mich nicht für Politik und nahm kaum wahr, daß in den benachbarten Ländern Krieg geführt wurde. Ich war zwanzig Jahre alt und verlobt, eine verliebte und fröhliche Braut. Um uns herum war die Welt in Aufruhr, Europa verblutete, aber mein Glück machte mich blind und taub. Ich ging ganz in meiner Welt auf, war viel zu sehr mit den Vorbereitungen auf das Leben mit Gyuri beschäftigt. Die

Monate nach unserer Verlobung waren schnell verstrichen, wir kümmerten uns um die Aussteuer und trafen uns so oft wie möglich.

Gyuri wohnte bei seinen Eltern in Losonc (Lucenec). Ich hatte zwei Zuhause. Bei meinen Eltern in Eger (Erlau) und in Rimaszombat (Rimovska Sobota), nahe der Kleinstadt Losonc. Bis zu meinem zwanzigsten Lebensjahr verbrachte ich meine Zeit halb hier, halb dort, an beiden Orten in einem liebevollen Heim. Längst gehörte auch Losonc in mein Reiseprogramm, aber seit Gyuri aus dem jüdischen Arbeitsdienst der ungarischen Armee entlassen worden war, besuchte auch er mich oft. Unsere Hochzeit sollte am 4. April 1944 stattfinden, und heute war schon der 18. März. Noch zwei Wochen, und es gäbe kein Hin-und-her-Reisen mehr. Ich war nach Rimaszombat gekommen, um hier am 21. März meinen zwanzigsten Geburtstag zu feiern. Abends würde Gyuri aus Losonc eintreffen.

Großmutter und Tante waren in der Küche tätig. Als ich ihnen meine Hilfe anbot, schickten sie mich lachend hinaus: „Geh und leg dich hin." Dabei war ich gar nicht müde! Ich nahm ein Buch, ging hinunter in den Park, den Tompa-Garten, und suchte mir eine sonnige Bank. Aber ich konnte mich nicht konzentrieren, ich war viel zu aufgeregt. Es war offensichtlich, warum Großmutter mich hinausgeschickt hatte. Sie wollte mich bei den Vorbereitungen für meinen Geburtstag nicht dabei haben. Es sollte der letzte Geburtstag meiner Mädchenzeit sein. Großmutter wußte, daß ich danach nicht mehr ihre kleine Enkelin sein würde, sondern eine selbständige Hausfrau. Es war ein schönes Gefühl, so geliebt und verwöhnt zu werden! Aber es würde mir auch bei Gyuri nichts fehlen. Ach, wenn es doch schon Abend wäre! Ich hatte ihn seit zwei Wochen nicht gesehen.

Gyuri war drei Jahre beim Arbeitsdienst gewesen. Ich lernte ihn in Rimaszombat kennen, wo er mit einer Hundertschaft junger, jüdischer Burschen seine reguläre Militärzeit im Arbeitsdienst absolvierte. Damals war ich achtzehn, er vierundzwanzig Jahre alt, und ein Teil des europäischen Judentums war bereits schrecklichen Verfolgungen ausgesetzt. Wohin der deutsche Marschstiefel auch trat, schlug die letzte Stunde der Juden. Immer wieder hörten wir: Die Juden werden deportiert und erschossen, die Säuglinge an den Beinen gepackt und an die Wand geklatscht, die Mädchen an die Front gebracht – zum Vergnügen der Soldaten. Wir hörten, was die Eltern und ihre Freunde sich besorgt zuflüsterten, aber wir, die Jugend, wollten die Angst nicht. Das Grauen schien uns so fern, als würden uns einige Erdteile von ihm trennen. Wir bedauerten das Schicksal unserer jüdischen Geschwister, aber wir glaubten keinen Augenblick daran, daß es auch uns treffen könnte. Dabei lebten auch wir nicht mehr in normalen Verhältnissen. In manchen Gegenden des Landes ging es den Juden noch leidlich; trotz der Judengesetze war die Ausgrenzung nicht so spürbar wie in anderen Regionen, wo es schon keine jüdische Geschäfte mehr gab und man den Juden den Gewerbeschein entzogen hatte. Jüdische Kunden wurden hinausgeekelt, die „agileren" und sogenannten „arischen" Händler hängten in ihren Geschäften Schilder mit dem Hinweis auf: „Wir bedienen keine Juden!" Auf den Markt durfte man nur zu bestimmten Zeiten gehen, in Vergnügungslokale gar nicht. Mehr als zwei Juden auf der Straße galten bereits als unerlaubte Zusammenrottung. Allein oder zu zweit war man lediglich in Seitengassen zugelassen. Verloren die Anordnungen mit der Zeit an Strenge, wurden andere Verbote erlassen.

Wir jungen Leute nahmen die Dinge, wie sie kamen. Man entzog die Gewerbescheine? Also wandten sich die betroffenen Juden in Oberungarn der Heimarbeit zu, was zugelassen war. Sie lernten weben, spinnen und sicherten sich so ihren Lebensunterhalt. Wir durften keine Vergnügungslokale besuchen? Also trafen und verabredeten wir uns woanders, veranstalteten kleine Picknicks und tanzten zum Grammophon. Die Jugend mit ihrer ungebrochenen Lebensfreude und ihrem Unterhaltungsdrang half sich, wo immer sie konnte.

Den Mädchen in Rimaszombat ging es gut, denn unter den Arbeitsdienstlern gab es viele Tänzer und Verehrer, die zwischen 21 und 25 Jahre alt waren. Aus der Kameradschaft von Gyuri und mir wurde Liebe. Wir mußten aber mit der Heirat warten, wenigstens bis Gyuri aus der Armee entlassen war. Mehr als anderthalb Jahre vergingen, aber unsere Gefühle verblaßten nicht. Im Gegenteil, sie klärten sich ab und vertieften sich. Wir lernten einander immer besser kennen, begannen unsere guten Eigenschaften zu schätzen und übten uns darin, Fehler zu verzeihen.

Plötzlich erschauerte ich und merkte, daß mir kalt war. Es war erst März; rasch ging ich ins Haus zurück. Abends holte ich Gyuri von der Bushaltestelle ab.

Am nächsten Tag, dem 19. März, war die Stadt in Aufruhr. Menschen standen in Gruppen herum und diskutierten: Die Deutschen waren in Budapest einmarschiert! Auf den Gesichtern spiegelte sich Verzweiflung oder Frohlocken, je nachdem, wozu man sich zugehörig fühlte. „Die Deutschen in Ungarn? Was geschieht jetzt mit uns?" flüsterten sich die Juden zu.

Am Tag darauf hörte ich im Halbschlaf ein anhaltendes Dröhnen. Ich ging in das andere Zimmer hinüber und sah meinen Onkel und Gyuri am Fenster stehen. Sie schauten mit einem so bestürzten Gesichtsausdruck hinaus, als ob sie etwas besonders Grauenvolles erblickt hätten. Ich lief zum Fenster. Auf der Hauptstraße marschierten Soldaten in grauer Uniform, mit durchdringendem Schritt, in endlosen Reihen. Deutsche! Ihre Stiefel klapperten über die Straße von Rimaszombat.

Erst jetzt entdeckten mich die Männer. Sie lächelten verlegen und wandten sich wortlos vom Fenster ab. Ich blieb, schaute wie verhext auf die grauen Uniformen und die schwarzen Stiefel, wie sie sich erhoben und auf die Fahrbahn krachten, immer wieder. Ich war unwissend und habe die Bedeutung des historischen Augenblickes, dessen Augenzeuge ich wurde, nicht erfaßt. Nie hatte ich wirklich auf das Flüstern geachtet, wenn man über die aus den benachbarten Ländern kommenden Nachrichten redete. Ich konnte mir gar nicht vorstellen, wie mein und unser aller Leben durch diesen Tag verändert wurde. Nur instinktiv spürte ich die Gefahr, die vom Aufschlag der schwarzen Stiefel ausging.

Mit einem Mal öffneten sich die Schleusen der Erinnerung. Worte, erschrockenes Flüstern bahnten sich den Weg zu meinem Bewußtsein: „Wohin der deutsche Stiefel tritt, schlägt die letzte Stunde der Juden. Man deportiert die Juden ... Peinigungen ... Die Mädchen werden an die Front geschleppt ... Verwüstung ... Tod." Ich stöhnte. Jemand umfaßte meine Schulter, ich hörte eine warme, liebkosende Stimme. Gyuri:

„Weine nicht, meine Kleine, und reg dich nicht auf! Das ist nichts. Die Deutschen marschieren nur durch Ungarn. In zwei Wochen bist du meine Frau, und bis dahin sind sie längst wieder weg. Du wirst sehen, wir lachen noch über diesen Tag, der dir den Geburtstag verdorben hat. Übrigens... Gott schütze dich!" Ach, ich hatte es fast vergessen, heute wurde ich zwanzig Jahre alt. Ich war geneigt, die tröstenden Worte von Gyuri zu glauben. Das Gute glaubt jeder gern. Ich schaute in sein ruhiges, lächelndes Gesicht, aber hinter dem friedlichen Blick sah ich einen anderen Gesichtsausdruck, den erschrockenen, ohnmächtigen, als ich unerwartet ins Zimmer gekommen war. Ich sah das verlegene Lächeln, als sie sich plötzlich vom Fenster abwandten und den Eindruck erweckten, als ob ich sie bei etwas ertappt hätte. „Du belügst mich, Gyuri. Es fällt dir schwer, aber du lügst, um mir den Geburtstag nicht zu verderben. Möglicherweise ist es mein letzter Geburtstag, und du willst mir die Stimmung nicht verderben."

„Warum sollte ich lügen? Glaub mir! Komm, im Speisezimmer wartet schon die Geburtstagstorte." Es war furchtbar, wir spielten alle Theater. Großmutter, die beiden Tanten, mein Onkel und Gyuri – sie waren sehr lieb zu mir. Sie scherzten und lachten, als ob unten unter dem Fenster ein Karnevalszug vorbeimarschieren würde – und nicht unsere in graue Uniformen gesteckten, bösen Feinde. Auch ich spielte Theater, sie sollten glauben, daß ihre Opferbereitschaft nicht vergebens war. Ich freute mich über die Geschenke und bemühte mich, von den Süßigkeiten zu essen. Während des Tages war Gyuri immer bei mir. Da er am nächsten Morgen in aller Frühe mit dem Zug heimfahren wollte, suchte er mich bis zu unserer Trauung zu beruhigen. Er sprach, erklärte und argumentierte. Er meinte es sehr gut. Noch im Morgengrauen stand ich auf und bereitete ihm eine Tasse Tee zu. Ich begleitete ihn, trotz seines Widerspruches, bis zum Treppenhaustor. „Fahr auch du heim nach Eger", sagte er. „Und dann Kopf hoch!" fügte er hinzu. „Hab vor nichts Angst! Auch wenn es kleine Unannehmlichkeiten gibt. Sie werden rasch vergehen, und in zwei Wochen gehörst du mir!" Er lächelte mich an, hielt meine Hand und führte sie zu seinem Gesicht. Seine Augen waren ernst, sehr ernst. „Gott behüte dich!" sagte er und küßte meine Hand.

„Gott behüte dich?" Ich erschrak. Wir hatten diesen Gruß bislang niemals gebraucht. Er schmeckte nach Abschied auf ewig oder mindestens auf eine sehr lange Zeit. „Gott behüte dich!" – so verabschieden sich Menschen, die sich trennen und nicht in zwei Wochen Hochzeit feiern wollen. Mit einem Schlag war die oberflächliche Ruhe weg, die Gyuri tags zuvor in mir zu schaffen versucht hatte. Ich betrachtete ihn unruhig, suchend. Ich zitterte. War es die morgendliche Kälte oder das wiedererstandene Entsetzen? Er spürte etwas, denn er lächelte lieb und warm und sagte mit kräftiger Stimme: „Kopf hoch! Geh hinein, sonst erkältest du dich", fügte er noch hinzu und wandte plötzlich seinen Kopf weg. Er drehte sich um. „Ja", murmelte ich, bewegte mich aber nicht. Er aber ging – langsam und etwas gekrümmt, nicht kerzengerade wie gewohnt. Er schaute nicht einmal zurück. Er überquerte die Straße, schritt um den Park herum, und bevor er um die Ecke bog, drehte er sich noch einmal um und schaute zurück auf das Haus. Er bemerkte, daß ich noch immer im Tor stand, und winkte. Ich wollte zurückwinken, war jedoch wie gelähmt, und mein Arm gehorchte mir nicht. Als es mir doch gelang, war er schon um die Ecke verschwunden.

Später setzte sich der Familienrat zusammen: Was sollte mit mir geschehen? Sollte ich hier bleiben oder nach Hause fahren? Es war mir egal, schmerzte mich ebenso, meine Großmutter zurückzulassen, wie ich mich nach meinen Eltern sehnte. Am nächsten Morgen läutete unser christlicher Nachbar. In der Hand hielt er ein Telegramm. Meine Eltern hatten es gesandt, aber aus Vorsicht an seine Adresse. Sie wünschten, daß ich nach Hause fuhr. Der Nachbar erzählte von erschreckenden Dingen: im ganzen Land, an allen Bahnhöfen und zwischenstädtischen Autobusstationen würden die Ausweise geprüft. Man suche nach Juden, auch in den Zügen. Oh Gott! Gut, daß Gyuri gestern am frühen Morgen fortgefahren ist! dachte ich. Nach langen Überlegungen ging mein Onkel zu einem ehemaligen Schulkameraden, einem nicht-jüdischen Freund seiner Kindheit. Er kehrte mit der Nachricht zurück, daß ich am nächsten Morgen mit dem Zug um 7.20 Uhr nach Eger fahren könne. Sein Freund, Onkel Geza, lieh ihm den Personalausweis seiner Tochter meines Alters und ließ sagen, ich solle in der Frühe um halb sieben bei ihnen sein. Wir würden gemeinsam zum Bahnhof gehen, und er würde mich bis nach Eger begleiten. Der Abschied war schwer, sehr schwer. Keiner sprach davon, aber jeder dachte daran, daß wir uns möglicherweise zum letzten Mal umarmten. Es war sechs Uhr früh. Außer meiner vierundachzigjährigen Großmutter stand jeder auf und zog sich an, obwohl mich doch keiner begleiten konnte. Mit den Dokumenten eines anderen Mädchens in meiner Tasche, mußte für diesen Tag vergessen werden, daß ich Agnes Weisz hieß. Vorläufig aber waren wir zusammen, wir saßen an Großmamas Bett und frühstückten gemeinsam. Ich schaute mich im Zimmer um, bewahrte das Bild in mir auf, so daß es sich nicht nur meinem Gedächtnis einprägte, sondern auch ein Teil meiner Seele wurde. Die Möbel lebten, der vom Luftzug leicht bewegte Vorhang schien zu winken. Vom Perron würde mir keiner winken, ich würde meine Geburtsstadt wie ein steckbrieflich verfolgter Verbrecher verlassen, mit vor Furcht zusammengeschnürtem Herzen und falschen Papieren. Über Großmamas Bett hing ein großes Ölbild, das meinen seligen Großvater darstellte. Er starb lange vor meiner Geburt, aber ich kannte ihn gut, weil er, seit ich mich erinnern konnte, immer auf mich mit stolzem Lächeln herabsah. Um ihn herum war die Wand voll mit den Fotos der Enkelkinder, vom Säuglingsalter bis heute. Ich habe sie immer wieder umarmt. Am schwersten war es, sich von Großmutter zu trennen. Ich war schon die Treppen hinunter, hinter mir mein Onkel und meine beiden Tanten, als ich mich umdrehte und zurück in die Wohnung eilte. Vor der Tür des Schlafzimmers wischte ich die Tränen ab, zwang mir ein Lächeln auf und drückte auf die Klinke. Zwischen schneeweißer, gestärkter Damastbettwäsche lag, halb sitzend, meine geliebte Großmutter. Ihr mit weißem Haar gerahmter Kopf ruhte auf den vielen, aufgestützten Kissen, ihre Augen waren geschlossen. Ich war froh, daß sie schlief. Ich betrachtete sie und hielt meinen Atem an. Dieses Zimmer war für mich immer ein Heiligtum der Ruhe. So wollte ich Großmama in meiner Erinnerung bewahren: schlafend, in einer gutriechenden Atmosphäre, ruhig und still zwischen der gepflegten Bettwäsche. Da sprach sie leise, ohne die Augen zu öffnen: „Geh nur ruhig, der liebe Gott behütet dich auf deinem Weg!"

Der Bahnhof war fast leer. Onkel Geza hatte die Fahrkarten schon tags zuvor gekauft und organisierte es so, daß wir nur einige Augenblicke vor der Abfahrt ankamen, damit wir uns am Bahnhof nicht lange aufhalten mußten. Aber es gab es keine Ausweiskontrolle, und wir stiegen ohne Zwischenfall in den Zug. Der Abschied lastete auf meinem Gemüt, was mich davon ablenkte, mich um mich selbst zu sorgen. Ich saß traurig, aber ruhig auf meinem Platz. Nach zehn Minuten erschien der Kontrolleur. Er verlangte die Fahrscheine, salutierte und ging weiter. Nach einer Minute folgten zwei Gendarmen: „Bitte den Personalausweis!" Ich glaubte, mein Herz würde zerspringen. Onkel Geza, der mir gegenüber saß, drückte unbemerkt meinen Fuß. Mit ruhigem, natürlichem Gesichtsausdruck sah er, das auch ich meine Gesichtsmuskeln beherrschte. Ich holte tief Luft, und als ich an der Reihe war, konnte ich schon wieder lächeln; meine Hand zitterte nicht, als ich „meinen Ausweis" aus der Tasche nahm und hinstreckte. Danach war Onkel Geza dran.

„Ihre Tochter?" zeigte der Gendarm auf mich. „Sie können es doch sehen", antwortete er mit beleidigter Stimme. „Ist ja gut, ich frage ja nur, weil es derselbe Name ist." – „Dann hätten Sie es auch von selber erraten können", brummte Onkel Geza mit halblauter Stimme. Er nahm seine kurze Pfeife heraus und begann, sie zu stopfen. Der Gendarm salutierte, sie wandten sich dem nächsten Fahrgast zu. Als sie den Wagen verließen, leerte Onkel Geza seine Pfeife, lehnte sich zurück und schloß die Augen. Er wurde bleich. Ich verstand nicht, warum? Es war doch gar nichts los, die Gendarmen sind doch auch nur Menschen und waren sogar sehr höflich. Nach kurzer Zeit erreichten wir Feled. Wir mußten umsteigen. Die Kontrolle lief wieder ohne Zwischenfall ab. Die Gendarmen waren leise und höflich. Ich saß am Fenster. Die Sonnenstrahlen liebkosten mein Gesicht. Die Bewegung des Zuges, sein rhythmisches Rattern zogen mich in den wiegenden Schoß des Schlafes. Das Stampfen laufender Füße und Geschrei weckten mich auf. Die Klapptür flog auf, und ein gut gekleideter junger Mann rannte über den mittleren Durchgang des Waggons. Sein über dem Anzug getragener offener Staubmantel wehte wie ein Flügel hinter ihm her. Hinter dem jungen Mann eilte,

laut fluchend, der vorher noch „höfliche" Gendarm her. „Haltet ihn!"
schrie er. „Er ist ein Jude!"

Ein Mann sprang auf und stellte sich dem jungen Mann in den Weg,
aber der fegte ihn weg. Der Mann verlor sein Gleichgewicht und stürzte
auf den Gendarm, der ihn, böse fluchend, mit einer Hand beiseite stieß.

Der Zug, der schon seit einiger Zeit die Fahrt verlangsamte, blieb am
Bahnhof von Csíz stehen. Der junge Mann sprang ab und rannte zum
Ausgang. Der Gendarm verfolgte ihn, die Leute machten ihm erschrok-
ken Platz. „Halt, oder ich schieße!" schrie der Gendarm, aber es kam
nicht dazu; die am Bahnhof stationierten beiden anderen Gendarmen
stürzten sich auf den Flüchtigen und rissen ihn zu Boden. Der Wach-
mann aus dem Zug steckte alle seine Wut in den Fußtritt, mit dem er auf
die Niere des am Boden Liegenden zielte. Der Unglückliche schrie auf.
Noch einen Tritt in die Niere, danach ins Gesicht. Nie werde ich den
Schrei des jungen Mannes vergessen. Seine Brille flog weg, und sein
Gesicht verwandelte sich nach zwei bis drei Fußtritten in einen blutü-
berströmten Fladen. Sie mußten ihn nicht weiter festhalten, er konnte
nicht mehr flüchten. Auch die beiden anderen traktierten ihn mit Fußtritten und beschimpften ihn. „Der Stinkjude! Hat er etwa geglaubt, er könne mit dem alten Trick, sich im WC zu verstecken, einen ungarischen
Gendarm überlisten?"

Ich wurde fast ohnmächtig, konnte mich aber nicht abwenden. Zum
ersten Mal traf mich die neue Wirklichkeit; ich spürte, daß die Zeit der
Greuel uns erreicht hatte, und was ich beobachtete, sollte erst der Anfang sein. Wie verhext sah ich auf den am Boden liegenden jungen Mann,
der im Alter von Gyuri sein konnte. Ohne Brille sah er ihm sogar ähnlich. Wahrscheinlich hatte ihn der 19. März fern von zu Hause überrascht, und er war wie ich heim zu seinen Eltern geeilt. Seine Mutter,
die ihn erwartete, hatte keine Ahnung davon, daß ihr Sohn im eigenen
Blut am Boden des Perrons an einem Bahnhof lag – vor aller Augen. Sein
einziger Fehler: Er war als Jude auf die Welt gekommen! Menschen
standen um ihn herum. Einige lachten, andere zuckten mit den Achseln
oder entfernten sich kopfschüttelnd. Mein Magen zog sich zusammen,
ich verspürte einen starken Brechreiz. Onkel Geza wollte mir helfen,

15

aber ich hielt mich am Oberteil des geöffneten Fensters fest. Meine Augen hefteten sich auf einen Punkt, auf die liegen gebliebene Brille, in der sich die Sonne spiegelte.

Langsam setzte sich der Zug in Bewegung, hielt aber gleich an. „Was ist schon wieder geschehen?" fragten die Passagiere und drängten sich an die Fenster. Sie kamen auch zu meinem Fenster und erdrückten mich fast. Ich sah nichts, wollte auch gar nichts sehen.

„Sie haben wieder einen Juden gefangen", stieß einer hervor. „Nicht einen, zwei, eine Frau ist dabei", tönte eine Frauenstimme. „Nein, sogar drei, die Frau hat einen kleinen Jungen dabei. Es wird aufregend! Was glauben Sie", fragte sie den neben mir sitzenden Mann, „was macht man mit ihnen? Werden sie eingesperrt?"

„Warum sollte man das tun?"

„Weil sie Juden sind, natürlich."

„Hören Sie zu, ich kenne keinen einzigen Juden näher", sagte der Mann. „Ich habe keinen jüdischen Freund, daher sage ich es nicht deshalb; aber so etwas habe ich noch nie gehört, daß man jemanden einsperrt, ohne daß er etwas Gesetzwidriges getan hätte, nur weil er Jude ist."

„Sie haben so etwas noch nicht gehört?" warf eine weitere Stimme ein. „Von jetzt an werden Sie es sogar sehen können. Endlich haben unsere deutschen Freunde grünes Licht gegeben. Sie werden schon bald erfahren, wie sauber Ungarn sein wird, ohne Juden und Zigeuner. Endlich reine Luft atmen können, in unserem eigenen Land."

„Sind Sie Faschist?"

„Warum? Ist das eine Schande? Ich sage Ihnen, was eine Schande ist: Wenn ein ungarischer Mensch so spricht wie Sie, der das Volk gegen die Ordnung und das Gesetz hetzt. Der lange Arm unserer Gesetze wird auch Sie noch erreichen. Solche Ungarn wie Sie haben wir nicht nötig."

„Was paßt Ihnen nicht an mir?" fragte die vorige Stimme ruhig.

„Sie fragen noch? Sie wollen anderen weismachen, daß nicht jeder Jude den Strick verdient, auch wenn er erst heute geboren ist!"

Ich sah, wie sich die Hand von Onkel Geza zur Faust ballte, die Knochen ganz weiß wurden unter der dünn gewordenen Haut. „Oh Gott, er soll nur nichts sagen!" betete ich.

„Jetzt wird ein junges Mädchen weggebracht", setzte die Frauenstimme fort. „Sie fällt fast in Ohnmacht und kann kaum gehen. Welch ein Zirkus", kicherte sie.

Der Schaffner und ein Gendarm traten ein. „Sind Neue hinzugestiegen?"

„Bei uns nicht", antwortete eine Frauenstimme. „Egal, jeder soll seinen Ausweis und Fahrschein vorzeigen", befahl er. „Herr Schaffner, wann fahren wir endlich weiter?" wollte die Frau wissen. „Sie werden es schon merken!" lautete die Antwort. „Die Juden! Immer wenn etwas Schlechtes auf der Welt geschieht, ist es wegen der Juden. Ich bin müde und will nach Hause", raunzte die Frau erneut.

Weiter von mir entfernt, neben dem gegenüber liegenden Fenster, saß ein älterer Herr. Sein Kopf kippte zur Seite, sein Hut rutschte auf die Stirn, er schien tief zu schlafen. Wie war das nur möglich in diesem Rummel? Auch dem Gendarmen war das aufgefallen. Er schüttelt ihn an den Schultern. „Ihren Personalausweis und Ihren Fahrschein, bitte!"

„Gewiß", er griff in die Tasche und überreichte ihm beides. Der Gendarm betrachtete den Ausweis und fragte: „Ihr Name?"

„Ferenc Kocsis."

„Der Name ihres Vaters?"

„Peter Pal Kocsis."

„Borbala Cukor", las der Gendarm halblaut.

„Ja bitte, das ist der Name meiner Mutter", sagte der ältere Herr schnell.

„Sicher?"

„Ich verstehe nicht."

„Sind Sie wirklich Ferenc Kocsis?"

„Sie sehen es doch."

„Noch nicht, aber ich werde es gleich feststellen. Kommen Sie mit!"

„Aber warum? Wohin?" zuckte sein Mund.

„Nur eine kurze Prüfung. Ist alles in Ordnung, können Sie sofort zurück, und ich bitte Sie um Entschuldigung."

Ich sah, daß sie in den Abort neben uns gingen. Der Gendarm kam bald wieder – allein. Der Schaffner prüfte inzwischen die Fahrscheine, der Gendarm setzte die Ausweiskontrolle fort. Onkel Geza hielt meine eiskalten Finger fest, rieb und wärmte sie. Ich spürte die Kraft seiner Hände und die Ermunterung seines väterlichen Lächelns. Als der Gendarm unsere Bank erreichte, tat Onkel Geza so, als ob er ein angefangenes Gespräch fortsetzen würde und tadelte mich halblaut. „Du weißt doch genau, daß Dir ohne Arznei immer schlecht wird beim Reisen!" Dabei drückte er meine Hand mit solcher Kraft, daß es weh tat. Ich verstand, was er wollte und sah ihn vorwurfsvoll an. „Nicht genug, daß mir schlecht ist", erwiderte ich, „Du streitest auch noch mit mir. Ich habe es vergessen, was soll ich jetzt tun?"

„Sag nur nicht, zum ersten Mal, voriges Mal hast du es auch 'vergessen'."

„Ich leide nicht, Vati", behauptete ich trotzig und begann zu weinen. „Oh, pardon", entschuldigte ich mich bei dem Gendarmen, „das ist mein Personalausweis, den Fahrschein hat mein Vater." – „Was machen Sie mit dem Mädchen, warum tun Sie ihm weh?" fragte der Gendarm „meinen Vater", der mich noch immer böse anschaute.

„Sie ist kein kleines Mädchen mehr, sie könnte soviel Verstand haben, nicht nur eine Puderdose in ihre Handtasche zu stecken, sondern auch die Pillen gegen Brechreiz, wenn sie auf Reisen geht. Muß ich mich auch noch darum kümmern? Was soll ich jetzt mit ihr machen? Ihr ist schon seit einer halben Stunde schlecht."

„Ist schon gut, sei nicht böse, daß ich geschrien habe", wandte er sich mir zu und klopfte mir aufs Knie. Mit der anderen Hand hielt er seinen Ausweis und die beiden Fahrscheine hin. Mit einem „Danke" wandte sich der Gendarm dem Nächsten zu. „Lehnen Sie sich aus dem Fenster, und holen Sie tief Luft!" rief mir der Schaffner, dann ging auch er zum nächsten Fahrgast. Ich lehnte mich aus dem Fenster, Tränen rannen mir die Wangen hinunter. Gerade wurden die Juden von einigen Gendarmen weggeführt. Der junge Mann war nicht dabei, nur seine Brille lag noch immer am Boden.

Der ältere Herr aus unserem Abteil ging ebenfalls totenbleich in der Gruppe. Wo war sein Hut geblieben? Seine Sachen lagen noch immer im Gepäcknetz. Warum schaffte man ihn fort und nicht mich? Warum war ich unbehelligt geblieben? Offenbar hatte Onkel Geza meine Reise besser organisiert, waren wir glaubwürdiger erschienen. Er war außerordentlich geschickt und reaktionsschnell gewesen. Vielleicht hatten wir uns einfach besser angestellt? Mit Grauen dachte ich darüber nach, von welch kleinen Dingen Menschenschicksale abhängig sein konnten.

Die Mutter trug ihren Jungen auf dem Arm, er umschlang fest ihren Hals. Als der traurige Zug in der Kurve verschwand, überkam mich das Gefühl, aus dem Fenster springen zu müssen, ihnen nacheilen, mich in ihre Reihe stellen und mit ihnen ihr Los teilen zu sollen. Ich haßte mich dafür, daß ich mich drückte, log, Theater spielte, während sie ins Martyrium zogen.

Onkel Geza stellte sich neben mich. Der Zug setzte sich in Bewegung, hinter uns frohlockten die anderen laut, und natürlich konnten sie nicht hören, worüber wir, aus dem Fenster gelehnt, sprachen:

„Mach dir keine Vorwürfe, Lilly, du hättest ihnen ohnehin nicht helfen können", flüsterte Onkel Geza, als ob er meine qualvollen, von Gewissensbissen geplagten Gedanken erraten hätte. Grübelnd blickte er der sich entfernenden Station nach. „Ich weiß nicht, welches Schicksal sie erwartet, und ich würde lügen, wenn ich sagte, daß es mich kalt ließe; aber es hülfe ihnen nicht, wenn du mit ihnen gehen würdest. Es würde nur eine Mutter mehr weinen… Ich gebe dir einen Rat, ich glaube, du wirst ihn nötig haben: Wie auch immer sich deine Zukunft gestaltet, paß auf dich auf! Dazu bist du verpflichtet, dir selbst sowie denen gegenüber, die dich lieben, denen du wichtig bist. Vergiß das niemals! Aufgeben ist eine Sünde! Und jetzt nimm dich zusammen", fügte er hinzu, „wir sind bald in Bánréve. Dort müssen wir umsteigen. Es kann einfach gehen, es können aber auch Komplikationen auftreten. Bereiten wir uns immer auf das Schlechtere vor, so können wir nur angenehme Überraschungen erleben. Als wir vor den Gendarmen diese kleine Szene gespielt haben, hast du dich als prima Partnerin erwiesen", lächelte Onkel Geza mir zu, „es war eine Freude zu sehen, wie schnell du kapierst und welches schauspielerische Talent du hast. Mein Herz ist deshalb viel leichter, und ich bin sicher, daß ich dich ohne Schwierigkeiten nach Eger bringen werde. Hör nicht auf das dumme Gerede der Reisenden und erlaube nicht, daß sie dich entmutigen."

Ich erinnerte ihn nicht daran, daß auch er seine Ohren nicht ganz zumachen konnte. Als er die menschliche Dummheit, die unbegründete Gehässigkeit hörte, hatte sich da nicht seine Hand zu einer Faust geballt? Der teure Onkel Geza. Was für ein großartiger Mensch! Was wäre aus mir ohne ihn geworden? Dankbar drückte ich seine Hand. „Ich weine nicht mehr", flüsterte ich ihm zu.

Banrévé, Endstation. Ich war über mich selbst überrascht, wie ruhig ich zur Kenntnis nahm, daß der Zug von Gendarmen erwartet wurde. Die Waggons leerten sich wegen der Ausweiskontrolle nur langsam. Wer weiter fuhr wie wir, mußte in den Wartesaal gehen. In zwanzig Minuten würden wir einen Anschluß nach Putnok haben.

Ich aß einen Apfel und schaute auf den verlassenen Perron. Meine Gedanken kreisten immer wieder um einen Punkt: Wie geht es Gyuri? Ist er überhaupt zu Hause angekommen? Vorgestern in der Frühe hat es vielleicht noch gar keine Ausweiskontrolle gegeben. Wann werde ich etwas über ihn erfahren? Wenn man ihn festgenommen hat, was nützt es, wenn ich entkomme?

Gegenüber stand noch immer der Zug, mit dem wir vor zehn Minuten angekommen waren. Aus einem Fenster lehnte sich der Schaffner und rief: „Herr Wachtmeister! Wir haben einen gefunden." Mein Herz verkrampfte sich. Der Gendarm sprang auf den Zug, und wenige Augenblicke später trieb er einen etwa achtzehnjährigen Burschen zur Treppe des Ausgangs. Der Junge hielt sich an der eisernen Stange fest und flehte den Gendarm an. Der trat ihm einfach in den Hintern, und der weinende Junge flog die Treppe hinunter. Wieder aufgerappelt, begann er erneut um Verständnis zu bitten. „Halt's Maul", brüllte der Wachtmeister, „sonst schlage ich dir alle Zähne aus! Feiger Jude! Erst verstecken und dann herumjammern. Geh, du räudiger Hund!" Er schlug ihm den Gewehrkolben auf den Rücken. Der Getroffene heulte und schrie. Bald waren sie nicht mehr zu sehen, und ich hörte nur seine Stimme, die auch dann noch in meinen Ohren klang, als wir den Zug nach Putnok bestiegen. Ich erschauerte und dachte an Pista, meinen achtzehnjährigen Bruder, der zur Zeit in Budapest weilte. Ob auch er versuchte, nach Hause zu gelangen?

Auf dieser Strecke gab es keine Kontrollen, aber in Putnok warteten, zusammen mit den Gendarmen, schon Hunde auf uns. Wir kamen glatt durch, die Weiterfahrenden wurden auch hier in den Wartesaal geschickt, wo ein Buffet auf die Reisenden wartete. Wir kauften Sodawasser, wuschen uns die Hände und ließen uns in einer Ecke nieder. Wir packten unseren Reiseproviant aus, aber ich konnte nichts essen. Nach nervenzerreibendem Warten fuhr der Zug nach Eger an.

Die längste Etappe der Reise begann. Ich versuchte zu schlafen, wollte der schrecklichen Welt entfliehen und das laute, fortwährende Politisieren nicht mehr hören. Das Hauptthema war nicht mehr der Krieg, sondern der Einmarsch der Deutschen und die neue Lage der Juden, nicht gerade angenehm für die Ohren eines jüdischen Mädchens, das mit falschen Papieren reiste, und dem bei jedem Türaufmachen das Herz schneller schlug.

Eine schwere Probe stand mir am Bahnhof in Eger bevor. Es war zwar keine kleine Stadt, aber möglicherweise traf ich auf Bekannte, die – wie so viele – übergelaufen waren. Ich wäre verloren gewesen – und mit mir zusammen auch Onkel Geza.

Ich beugte mich aus dem Fenster und gab ihm ein Zeichen, meinem Beispiel zu folgen. Ich bat ihn, sich von mir in Eger zu trennen; ich wollte nicht, daß er sich in Gefahr begab. Er sagte entschieden nein. Er setzte sich und damit war das Thema erledigt.

Als wir uns dem Bahnhof näherten, klebten wir geradezu an der Ausgangstür. Wir stiegen als erste aus, Ausweiskontrolle, und schon waren wir auf der Straße. Was nach uns geschah, weiß ich nicht. Ich band mein Tuch um und schaute weder nach rechts noch nach links. Wir wohnten weit vom Bahnhof entfernt. Onkel Geza trug meine Reisetasche, ich die Handtasche. Stumm eilten wir durch die Straßen. Bekannte trafen wir nicht.

Jutka tummelte sich mit dem Hund auf dem Hof. „Lilly ist da!" Meine vierzehnjährige Schwester schrie so laut, daß jeder hinausstürmte, um zu sehen, was geschehen war. Alle freuten sich. Sie hatten nicht gewußt, ob das Telegramm in meine Hände gelangt war. Würde ich kommen oder nicht? „Wir haben schon bereut, daß wir dir telegraphierten", erklärte

Mutter. „Wir hörten, daß man die Reisenden kontrolliert, die Juden herausholt und verschleppt. Oder sagt man das nur so? Was wißt ihr? Ich frage auch wegen Pista." – „Es war wie immer. Lang, ermüdend, dreimal umsteigen, aber niemand störte uns, auch andere nicht", sagte ich, ohne mit der Wimper zu zucken. Onkel Geza schaute mich anerkennend an. „Trotzdem haben wir uns auf alle Eventualitäten vorbereitet", fuhr ich fort, „Panikmacher gibt es in Rimaszombat genauso wie hier. Ich benutzte die Papiere der Tochter von Onkel Geza, und wir reisten zusammen als Vater und Tochter."

Onkel Geza hob erschrocken den Kopf, als Vater und Mutter ihm die Hand drückten. „Ich verdiene keinen Dank. Wirklich nicht. Ich empfinde es als Ehre, daß mich Jenó in seiner Not aufgesucht hat. Ich weiß, wie schwer es ihm gefallen ist. Für sich selbst hätte er es niemals getan."

„Aber Geza, wir kennen einander doch seit unserer Kindheit, du warst immer gut und bescheiden", sagte Mutter. „Wir haben uns lange nicht mehr gesehen, du aber bist der alte geblieben."

„Ich meine es ernst", wandte Onkel Geza ein. „Ich habe niemandem einen Gefallen getan, nur ein wenig von einer alten Schuld abgetragen."

„Ich verstehe nicht."

„Du weißt, daß ich im Ersten Weltkrieg mit Jeno zusammen war…"

„Ja. Du wurdest verwundet. Schwer!"

„Und Jeno?"

„Er nur ganz leicht. Er hat nicht einmal Urlaub bekommen."

„Hat er das so erzählt?"

„Natürlich."

„Dann wird es Zeit, daß du die Wahrheit erfährst! Wir hatten mit acht Mann Wachdienst in einem vorgeschobenen Schützengraben. Bevor es dunkel wurde, erwischte uns ein Volltreffer. Fünf starben, wir drei waren verwundet. Am leichtesten Jeno, an seiner rechten Schulter. Ich hatte einen Bauchschuß, der andere Kamerad eine Kopfverletzung, außerdem waren wir fast begraben, unsere Lage schien völlig aussichtslos. Ich riet Jeno, uns liegenzulassen und abzuhauen, solange er noch die Kraft dazu habe. Ich dachte, uns könne er ohnehin nicht mehr helfen. Trotz seiner verwundeten Schulter schaufelte er uns frei. Inzwischen war es ganz dunkel, und die Schießerei hörte auf. Ich wurde ohnmächtig und kam erst nach der Operation, im Krankenhaus, wieder zu mir. Man erzählte uns, wie man uns im Morgengrauen gefunden hatte, schon in der Nähe unserer Einheit. Keiner verstand, wie es dem verwundeten Jeno gelungen war, zwei völlig hilflose Körper so weit zu schleppen. Er war zwar besonders kräftig, aber das grenzte an ein Wunder. Er verlor erst dann sein Bewußtsein, als er sah, daß man uns gefunden hatte und er sich nicht mehr verantwortlich fühlen mußte. Fast wäre er verblutet und draufgegangen, aber nicht das schmerzte ihn, sondern daß der am Kopf verletzte Kamerad starb.

Als er rekonvaleszent war, erhielt Jeno einige Wochen Urlaub. Er wies ihn zurück. Wie sollte er 'faulenzen', wenn man im Feld jeden Soldaten benötigte. Jeder wußte, daß es sein innigster Wunsch war, Kampfflieger zu werden. Nach seiner Genesung schickte man ihn zur Fliegerausbildung. Den Rest des Krieges, etwa anderthalb Jahre, kämpfte er als Flieger, aber das kennt ihr ja schon. Nur eines wißt ihr nicht, was für ein vorzüglicher Soldat er war. Als er seine Auszeichnung erhielt, zeigte er sich verwundert: 'Ich hab doch nur das getan, was ich tun mußte. Dafür erwartet man kein Lob.' Ich konnte mit ihm nie über die Geschehnisse reden, er fürchtete, Dank zu hören. So habe ich es erst gar nicht versucht, ich wollte seine Freundschaft nicht verlieren. Seit Jahrzehnten bedrückt mich der nie ausgesprochene Dank." Er wandte sich Mutter zu: „Verstehst du jetzt, weshalb ich sagte, ich trage nur ab?"

Onkel Geza schaute gedankenverloren ins Nichts und führte das Weinglas, das Vater ihm gereicht hatte, zum Mund. Er räusperte sich, dann sagte er leise, als ob er zu sich selbst spräche:

„Woher nehmen sie das Recht, einen so mutigen und stolzen Menschen auszugrenzen? Warum gehen sie so mit einem solchen Patrioten um und stoßen ihn aus? Ich verstehe diese Welt nicht mehr, ich verstehe nicht..."

Jutka unterbrach die traurige Stimmung. „Lilly, wir sagten dir noch gar nicht: ein Telegramm ist für dich gekommen."

„Ein Telegramm?"

„Von Gyuri!"

„Wo ist es?!" Ich stieß fast den Tisch um und rannte Jutka hinterher, die das Telegramm holen wollte.

„Viel Glück zu Deinem Geburtstag! Mit ewiger Liebe! Gyuri" – aufgegeben am 21. März in Losonc.

Er ist also gut zu Hause angekommen! Ich dankte Gott. Das Telegramm war das schönste Geburtstagsgeschenk.

„Es freut mich, daß ich der Familie nach Rimaszombat gleich zwei gute Nachrichten bringen kann", sagte Onkel Geza beim Abschied. „Du und Gyuri seid glücklich heimgekehrt. Auch Pista wird kommen, und wenn nicht, wird bald ein Brief vom ihm da sein." Pista aber blieb verschwunden, auch hat er nie geschrieben. Seine Zimmerfrau antwortete nicht auf unseren Brief. Mama war sehr beunruhigt, zwar beherrschte sie sich und wartete – wenigstens auf eine Nachricht.

Im Radio wurden mehrmals täglich die Juden beschimpfende und ihre Rechte schmälernde Anordnungen mitgeteilt. Der Sprecher verlas die Schmähungen mit wachsendem Genuß und mit dem Pathos eines Vortragskünstlers. Es war schrecklich zuzuhören, aber wir mußten die neuen „Gesetze" kennen. Für Juden war nun auch in unserer Region der Besuch von Theatern, Kinos und Vergnügungslokalen verboten. Auf der Straße durften sie nicht in Gruppen gehen, mehr als zwei Personen galten schon als Gruppe. Christliche Händler durften in ihren Geschäften keinen Juden bedienen. Dann hieß es: Ein Jude darf kein christliches Geschäft betreten. Jeden Tag etwas neues, etwas anderes... Der Großteil der Anordnungen war mir bekannt, galt in Oberungarn schon vor dem Einmarsch der Deutschen.

Danach zogen sie das jüdische Vermögen ein, und man mußte alle Wertgegenstände abliefern. Vom Schmuck durfte nur der einfache Ehering behalten werden. Die Fabriken und Betriebe jüdischen Besitzes wurden geschlossen. Man beschlagnahmte die Safes und sperrte die Bankkonten; ihre Besitzer durften jeweils nur tausend Pengö Bargeld behalten, egal, wieviel Bankkonten man besaß.

Zur Wohnungseinrichtung durften keine wertvollen Gemälde, Teppiche oder Silberwaren mehr gehören. Das alles mußte mit einer Inventarliste abgegeben werden. Man kontrollierte, ob das Gesetz nicht hintergangen wurde und die Wertgegenstände nicht bereits vor der Ablieferung verkauft worden waren.

Viele reiche und wohlhabende Juden schleppte man „zur Vernehmung", um mit Hilfe von Prügeln und Folter ein Geständnis zu erzwingen und herauszubekommen, ob noch etwas da war, wo sie es versteckt und wem sie es gegeben hatten. Die armen Juden standen vor anderen Problemen. Sie besaßen zwar keine Fabrik, kein Bankkonto, keine wertvollen Gemälde oder Diamanten, aber eine Armbanduhr oder eine Halskette, die einmal der Mutter oder Großmutter gehört und so einen größeren Wert als den wirklichen hatte. Die junge Nachbarsfrau trauerte um ihren dünnen Rubinring. Ihr Mann, der sich inzwischen im Arbeitsdienst befand, schenkte ihn ihr zur Verlobung. Sie wußte nur, daß er sich irgendwo am Don aufhielt und es mehr als ein halbes Jahr her war, daß sie einen Brief von ihm erhalten hatte. Sie waren nach ihrer Heirat gerade zwei Wochen lang zusammen gewesen.

Ich selbst besaß ein kleines Medaillon, den Magen David, an dem ich sehr hing, obwohl sein Wert gleich Null war. Die Kette mußte ich abliefern, aber das papierene, winzige Medaillon, machte ich vorher ab, fädelte es auf Zwirn und hängte es mir wieder um den Hals. Das körperfarbene, blasse Gold schmolz schier in meine Haut. Ich beschloß: Das wird mein Talisman.

Wenig später trat das neue, die Juden in ihrer äußeren Erscheinung unterscheidende „Gesetz" in Kraft, die Anordnung über das Tragen eines gelben Sterns, der seit dem 5. April für jede Person jüdischer Abstammung, vom 6. Lebensjahr an, obligatorisch wurde. Ohne den gelben Stern durfte man nicht auf die Straße treten. Am 4. April fertigten wir den 10 x 10 Zentimeter großen Stoffstern und nähten ihn auf jedes Kleid, auf jeden Mantel.

Der 4. April. An diesem Tag sollte eigentlich unsere Hochzeit sein. Vor einem Monat dachte ich mit großer Ungeduld, daß der so sehr erwartete Tag überhaupt nicht kommen würde. Jetzt erhielt ich statt des weißen Kleides einen gelben Stern. Kaum hatten wir uns etwas erholt, erreichte uns der Befehl, daß die Juden zusammenziehen müßten, eine Anordnung, die der Entstehung des Ghettos vorausging.

Ghettos wurden, den lokalen Verhältnissen entsprechend, in Städten und Dörfern errichtet. In Eger wählte man das Terrain um die Synagoge herum aus, es gehörten sechs Straßen und zwei Marktplätze dazu. Alle jüdischen Familien mußten hierher übersiedeln. Unser Haus am Flußufer hinter dem Dobo-Platz lag in dem Ghetto. Wir mußten nicht umziehen, aber andere aufnehmen. Sie kamen mit dem Notwendigsten: ein paar Möbelstücke, Küchengerät, Kleider und Bettwäsche; es war alles sehr eng, manchmal kochten drei, vier Frauen in der winzigen Küche.

Das Ghetto wurde mit einer Wand aus Holzlatten umzäunt und von Polizisten bewacht. Wir waren von der Welt abgeschnitten, aber die Welt kam zu uns. Meistens erreichte uns die Post. Auch von Gyuri traf ein Brief ein. Er war wieder im Arbeitsdienst, der Brief in Jósvafö abgeschickt. Auf einem Umweg erhielten wir die Nachricht, daß Pista sich am 23. März, dem Tag, als ich nach Hause gekommen war, ebenfalls auf den Heimweg gemacht hatte. Er vertraute auf sein dunkelblondes Haar, seine blauen Augen und sein selbstbewußtes Auftreten, aber am Ostbahnhof wurden nicht die Augen, sondern die Dokumente geprüft. Man verschleppte ihn in das von Budapest nordöstlich gelegene Internierungslager Kistarcsa. Meine armen Eltern! Mutter tat alles, um sich nichts anmerken zu lassen, aber ihre roten, geschwollenen Augen sprachen eine andere Sprache.

Nach einem Monat mußten auch die älteren Männer zum Arbeitsdienst. Nur die Frauen, Mädchen, Kinder und Greise blieben im Ghetto. Mein dreiundfünfzigjähriger Vater hatte ein Leiden in den Beinen, deshalb brauchte er nicht einzurücken. Onkel Miklos, der Ehemann meiner Tante, war schon über sechzig Jahre alt und wurde deshalb verschont. Ihre beiden Söhne Sanyi und Lacika waren schon seit langem beim Arbeitsdienst.

Das Haus hinter uns gehörte nicht mehr zum Ghetto. Hier wohnte Marika, die ein Jahr ältere Freundin von Jutka. Die Mädchen entdeckten, daß die Steinmauer, welche die beiden Höfe trennte, an einer oberen Stelle rissig war. Jede schleppte etwas zum Hinaufsteigen an die Mauer, und so konnten sie sich verständigen und oft stundenlang miteinander reden.

Marika brachte manchmal ausgelesene Zeitungen mit oder erfreute Jutka mit einem guten Bissen. Sie schenkte ihr natürlich das, was ihr selbst gehörte. Ihre Eltern wußten nichts von ihrem Treffen.

Am 24. Mai wurde Jutka vierzehn Jahre alt. Marika besorgte Eier, und Mutter buk eine Biskuitrolle, gefüllt mit hausgemachter Aprikosenmarmelade. Tante Kata bereitete Gebäck zu und gab Jutka ein großes Stück ihres berühmten, streng gehüteten Quittenkäser mit Mandeln. Ich schenkte ihr meine Flasche „Kölnisch Wasser". Es herrschte eine festliche Stimmung. Wir hatten zwar kein Fleisch, aber es war das erste und einzige Mal, daß wir im Ghetto Gebäck aßen.

Am 1. Juni wurde eine Gruppe für die Arbeit zusammengestellt. Wir mußten zu Fuß in das von Eger sechzehn Kilometer entfernte Kerecsend gehen und nahmen für drei Tage Essen, Kleidung und Decken mit. Die Gruppe bestand aus arbeitstüchtigen Frauen und einigen Männern. Die Alten, Kranken und die Kinder blieben im Ghetto. Auch Jutka kam nicht mit. Am Ausgangstor des Ghettos nahmen uns Gendarmen in Empfang. Sie bewachten uns wie Verbrecher.

Ich holte tief Luft, als ob sie hier anders, frischer wäre. Ich wußte, daß es nur eine Illusion war, die Illusion der Freiheit nach Tagen im Ghetto. Aber der Dobo-Platz vor uns sah aus wie immer. Die Händler packten schon ihre Ware aus, stellten ihre „Tische" auf und verteilten das Obst und Gemüse. In einer Stunde würden die Dörfler kommen, frischen Quark bringen, Eier, Sahne, in große, grüne Blätter gewickelte, tautropfige, feine, gelbe Butter. Auch heute würde der Platz voll werden, wie jeden Tag im Winter und im Sommer. Nichts schien sich verändert zu haben. Das Leben in der Stadt ging weiter, als ob nichts geschehen wäre.

Bemerkten die Menschen nicht, daß seit einiger Zeit Gesichter fehlten, die sie vom Sehen her kannten oder mit denen sie sogar befreundet gewesen waren? Fiel den Händlern nicht auf, daß viele gute und alte Käufer weggeblieben waren? Sahen sie die Wand aus Holzlatten nicht? Dachte niemand daran, wann wir zuletzt Quark, Butter oder Obst gegessen hatten? Wunderten sie sich nicht darüber, daß keiner je aus dem Ghetto herauskam? Vermißten unsere alten, nichtjüdischen Freunde uns nicht? Ich hätte einiges dafür gegeben, es zu wissen. Bestimmt waren einige unter ihnen, die uns nicht vergessen hatten. Ehemalige Mitschülerinnen, mit denen wir in den Unterrichtspausen gespielt oder uns unterhalten haben. Wie oft hatten wir auf dem Heimweg kleine Geheimnisse ausgetauscht oder das von den Müttern eingepackte Brot und Obst miteinander geteilt. Dachte eine von ihnen an mich?

In der Mitte des Platzes stand die Skulptur Alajos Strobls über „Die Frauen von Eger". Sie verteidigten einst die Burg, an der Spitze Katica Dobo, schütteten von der Burgmauer heißes Wasser hinunter und warfen riesige Steine auf die angreifenden Türken. Sämtliche Einwohner Egers waren in der schon seit langem eingeschlossenen Burg untergekommen. Wie müssen sie sich nach der Freiheit gesehnt haben! Auch ich bin ein Mädchen aus Eger, das bereit wäre, heißes Wasser auf die Gendarmen zu schütten und zu laufen, frei und mit ausgebreiteten Armen, um die hügeligen Gassen meiner geliebten Stadt zu umarmen.

Ich spürte eine Berührung an meinen Armen. Es waren die Hände meiner Eltern. Sie rissen mich aus meinen Träumen. Die Gruppe hatte sich inzwischen in Bewegung gesetzt. Nach etwa zehn Kilometern befahlen uns die Gendarmen haltzumachen. Sie ließen sich am Rand der Landstrasse nieder. Ein Wink bedeutete uns, daß auch wir unseren Proviant auspacken konnten. Den Älteren war das Rasten und ein Schluck Wasser wichtiger als das Essen. Wir Jungen hatten weniger Schwierigkeiten. Ich biß in mein Marmeladenbrot und war froh, wenigstens für kurze Zeit dem Ghetto entronnen zu sein. Ich genoß die Stille der Natur, bewunderte die Wiesenblumen am Wegesrand, die Großartigkeit ihrer Formen, die Farbe ihrer Blüten, ihre Besucher: die Bienen und bunten Schmetterlinge mit ihrem Geflatter. Ach, wie glücklich und frei sie waren!

Dr. Bársony ging zu den Gendarmen und bat um Erlaubnis, austreten zu dürfen. Unter groben Flüchen wurde ihm erst einmal klargemacht, wie er es wagen könne, ohne Erlaubnis zu sprechen. Zweitens: „Das Austreten ist nicht gestattet! Der Jude soll sich nicht so anstellen. Wenn er ein Bedürfnis hat, soll er es hier verrichten, genauso wie er gefressen hat, vor den anderen."

Schließlich erlaubten sie ihm, daß er sich in einem Kreis von Gefangenen bei einem Baum abwenden durfte. Wir trauten unseren Augen nicht. Mit gesenktem Kopf wandten wir uns ab. Niemand aß weiter, und niemand mußte austreten.

Eva, die Tochter des Advokats Bársony, eine immer elegante, freundliche und liebenswerte junge Frau, war kaum zu beruhigen. Sie konnte nicht verstehen, warum man ihren Vater, der zu den geschätzten und bekannten Persönlichkeiten der Gesellschaft von Eger gehörte, so demütigte.

Wir marschierten weiter. In Kerecsend wurden wir sofort zur Arbeit geschickt und mußten Ziegel aufeinander schichten. Der Befehl lautete: „Hoch, noch höher!" Wir befanden uns am Rande eines zur Ziegelei Kerecsend gehörenden, großen, freien Grundstückes. Noch wußten wir nicht, das wir an einem Sammellager für uns und die Juden des ganzen Komitats Heves bauten.

Die ungewohnte Arbeit war schwer, die Hetze und der Spott, der sich über uns ergoß, waren grausam. Immer wieder erfanden sie etwas, um sich auf unsere Kosten zu amüsieren.

In der Mittagspause wählte sich der eine Gendarm zum Beispiel einen bärtigen, peiestragenden, jungen orthodoxen Lehrer aus. Er war ein kleiner, schmächtiger Mann. Seine farblose Gesichtsfarbe verriet, daß er sich nicht viel an der frischen Luft aufhielt, sondern viel über seinen Büchern hockte und die Tora studierte. Er aß ein Stück Brot, dazu einen Apfel und zog sich dann in eine stille Ecke zurück. Nur an der Bewegung seines Mundes merkte man, daß er betete.

„Warum ißt du nicht?" fragte ihn der Gendarm. „Hast du nichts zum Essen? Ich werde dir etwas anbieten." Er schnitt eine große Scheibe von seinem Speck ab, spießte sie auf die Spitze seines Taschenmessers und hielt sie ihm hin. „So etwas hast du noch nie gegessen. Wenn du erst einmal gekostet hast, wirst du dich wundern, warum eure Gesetze euch eine solche Köstlichkeit verbieten!"

Der Lehrer schaute ihn mit erschrockenen Augen an.

„Los, mach deinen Mund auf! Was ist? Glaubst du nicht, daß ich es gut mit dir meine? Der ungarische Mensch ist höflich und gastfreundlich. Du darfst mich nicht zurückweisen." Der kleine Lehrer stand vor seinem Peiniger stramm, der ihn um einen Kopf überragte. Er zitterte am ganzen Körper, der Speck wurde ihm vor den Mund gehalten. Auf einmal veränderte sich der Ausdruck in seinen Augen. Furchtlos blickte er seinen Bewacher an. Es wurde still. Die anderen Gendarmen und auch wir beobachteten gespannt, was geschehen würde. Die beiden standen sich gegenüber wie David und Goliath: der eine machtbewußt, der andere mit zitternden Beinen, aber zu allem entschlossen.

Der Gendarm brüllte: „Los, friß schon!" Er wollte ihm den Speck mit Gewalt in den Mund stecken. Das Taschenmesser mit dem Speck stieß an die stark zusammengepreßte Zahnreihe. Die Messerklinge zerschnitt die Lippen, Blut trat aus dem Mund des Lehrers, aber sein Mund öffnete sich nicht. Der Gendarm winkte einem seiner Kameraden. Gemeinsam schoben sie den geschlossenen Kiefer auseinander, und einer der beiden steckte den Speck hinein. Sie johlten, als hätten sie eine schwierige Aufgabe gelöst. Plötzlich verfinsterten sich ihre Gesichter. Der kleine Mann hatte den „feinen Bissen" ausgespuckt. Sofort fingen sie mit der Quälerei von neuem an. Als der Speck im Mund des Lehrers war, hielten sie seinen Kiefer zusammengepreßt und befahlen ihm, zu kauen und zu schlucken! Aber er tat es nicht. Sie traktierten ihn mit Gewehrkolben. Kein Ergebnis. Sie begannen, ihn zu schlagen. Es nutzte nichts. Sobald sie seinen Kiefer losließen, spuckte er den Speck wieder aus. Das machte die Gendarmen noch wilder. Der Lehrer lag am Boden, sie traten ihn und bearbeiteten ihn erneut mit Gewehrkolben. Von Zeit zu Zeit fragten sie ihn, ob er freiwillig esse? Er schüttelte jedesmal verneinend den Kopf. In uns wuchs die Unruhe: Am Ende werden sie den Ärmsten totschlagen. Dabei ist es nach den jüdischen Gesetzen eine größere Sünde, das Leben zu riskieren, als ein Religionsgebot zu übertreten. Das wußte auch er. Endlich ließen sie von ihm ab. Uns scheuchte man zur Arbeit. Jetzt bewiesen sie ihr „Heldentum", indem sie uns antrieben. Wir waren froh, als man uns den Feierabend verkündete.

Wasser zum Waschen gab es nicht. Verschwitzt und schmutzig zogen wir die Bekleidung für die Nacht an und stürzten uns auf die mitgebrachten Decken. Vor Müdigkeit schliefen wir sofort ein.

Nach etwa einer Viertelstunde ertönten Pfiffe. Die Gendarmen liefen schreiend herum: „Alle Sachen zusammenpacken und in Reih und Glied aufstellen!"

Wir wußten nicht, wie uns geschah. Sie schubsten und behandelten uns, als ob wir flüchten wollten. Kaum hatten wir unsere Sachen vom Boden aufgehoben, wurden Mutter und ich in die Reihe gestoßen. Vater mußte alles allein schleppen. Er kam weit hinter uns in die Reihe; es gab keine Chance, ihm zu helfen. Wir wurden auf einen Hof getrieben. Am Dachbodenteil eines langen Gebäudes führten kleine Öffnungen zu den Hühnerställen.

Wir mußten mit unserem Gepäck hinaufsteigen und in die Hühnerställe kriechen, um dort die Nacht zu verbringen. Es dauerte fast eine Stunde, bis alle oben waren. Während dieser Zeit war Stille und stramme Haltung befohlen.

Unweit von uns erblickten wir Vater. Mir brach fast das Herz. Man sah ihn kaum unter den vielen Gepäckstücken, aber er mußte strammstehen. Nach einer Weile ließ er langsam ein Paket neben sich auf den Boden gleiten. Sie bemerkten es sofort und beschimpften ihn als Juden, der mit seinen „lausigen, dreckigen Judensachen den süßen Mutterboden belastet, anstatt sie zu halten". Ich ließ ihn nicht aus den Augen. Ich sah, wie er schwitzte, sich anstrengte, dann wieder vorsichtig einen Rucksack hinuntergleiten ließ. Mit dem Gewehrkolben versetzte man ihm einen Schlag auf den Rücken, einen anderen auf den Kopf. Mutter hat mich im letzten Augenblick zurückgehalten. Mir war das Blut in den Kopf gestiegen. Ich wollte morden, den Gendarm töten, ihn wenigstens anspucken. Ich bemühte mich, Mutters Umklammerung zu lösen, aber sie hielt mich eisern fest.

„Wenn nötig, schlage ich dich nieder, aber du bleibst hier!" zischte sie mich an. Der Gendarm wurde aufmerksam und kam auf uns zu.

„Was ist hier los?"

Mutter hielt mich noch immer fest. Sie war totenblaß. Der Gendarm schaute in meine vor Haß brennenden Augen.

„Gefällt dir etwas nicht?" fragte er wieder.

„Nein, es gefällt mir nicht", hörte ich mich sagen. Die Fingernägel meiner Mutter krallten sich in mein Fleisch, der Schmerz brachte mich zur Vernunft. Der Gendarm sah mich noch ein, zwei Augenblicke an, dann lachte er: „Das nächste Mal 'Fräulein', bestelle ich Ihnen ein eleganteres Hotel, jetzt gibt es nur das!" Und er zeigte auf den Hühnerstall. Da verstanden wir, daß er glaubte, ich sei wegen des Hühnerstalles so aufgebracht.

Wir krochen auf allen Vieren in den niedrigen Dachraum und legten uns dorthin, wo wir Platz fanden. Ich schaute nicht, was um mich herum war, sondern schlief augenblicklich ein. Nach kurzer Zeit weckte mich meine Freundin Ica auf.

„Paß auf!" flüsterte sie.

„Worauf?"

„Paß nur auf!"

Um uns herum hörten wir das Schnarchen und Schnaufen der Schlafenden. Einige stöhnten oder seufzten, aber man hörte auch ein sonderbares Geräusch. Als ob jemand ersticken oder röcheln würde. Wir krochen in Richtung des Winselns und fanden den jungen Lehrer. Sein Kopf war voller Blut. Sie hatten ihm den Kopf eingeschlagen. Er röchelte in seinem Fiebertraum. Seine Stirn war heiß.

„Weißt du, in welchem Stall der Arzt ist?" fragte Ica.

„Ich habe keine Ahnung. Wir müssen seinen Kopf verbinden. Bis zum Morgen verblutet er sonst. Aber womit?"

„Hast du ein Unterkleid an?" Ich verstand und begann mich auszuziehen. Ica auch. Wir rissen die Unterkleider zu Streifen und verbanden den Kopf des Lehrers.

„Armer Mensch", seufzte Ica, „wie er nur hier heraufgekommen ist?"

Am anderen Tag wurden wir schon im Morgengrauen aufgescheucht und setzten das Aufschichten der Mauer fort. Nach ein, zwei Stunden wurden Stenotypistinnen für eine Büroarbeit gesucht. Acht von uns meldeten sich. Wir waren froh, im Büro arbeiten zu können. Man befahl uns, Zahnbürste und Seife mitzubringen, und führte uns in ein Gebäude, in dem sich drei ineinander übergehende Zimmer befanden. Sie waren möglicherweise einmal Büroräume gewesen, dienten aber schon seit langer Zeit zur Unterkunft von Geflügel. Wir sollten sie bis zum Abend wieder in Büros verwandeln. Der Boden war mit dickem, schier versteinertem Dünger bedeckt, aber was befand sich darunter? Bis zum Abend sollte der Boden glänzen und so sauber sein, daß jeder Beamte hier gern arbeiten würde. Das also war die „Büroarbeit", zu der wir uns mit solcher Freude gemeldet hatten. Als der Mist endlich aufgeschabt und hinausgetragen war, fragten wir nach Mitteln und Geräten zum Abwaschen. Zu unserer Überraschung erklärte man uns: „Das Werkzeug habt ihr doch mitgebracht? Nehmt eure Seife und scheuert den Boden mit euren Zahnbürsten!"

Ich war froh, am nächsten Tag wieder mit meinen Eltern zusammen am Bau der Mauer arbeiten zu können. Vater schirmten wir so geschickt ab, daß er nur dann arbeitete, wenn sie ihn sahen. Der ganze Körper des Ärmsten war grün und blau von den Schlägen vom Freitagabend. Er gab aber nicht zu, daß er Schmerzen hatte. „Ich war im Ersten Weltkrieg Frontkämpfer, was soll diese Kleinigkeit?" wehrte er ab.

Am selben Tag war der Bau der Mauer fertig. Abends marschierten wir zurück ins Ghetto. Wir waren erschöpft und freuten uns auf unsere Betten. Es war schon Nacht, als wir in Eger ankamen. Die Stadt schlief, nur die Straßenlampen brannten, und zu unserer großen Verwunderung war in jedem Haus des Ghettos das Licht an.

Wir fanden die zurückgebliebenen Frauen beim Backen, Kochen und Packen. Sie hatten schon auf uns gewartet. „Morgen werden wir alle fortgeschafft. Sie räumen das Ghetto!" empfingen sie uns. Wir waren schockiert.

Baden oder Schlafen kam nicht mehr in Frage. Bis zum Morgen mußte alles verstaut sein, was wir für notwendig hielten. Praktische Gesichtspunkte standen im Vordergrund, viel durften wir nicht mitnehmen. Aber es gab auch einige, die nicht widerstehen konnten und Briefe, Fotos, Haarlocken, Gebetbücher oder ein bis zwei Gedichtbände einpackten, obwohl sie wußten, daß sie das alles in der Hand tragen müßten. Als wir eintrafen, hatten die älteren Frauen schon das Brot oder den Kuchen geknetet, um das noch vorhandene Mehl zu verbrauchen. Aus den übriggebliebenen zwei großen Gläsern Honig buk Mutter Honigkuchen. Er hat einen größeren Nährwert als Brot und wird, je länger er steht, immer weicher.

Wir hörten, daß wir Bettwäsche und Matratzen mitnehmen durften, die von Pferdewagen transportiert werden sollten. Uns freute die Nachricht sehr, steckte uns doch die schreckliche Erinnerung an die letzten beiden Nächte noch in den Knochen. Und: Wenn wir Matratzen und Bettwäsche mitnehmen konnten, erwartete uns wahrscheinlich eine neue Wohnstätte.

Es stand schon alles reisefertig bereit, als Mutter eine große Schere in die Hand fiel. Sie überlegte und wandte sich an Jutka: „Komm, ich schneid dir die Haare ab!" Ich war entsetzt. Die bis zum Gürtel reichenden, honigfarbenen, dicken Zöpfe? Jutka war glücklich. Sie wollte gern für ein großes Mädchen gehalten werden, aber Mutter hatte bislang nichts davon hören wollen. Um so mehr überraschte es mich, daß sie es jetzt selbst anbot.

„Die Pflege des langen, vollen Haares benötigt viel Zeit", erläuterte sie. „Ich glaube, du wirst leichter mit halblangem Haar fertig, solchem, wie es Lilly hat."

Jutka sah mit ihrer Frisur gleich drei Jahre älter aus. Sie schüttelte den Kopf. „Wie leicht mein Kopf ist! Danke, Mutter!" Vater aber sah nachdenklich und traurig auf die abgeschnittenen Zöpfe.

Wir mußten die Wohnung bis elf Uhr vormittags verlassen, danach sollte sie versiegelt werden. Mutter hatte gerade ihre Haare gekämmt, als die Tür aufgerissen wurde. Zwei Männer in Zivilkleidung traten ein. „Hinaus!" herrschten sie uns an.

Wir verließen das Haus, setzten uns auf unser Gepäck im Hof oder gingen auf und ab.

„Ach, meine Zöpfe!" schrie Jutka plötzlich.

„Was ist los?" fragte Vater.

Jutka erklärte mit erschrockenem Gesicht: „Meine Zöpfe sind noch in der Wohnung, und sie haben schon die Eingangstür versiegelt."

„Das ist jetzt deine größte Sorge?" wunderte Vater sich.

„Sie sind in der Wohnung gut aufgehoben", tröstete Mutter sie.

Das Warten zerrte an den Nerven. Die Stunden vergingen und noch immer geschah nichts. Manche unterhielten sich. Die einen waren optimistisch, die anderen glaubten, man bringe uns nach Kassa (Kaschau) zum Trümmerräumen. Oder sollten wir nach Miskolc zur Arbeit transportiert werden? Die Pessimisten erklärten, daß man uns töten wolle!

Einige zogen sich in eine Ecke zurück, andere weinten oder schauten ins Leere, viele schliefen ein. Wer in Keresend gewesen war, konnte sich vor Müdigkeit kaum noch auf den Beinen halten. Das Wetter war trüb, regnerisch, manchmal nieselte es. Buksi, unser grauer Pudel, spürte, daß etwas Aufregendes geschah und blieb ganz in unserer Nähe. Ihre gescheiten Augen schienen zu fragen: „Was bereitet sich hier vor?" Ich streichelte sie und kraulte ihr den Kopf. Buksi war trächtig, kurz vor der Niederkunft.

„Du bist besorgt, nicht wahr, was mit dir und deinen künftigen Jungen geschieht?" flüsterte ich ihr zu. „Ich habe keine Ahnung. Ich weiß ja nicht einmal, was mit uns geschehen wird. Schau, wie viele gescheite Menschen hier sind, und keiner weiß es."

Es war schon Nachmittag, als die Kommandeure erschienen, in Begleitung von Polizisten. Sie forderten uns auf, Geld, Schmuck oder sonstige Wertsachen abzuliefern, unser Gepäck würde ohnedies untersucht; es gebe eine Leibesvisitation. Auch die Eheringe wurden jetzt eingesammelt. Dann kam die Leibesvisitation. Ich hatte keine Ahnung, was sie bedeutete, und da ich nichts Verstecktes hatte, wartete ich ruhig in der Reihe. Zwei Gendarmen paßten auf uns auf.

Buksi war stets bei uns und sprang an uns hoch. Das machte den Gendarm nervös, aber so oft er sie auch verscheuchte, es nutzte nichts. Sie war in unserem Haus geboren und konnte es nicht verstehen, warum es ihr verboten sein sollte, sich hier aufzuhalten. Sie war eine freundliche, verspielte Hündin. Wenn Gäste eintrafen, bellte sie nicht, sondern wedelte mit dem Schwanz. Auch jetzt glaubte sie, daß der Gendarm nur mit ihr spielte, als er sie fortjagte. Erfreut lief sie zu ihm zurück, um weiter zu spielen. Um so unerwarteter traf sie sein Fußtritt. Nie zuvor habe ich einen so schrillen Schrei voller Schrecken und Schmerz gehört. Buksi flog mit dem Kopf an die Wand und stürzte zu Boden.

Ich spürte, daß in mir etwas zerbarst und ich die Herrschaft über meinen Willen verlor. Ich rannte zu dem Gendarm, stellte mich auf die Zehenspitzen und prügelte auf ihn ein, aber meine Fäuste reichten nur bis zu seiner Brust. Mutter rief verzweifelt meinen Namen, was meine Wut noch mehr steigerte. Ich brüllte aus vollem Halse, während meine Fäuste auf die verhaßte Uniform eindroschen. Es interessierte mich nicht, was mit mir geschah. Seit Wochen hatte ich meine Gefühle unterdrückt: Angst, Schmerz und Demütigung, sie brachen jetzt aus mir hervor und trieben mich zu einer von meinem Willen unabhängigen Tat an. Ich wollte es ihnen heimzahlen: Für den Lehrer, meinen Vater, den Advokaten Bársony, für Buksi und mich. Für die Grausamkeiten, die ich auf der Reise zwischen Rimaszombat und Eger gesehen hatte und für die Internierung meines jüngeren Bruders.

Der zwei Meter große Gendarm stand ruhig da. Er sah auf mich herab, als würde sich eine Fliege an seiner Uniform zu schaffen machen, und johlte: „Schau, schau, wer hätte das gedacht, die Katica Dobo ist auferstanden." Er lachte.

Die Ironie verfehlte ihre Wirkung nicht. Ich wollte ihm wehtun, aber nicht unterhalten. Trotzig stellte ich mich auf meinen Platz zurück. Mutter kam zu mir und nahm mich in den Arm.

„Dein Heldentum wird noch einmal ein böses Ende nehmen. Du mußt verstehen, daß sich die Welt verändert hat, deshalb müssen auch wir uns ändern. Ich weiß nicht, warum sonst jeder schweigt, nur du nicht? Dulden und schlucken, das tut jetzt jeder. Du mußt das jetzt auch lernen!"

„Willst du, daß ich feige bin?"

„Nein, du sollst nur gescheiter sein. Du willst eine Heldin sein? Sei es, indem du dich beherrschst. Ich weiß genau, was vorhin in dir vorgegangen ist. Du wolltest ihn töten. Aber wenn du deinen Gefühlen freien Lauf läßt, ist das keine große Tat. Es ist viel schwerer, seine Emotionen im Zaum zu behalten. Du bist ein Heldin, wenn du äußerlich gleichgültig wirkst, so sehr dein Inneres auch von Stürmen gerüttelt wird. Ich habe gesehen, wie die Gendarmen in Kerecsend und auch hier auf deine Wut reagiert haben. Sie freuten sich, dein Schmerz heiterte sie auf. Ich denke, daß du das nicht wolltest. Also war dein Benehmen töricht und sinnlos. Hast du mich verstanden?"

„Ich glaube, du hast recht. Sei mir bitte nicht böse!"

„Wie könnte ich dir böse sein! Wir haben jetzt ein schweres, sehr schweres Leben."

Sie wandte sich an Jutka und erklärte ihr und mir, was eine gynäkologische Untersuchung ist. Inzwischen waren wir an der Reihe.

„Fünf auf einmal", sagte der Gendarm.

Drei waren vor uns, dann kamen Mutter, Jutka und ich.

„Nur fünf!" wiederholte der Gendarm mit gelangweilter Stimme und stellte Jutka beiseite.

Mutter trat auf ihn zu. „Bitte, das sind meine Töchter. Sie waren noch nie bei einer solchen Untersuchung. Ich möchte bei ihnen sein."

„Es gibt keine Ausnahme!"

„Oh, ich wünsche ja gar nichts Gesetzwidriges, Gott behüte, daß Sie wegen uns Unannehmlichkeiten hätten, ich habe nur eine einfache Bitte, und sie zu erfüllen, hängt nur von Ihrem guten Willen ab. Vielleicht haben auch Sie eine Tochter?" Der Gendarm schaute uns an, dann stellte er die vor uns stehende, zweite Person hinter uns. Die Frau hinter uns nickte meiner Mutter verständnisvoll zu – und schon waren wir drin.

In der Mitte des kleinen Zimmers stand ein einziges Möbelstück, ein sonderbares, sesselförmiges Bett. Eine Frau in weißem Kittel empfing uns. Die Frau vor uns setzte sich auf den Untersuchungstisch. Als sie ihre Beine in die Halter legte, erblaßten Jutka und ich und wandten uns schnell ab. Schließlich waren die beiden ersten Frauen fertig.

Die Frau im weißen Kittel reichte meiner Mutter die Hand. Sie wechselten einige Worte. „Ich bin gezwungen, es tut mir sehr leid!" hörte ich die gedämpfte Stimme der Frau. Mutter flüsterte ihr etwas ins Ohr. Die Frau dachte einen Moment nach, dann nickte sie. Sie wandte sich an Jutka und sagte laut: „Mit dir bin ich fertig, du kannst gehen!"

Jutka verstand. Dankbar lächelnd, schaute sie die ältere Frau an und eilte aus dem Zimmer. Jetzt war Mutter an der Reihe. Ich bin kein Kind mehr, sagte ich mir, und werde mich nicht wegdrehen!

Dann kam ich dran. Die Untersuchung dauerte nur einen Augenblick, aber ich dachte, ich sterbe. Ich lächelte die Frau an, die mein Gesicht tätschelte.

Wieder draußen, umarmte Mutter mich. „Du hast dich großartig gehalten, ich bin stolz auf dich", sagte sie. „Es geht niemanden etwas an, was in dir vorgeht."

„Wer ist die liebe Dame?" fragte Jutka.

„Diese ‘liebe Dame’ ist eine Nazifrau. Wir kennen uns seit langem. Sie ist Hebamme und hat Pista entbunden. Als sie mich sah, geriet sie in Verlegenheit, das habe ich ausgenützt, wenn ich auch nicht erreichen konnte, daß sie euch beide befreite."

„Was bezweckt die Untersuchung?" wollte Jutka wissen. „Ob wir einen Brillanten in unserem Hintern versteckt haben?"

„Ja, auch dorthin" antwortete Mutter leise.

„Darf ich dich etwas fragen, Mutter? Aber bitte nicht böse sein", begann ich zögernd.

„Frag nur!"

„Wie hast du es nur fertiggebracht, mit dem Gendarm so höflich zu sprechen? Ich hätte das nicht gekonnt."

„Wenn du selbst einmal Mutter sein wirst, wirst du dich an das erinnern, was ich dir jetzt sage: Eine Mutter wirft sich selbst dem Satan vor die Füße und umklammert seine Beine, wenn es um ihre Kinder geht."

Mutter schlenderte zu Vater hinüber, der seinen Kopf in den Händen hielt und erschöpft auf dem Gepäck saß. Mutters Gang war schwer, man merkte, wie müde sie war; seit vier Tagen hatte sie kaum Ruhe gefunden. Nach Kerecsend die durchmarschierte Nacht, danach das Backen, Kochen und Einpacken. Als sie Vater erreichte, schien sich ihre Körperhaltung zu verwandeln. Sie sagte etwas. Vater blickte auf. Sein Gesicht war vom Schmerz gezeichnet, in seinen Augen war Angst zu sehen. Mutter sprach gestikulierend, aber freundlich, es wirkte ganz leicht. Vaters Gesicht hellte sich auf, dann lachte er. Es schien, als könnte Mutter zaubern.

Am Abend trafen Wagen ein, und wir luden das Gepäck auf. Die Alten und Kinder nahmen die freien Plätze ein, wir Jungen marschierten hinterher. Es regnete, stürmte und donnerte. Das nasse Haar klebte an meinem Kopf. Die anderen Mädchen sahen nicht besser aus. Zitternd trottete ich hinter dem Wagen her, an dessen Ende meine Eltern mit baumelnden Beinen saßen. Mutter rief uns etwas zu. Ich verstand sie nicht und ging näher an sie heran.

„Ich sagte nur, daß die Engel unser Haar gründlich waschen. Wer weiß, wann wir dazu wieder Gelegenheit haben werden? Regenwasser ist doch das beste. Es verleiht dem Haar Glanz."

Mir war nicht nach Scherzen zumute, und ich giftete sie an: „Wie kannst du jetzt noch lustig sein?"

Mutters Augen blickten über die lange Reihe der Wagen hinweg, auf denen die jüdischen Bürger aus Eger hockten: Kinder jeden Alters, Frauen, Alte, Kranke. Die wenigen Habseligkeiten schepperten auf den polternden Wagen hin und her. Niemand wußte, welches Los den Reisenden bevorstand. Der Blick Mutters kehrte zu mir zurück. „Hättest du es lieber, wenn ich lamentieren oder in Apathie versinken würde?" Sie hatte wohl recht. Es blieben uns nicht viel Möglichkeiten: die Verzweiflung, die Lethargie oder der Galgenhumor. Und die beiden ersten waren nichts für mich.

Die Straßen waren leer. Bei solch elendem Wetter ließ man nicht einmal einen Hund auf die Straße. In den Häusern brannte Licht, aus den Wohnungen drang Tanzmusik. Von ihren Fenstern aus sahen die Bewohner von Eger dem großen Ereignis zu: Man verschleppte die Juden! Wir wußten nicht, wer sich das alles ausgedacht hatte – es war demütigend. Auf der linken Seite ging ein Fenster auf, und in den dunklen, stürmischen Abend schrie eine Männerstimme, gleich danach eine weibliche: „Ihr kommt nicht mehr zurück!"

Ich kannte die Bewohner des Hauses, war öfter bei ihnen gewesen, und sie hatten mich stets sehr freundlich empfangen. Das hätte ich ihnen nicht zugetraut. Ich war mit ihrer Tochter in dieselbe Schulklasse gegangen. Nein, wir erwarteten keine Entschuldigung, aber daß sie uns so behandelten, tat weh. Daß man uns verfolgte und sich unser Hab und Gut aneignete: die Werkstätten, die Geschäfte, das Haus, die Wohnung, diese Ungerechtigkeit verursachte in uns Wut, Ekel und Entrüstung, aber es zeigte nur die Grausamkeit des damaligen Regimes. Wir waren seine Opfer! Aber daß die Bürger dieser Stadt unser Unglück guthießen, das hätte ich von unseren ehemaligen „Freunden" am wenigsten erwartet. Es war niederschmetternd! Ob sie erst jetzt übergelaufen waren? Oder hatte sich hinter ihrer Herzlichkeit nur der Haß versteckt?

Die Stadt, in der mein Vater geboren worden war, mein Großvater und Urgroßvater, die Stadt, in der ich jeden Stein kannte und die ich liebte, wurde mir auf einmal fremd. Ihre Bewohner zeigten ihr wirkliches Gesicht.

Eine Stimme rief: „Jutka! Wo ist Jutka Weisz?"

„Scher dich fort!" schrie sie ein Gendarm an. „Ich hab es dir schon einmal gesagt!"

„Ich will ihr nur das hier geben, haben sie Jutka nicht gesehen?" weinte das Mädchen.

„Du bist verrückt, Mädel, das sind Juden hier, weißt du es nicht? Was willst du hier?"

„Ich suche Jutka Weisz", wiederholte sie hartnäckig. „Ich will ihr nur das für den Weg mitgeben."

Es war Marika, die Freundin von Jutka. Ihr blondes Haar hing durchnäßt und zerzaust an ihr, aber in ihrer Aufregung schien sie den Regen gar nicht bemerkt zu haben. In ihrer Hand hielt sie einen kleinen Topf mit Deckel. Jutka, die hinter mir war, wunderte sich: „Aber das ist ja die Mari!"

„Sprich sie nicht an, sie wird nur Schwierigkeiten bekommen", erwiderte ich. Aber Mari hatte uns schon gesehen.

„Jutka!" schrie sie. „Ich bringe dir Paprikakartoffeln, sie sind noch warm!"

„Geh zum Teufel!" herrschte der Gendarm sie an. „Hab ich dir nicht gesagt, du sollst verschwinden?" Er stieß sie beiseite. „Wenn du nicht gleich gehst, nehmen wir auch dich mit. Schämst du dich denn gar nicht?"

Solange sie der Gendarm schubste, winkte sie, weinend den Topf hebend und in unsere Richtung streckend – bis der Gendarm ihn ihr aus der Hand schlug und brüllte: „Kusch dich, weg von hier! Hau doch endlich ab!"

Ein zweiter Gendarm half, sie wegzuscheuchen wie einen herrenlosen Hund. Dabei war das kaum fünfzehnjährige Mädchen vielleicht der einzige wirkliche Mensch in dieser Stadt. Sie hatte keine Angst, sich mit den Verfolgten zu identifizieren.

In der Nacht des 6. Juni kamen wir in Kerecsend an. Die Matratzen und die Bettwäsche waren ebenso durchnäßt wie wir selbst, aber wir waren so müde, daß wir sofort einschliefen.

Schon im Morgengrauen erwachte ich. Ganz in der Nähe rief jemand laut nach einem Arzt. Ich sprang auf, aber da war der Arzt schon da. Er hatte eine Tasche in der Hand. Als er neben mir war, ergriff er meinen Arm. „Du kommst mit mir!" Ich ging bereitwillig mit.

Man führte uns zu einer jungen Frau. Noch vor dem Schlafengehen hatte sie eine tödliche Dosis Schlaftabletten genommen, stellte Doktor P. fest. Ihr Mund schäumte, sie röchelte und kämpfte mit dem Tod. Um sie herum deutete alles darauf hin, daß sie nicht übereilt, sondern einen vorher gefaßten Entschluß verwirklicht hatte. Ihre Sachen waren ordentlich zusammengelegt, sie selbst war frisiert und schön gekleidet, als ob Feiertag wäre. Ich bekam eine Gänsehaut.

„Ich glaube nicht, daß eine Magenspülung noch helfen könnte, aber ich versuche es", sagte der Arzt dem eben eingetroffenen Gendarm. „Kann ich Wasser haben?" Der Gendarm nickte. Der Arzt wandte sich an mich: „Begleite ihn!"

Ich lief dem Gendarm nach und rannte mit dem Wasser zurück. Er gab ihr gerade eine Spritze. „Halt die Leute fern", schimpfte er. Immer mehr Neugierige tauchten auf.

Der Versuch, ihr Leben zu retten, mißglückte. Es war zu spät. Weder halfen die Magenspülung noch die Injektionen. Auch die Herzmassage blieb erfolglos, die junge Frau war tot.

Wir Jungen wurden zur Arbeit gebracht. Auch Jutka mußte mit, aber zu unserer großen Freude brauchten Mutter und Vater nicht mitzugehen. Die vor einigen Tagen gebaute Mauer war vom Regen und starken Wind an mehreren Stellen eingestürzt. Wir mußten sie wieder aufbauen, obwohl keiner von uns auf diesem Gebiet fachkundig war.

An diesem und am nächsten Tag trafen neue Transporte aus der Umgebung ein. Die Juden aus dem gesamten Komitat Heves wurden in der Ziegelei Kerecsend versammelt. Bald war es so voll, daß man kaum genügend Platz für sich selbst hatte. Unsere Vorstellung von einer neuen Wohnstätte erwies sich als Illusion. Wir legten unsere Matratzen und alle unsere Sachen auf den Boden, aus den Laken fertigten wir „Umkleidezelte". Wasser gab es nicht. Man verteilte zwar ein wenig Trinkwasser, aber zum Waschen reichte es nicht. Tante Abonyi, die Mutter meiner Freundin Klari, war ganz außer sich, daß sie ihr drei Monate altes, kleines Enkelkind nicht baden konnte. Verwundert sah sie mich an, als ich ihr klarzumachen versuchte, daß das angesichts unserer Situation wohl nicht das Schlimmste sei. Sie verstand es nicht und hatte noch immer nicht erfaßt, was mit uns eigentlich geschah.

Die Selbstmorde häuften sich, und wenn es manchmal gelang, jemanden zu retten, wehrte er sich empört oder weinend gegen den Eingriff. Vielleicht hatte er recht? Der alte Arzt seufzte müde und sagte traurig: „Ich weiß gar nicht, ob wir in dieser Situation das Recht haben, den Entschluß zum Suizid zu ignorieren? Ich frage mich: Wer bin ich? Gott? Nein, ich bin nicht Gott, aber ich habe Medizin studiert und den Eid geleistet, daß ich für das Leben eines Kranken bis zur letzten Minute kämpfe. Aber man hat uns allerdings nicht gelehrt, was in einer Situation wie dieser zu tun ist."

Bislang war ich nicht in die Lage gekommen, mich mit solchen Gedanken zu befassen, aber jetzt ging mir die Frage nicht aus den Kopf: Ist es möglich, daß diese Selbstmörder nicht feige, pessimistische, kleinmütige Leute sind? Ist es möglich, daß sie vielleicht nicht gar so Unrecht hatten, wie wir es uns einreden wollten?

Ich schüttelte den Kopf und verwarf den Gedanken, da er mich demoralisierte.

Abends eröffnete man uns, daß wir uns nach Maklar begeben sollten. Von dort würden wir mit der Bahn weiterfahren. Wir dürften nur soviel mitnehmen, wie wir tragen könnten. Wertgegenstände sollten wir zurücklassen, weil wir sonst „Scherereien bekämen". Wer überhaupt noch etwas hatte, warf es in die Latrine.

Was aber sollten wir mitnehmen? Was würde man am wenigsten vermissen? Matratzen, Bettwäsche kamen nicht in Frage, vielleicht eine Decke? Das Wichtigste waren Lebensmittel, Wäsche und einige gute Kleidungsstücke. Der Mantel war leicht am Körper zu tragen, auch wenn nach dem Regen wieder mit sommerlichen Tagen zu rechnen war.

Am Morgen des 9. Juni trafen viele Gendarmen ein. Sie stellten die Marschkolonne zusammen. Wir gingen über enge, holprige Feldwege, begleitet von mit Bajonetten bewaffneten Gendarmen. Wegen der Kleinkinder kamen wir nur langsam voran. Die Frauen hatten die Säuglinge auf dem Arm, Decken auf der Schulter und das Gepäck auf dem Rücken. Die kleinen Kinder konnten auf dem langen Fußmarsch nicht getragen werden, sie stolperten neben ihrer Mutter oder Großmutter her, die meisten schleppten auch noch irgend etwas mit sich. Den alten oder kranken Personen wurde von den jungen Leuten geholfen. Die Straße war nur selten eben und voller Schlaglöcher. Selbst uns Jungen fiel das Gehen schwer.

Bald machte uns die Sonne zu schaffen. Wir hatten unterm Mantel viele Sachen angezogen und dachten, daß sie so weniger Gewicht hätten als im Gepäck. Jetzt schränkten sie unsere Bewegungsfreiheit ein, außerdem beanspruchte der lange und schwere Weg sehr. Viele warfen Teile ihres Gepäcks fort, immer wieder etwas. Einige behielten nur die Lebensmittel, waren am Ende ihrer Kraft.

Etwas vom Bahnhof entfernt, standen Viehwaggons bereit. Die geöffneten Türen sahen aus wie riesige, offene Münder und riefen in uns schreckliche Vorahnungen wach. Am Perron warteten ein Polizeioffizier, zwei Zivilisten und ein SS-Offizier. Eine andere Gruppe bestand aus deutschen Soldaten. Sie sollten den Zug begleiten.

Man lehnte Bretter an die Eingänge der Waggons, an diesen mußte man hochklettern. Die Gendarmen trieben uns mit Stöcken zur Eile. In jeden Waggon wurden sechsundneunzig Menschen gepfercht. Ein Schlag, eine Zahl. Während sie die Einsteigenden laut zählten, erhielt jeder Nachfolgende mit dem Stock eins auf den Kopf. Wer beim Aufsteigen Schwierigkeiten hatte, bekam den Gewehrkolben zu spüren. Unsere Bewacher stießen dreckige Flüche aus und drohten mit Schlimmerem, wenn wir uns nicht beeilten.

Schon nach kurzer Zeit waren wir alle in den Waggons. Der Schock saß tief. Stille hatte sich ausgebreitet. Die Hoffnung, im Zug ein wenig ausruhen zu können, wurde sofort zerstört. Die Alten erhielten einen Sitzplatz am Boden des Waggons, wir Jungen standen. Man reichte uns zwei Eimer: einen mit Wasser, einen leeren für die Notdurft – dann schlossen sich die schweren Türen.

Viele drängten sich an die mit Eisengittern versehenen Fenster, um hinausschauen zu können. Sofort schossen die Gendarmen in die Luft und schrien: „Es ist verboten, sich dem Fenster zu nähern! Während der Fahrt ist es verboten hinauszusehen!"

Der Zug fuhr hauptsächlich bei Nacht. Tagsüber stand er wartend auf einem Nebengleis. Es war heiß. Die zusammengepreßten Menschen schwitzten. Die Waggons stanken schon, bevor wir aufgestiegen waren. Jahrelang hatte man in ihnen Rinder transportiert und die Böden nie gescheuert. Nun kam die Ausdünstung der Menschen hinzu und der Eimer, der der Notdurft diente. Die kleinen Gitterfenster ließen kaum Luft herein. Der Gestank war entsetzlich. Die Tür blieb dreieinhalb Tage geschlossen, und das Wasser reichte nicht.

Weitere Probleme kamen hinzu. Bei einer schwangeren Frau setzten in der Nacht die Wehen ein. Es war zwar ein Arzt im Waggon, aber es war kein Platz vorhanden. Die Lage wurde durch die schaukelnde Bewegung des Waggons erschwert. Der Zug fuhr mit großer Geschwindigkeit. Jemand gab seine für den Schabbat aufbewahrten Kerzen her.

Die gebärende Frau biß ihre Lippen und ihre Zunge blutig. Sie biß sich in die Hände, weil sie sich nicht traute zu schreien. Wir, etwa vierzig Personen, standen die ganze Nacht über, es war kaum möglich, ihr und den Helfenden Platz zu machen.

Wenn ein neues Leben geboren wird, feiert jeder. Das erste Schreien des Babys wurde aber von nachdenklichen, bekümmerten Gesichtern empfangen. Alle empfanden nur Bedauern: für die junge Mutter, daß sie unter solchen Bedingungen zu entbinden gezwungen war, und für das Neugeborene. Warum erhielt es nicht die gleiche Behandlung wie ein Kind, das in einer Klinik das Licht der Welt erblickte? Was hat es Böses getan, daß es im Waggon zur Welt kommen mußte? Was stand ihm bevor? Niemandem fiel ein, der Mutter und dem Kind Glück zu wünschen.

Die Geburt hatte viel Wasser gekostet. Gleichzeitig wurde ein junges Mädchen verrückt. Sie tobte und verwünschte jeden, der die auch nur ein wenig berührte. Es war anstrengend, sie zu beruhigen und bis zur Ankunft stillzuhalten. Inzwischen jammerten die Kinder, weil sie Angst hatten. Sie verlangten Wasser, laut plärrend oder leise flehend.

Wasser! Wasser! Alle sehnten sich nach Wasser, aber das war bereits am zweiten Tag ausgegangen. Schon vorher hatte es nur wenig gegeben. In der letzten Nacht starb ein alter Herr. Still, unbemerkt. Am Morgen war er schon kalt. Sein Herz hatte die Strapazen nicht ausgehalten.

Es waren grauenvolle Tage. Nicht allein die Enge, die Hitze und der Gestank zerrte an unseren Nerven, wir wußten ja nicht einmal, wohin man uns brachte, was uns erwartete und was mit uns geschehen würde.

# Auschwitz-Birkenau

In dem verriegelten, dunklen Waggon hatten wir jegliche Orientierung verloren. Wir wußten nicht, wo wir hielten. Draußen herrschte ein Höllenlärm, Brüllen und das Knallen der Waggontüren, die geöffnet wurden. Wir waren noch nicht an der Reihe, spürten aber, daß wir am Ziel unserer Reise angelangt waren. Die Ungewißheit, die Angst vor dem Unbekannten schnürte uns die Kehle zu. Trotzdem waren wir froh, auszusteigen und den Waggon zu verlassen. Selbst wenn wir nie wieder MAV-Viehwagen vor Augen bekämen, die schrecklichen Erinnerungen an die Fahrt würden uns ein Leben lang begleiten.

Mit großem Poltern sprang die schwere, eisenbeschlagene Tür auf; das Sonnenlicht blendete mich so stark, daß ich die Augen schließen mußte. Der Lärm und das Gebrüll waren jetzt noch lauter. Zwei Männer, mit gestreiften Anzügen bekleidet, sprangen in unseren Waggon und riefen: „Aussteigen! Schnell! Gepäck, das Sie nicht tragen können, lassen sie zurück. Sie erhalten es später. Männer und Frauen stellen sich in getrennten Gruppen auf. Vorwärts!" Und schon wurden die ersten zu den geöffneten Türen gestoßen.

„Wo sind wir?" fragte jemand.

„In der Hölle", lautete die Antwort.

Wir dachten, er spaße oder erlaube sich einen boshaften Scherz. Wie hätten wir ahnen können, daß er die Wahrheit sagte?

Es ist nicht einfach, aus einem Meter Höhe auszusteigen. Wir Jungen sprangen ab, die Alten aber setzten sich an den Rand des Waggons, um herunterzurutschen, aber die deutschen Soldaten zerrten und zogen sie herunter. Dabei wurden sie von den Männern in den Pyjamas unterstützt. Das alles unter Gebrüll und Beschimpfungen der entsetzten Menschen. Die Alten blieben zurück, die beiden Gehilfen schubsten sie aber zum Ausgang. Jutka war die erste, die absprang. Zusammen mit einigen Jungen halfen wir den Alten, die klagend und ängstlich auf die Rampe hinunterblickten. Es blieb ihnen nicht viel Zeit zum Überlegen, sie wurden von oben gestoßen, von unten gezogen, ehe sie es begriffen, waren sie auf der Rampe. Manche landeten auf den Füßen, manche auf dem Kopf. Wir halfen, wo wir konnten, bis wir selbst hinausgestoßen wurden.

„Schnell! Schnell! Noch schneller!"

Die Grobheit, die suggestive Wirkung der Panikstimmung lähmten unser Hirn und unseren Willen. Wir liefen ganz von selbst und hatten bereits das Gefühl, daß es nichts Wichtigeres auf der Welt gäbe, als möglichst schnell in Reih und Glied zu stehen. Wir achteten darauf, einander im Rummel nicht zu verlieren, aber mein Vater wurde gepackt und in die Gruppe der Männer gestoßen.

„Schnell in Fünferreihen aufstellen! Schnell! Los! Bewegung!"

Die Frauen und die Männer standen getrennt voneinander, zwei lange Blocks in Fünferreihen. Wie hatten sie das nur in wenigen Minuten geschafft? Der Empfang verriet große Routine, methodischen Drill. Wo waren wir? Ich bemerkte, daß ich Vaters Rasierzeug in der Hand hielt. Er legte stets großen Wert darauf, immer ordentlich rasiert zu sein. Im Waggon hatte er keine Möglichkeit dazu gehabt. Sicher wartete er schon darauf, seinen vier Tage alten Bart abzunehmen. Die Gruppe der Männer stand nur drei Schritte von uns entfernt. Ich sprang hin und drückte ihm das Rasierzeug in die Hand. Ein Gestreifter packte mich und stieß mich unsanft in die Gruppe der Frauen zurück. Ich spürte es nicht und war froh, daß Vater das Rasierzeug hatte. Man wußte ja nicht, ob man ein neues kaufen konnte. Wer weiß, ob Vater überhaupt Geld in der Tasche hatte, wer weiß, ob wir uns heute noch treffen würden?

Inzwischen setzte sich die Frauengruppe in Bewegung. Ich war nicht mehr neben Mutter und Schwester und mußte geschickt sein, um nach vorne zu gelangen, ohne erneut Schläge zu riskieren. Als ich sie erreichte, hörten wir Vaters Stimme. Er rief Mutter etwas zu, und sie drehte sich um. „Stell dich in die Mitte, und halt die Hände der Mädchen fest!" Mutter winkte, daß sie verstanden hatte. Inzwischen ging die Frauengruppe vor, die Männer blieben stehen. Ich schaute zurück, sah aber Vater nicht mehr.

„Wer sind die in den Schlafanzügen?" fragte Jutka flüsternd.

„Entweder Verrückte oder Häftlinge. Sie haben eine Nummer am Arm. Hast du es gesehen?" erwiderte ich.

„Seid still!" zischte Mutti uns an.

Jutkas smaragdgrüne Augen leuchteten auf. „Ich wollte nur sagen, daß ich verdurste", beschwerte sie sich.

„Das geht den anderen nicht besser", beendete Mutter das Gespräch. Sie ging auf Zehenspitzen weiter, um zu sehen, was vorne geschah. Vor den weiterrückenden Frauen stand ein gutaussehender, eleganter deutscher Offizier, der seine Umgebung überragte. Er zog sofort alle Augen auf sich. In Grätschstellung verharrend, die eine Hand in die Hüfte gestemmt, zeigte er mit der anderen nach rechts oder nach links. Ich ahnte nicht, was die rechte, was die linke Seite bedeuteten. Aber die meisten Leute kamen nach links, nach rechts gelangten nur sehr wenige. Mutter, Jutka und ich mußten nach rechts. Als ich an dem dirigierenden „Kapellmeister" vorbeiging, hörte ich, daß er leise vor sich hinsang.

„Wichtig ist, daß wir zusammengeblieben sind", seufzte Mutti erleichtert auf.

Ich schaute sie an. Ihr Gesicht strahlte vor Freude, als ob wir in einer Sommerfrische gelandet wären. Jetzt verstand ich, was sie bisher durchgestanden hatte. Daß sie während der Fahrt nicht nur an ihrer eigenen Not litt, wie wir, sondern sie auch die Frage gequält hatte: Was wird aus meinen Kindern? Was geschieht, wenn wir getrennt werden und sie nicht bei uns bleiben kann? Wir hatten damit gerechnet und schon im Waggon darüber gesprochen, daß die Männer vielleicht zu einer besonderen Arbeit kommen und wir Vater nur von Zeit zu Zeit treffen würden. Das war schon schlimm genug, aber eine Trennung von den Kindern? Seit drei Monaten hatte meine arme Mutter die Sorge um Pista gequält. Wir wußten nicht, wo er gelandet war. Stand jetzt die Trennung von ihren Töchtern bevor? Wie müssen diese Gedanken sie während der langen Waggonfahrt gequält haben. Aber sie hatte geschwiegen. Jetzt erst, nach der „Selektion", atmete sie auf. Als ob sie den Ort des Schreckens, an dem wir uns befanden, gar nicht wahrnähme, lächelte sie sogar. Vielleicht war es ihr eine Genugtuung, die Bitte meines Vaters erfüllen zu können. Wir standen an ihrer Seite, sie hielt unsere Hände.

Ihr Lächeln, das Gefühl, ihre warme Hand zu spüren, gab uns Ruhe und Geborgenheit.

Ich dankte Gott für Mutters Lächeln und dafür, daß wir zusammengeblieben waren. Rings um uns her tragische Szenen, Weinen und Klagen von Familien, die auseinandergerissen worden waren. Mutter war eine sehr schöne Frau, sie würde in zwei Monaten dreiundvierzig Jahre alt werden, sah aber nicht älter als fünfunddreißig aus, wir wurden für Schwestern gehalten. Jutka war, trotz ihrer vierzehn Jahre, schon ein großes Mädchen, das älter aussah. Das erklärt, weshalb wir zusammen bleiben konnten. Menschen unter sechzehn und über vierzig wurden nur selten auf die rechte Seite geschickt.

Die Familie meiner Freundin Ica mußte auf die linke Seite. Sie schloß sich uns an, und so wurden wir eine vierköpfige Familie. Wir gelobten einander aufzupassen, daß wir uns nie verlieren würden. Das war jetzt das Wichtigste. All das beredeten wir unterwegs, im Laufschritt. Wir durften nicht stehenbleiben oder langsam gehen.

Die Frauen auf der rechten Seite wurden von den gestreiften Häftlingen übernommen, die sie antrieben, ermutigten, stießen. Kolonnen in Fünferreihen bildeten sich, immer in Bewegung, marschierend. Hinter uns kamen weitere Menschen und schlossen sich uns an. Unsere Begleiterinnen sprachen untereinander slowakisch, mit uns sprachen sie ungarisch. Es waren Mädchen meines Alters, die, aus der Slowakei deportiert, schon zum Dienst eingeteilt worden waren. Sie waren vor ein bis zwei Jahren verschleppt worden. Ihre gestreifte Kleidung war sauber und frisch gebügelt. Auch sie selbst sahen sauber und gepflegt aus. Ihr Haar glänzte und war schön frisiert. Das beruhigte mich. Es schien, daß man sich hier regelmäßig waschen konnte und wir auf normale Verpflegung und Unterkunft hoffen durften. Das selbstsichere, ungezwungene Verhalten der jungen Mädchen wirkte entspannend. Wir waren jung und gesund, wir würden jede Arbeit aushalten, wenn man uns menschlich behandelte. Man führte uns auf einen Schotterweg, immer noch in schnellem Tempo.

Sie trieben uns an, als ob wir auf der Flucht wären. Was mich betraf, hatte ich nichts dagegen, ich wollte nur möglichst weit weg vom „Kapellmeister". Er war mir unheimlich. Gott behüte; vielleicht überlegte er es sich gar noch.

An der rechten Seite des Weges zog sich auf der gesamten Länge ein Stacheldrahtzaun hin. Dahinter kahlgeschorene Frauen in gestreifter Kleidung. Ihre Kleider waren nicht gebügelt. Ihre Köpfe glänzten, ihre Gesichter wirkten sonderbar, Augen ohne Glanz.

„Offenbar werden hier auch geistesgestörte Frauen eingesperrt", meinte Jutka.

Weiter entfernt sahen wir Frauen in Zivilkleidung hinter Gittern, auch sie Wesen, die Frauen kaum noch ähnlich sahen, derselbe gehetzte Blick. Sie standen herum oder saßen auf dem Boden und stierten vor sich hin. Ihrer Köpfe glichen bläulichweißen Billardkugeln, alle waren frisch rasiert. Auf den mit Stacheldraht eingezäunten „Höfen" standen – Reihe an Reihe – gleichförmige, lange, schmale Holzbaracken. Die Frauen sahen aus, als seien sie für den Fasching kostümiert. Der einen hing das Kleid lang und weit herunter, der anderen war es so kurz und eng, daß es fast platzte. Als wir näherkamen, liefen sie in die Nähe des Zaunes und riefen in allen möglichen Sprachen: „Woher kommt ihr? Wer seid ihr? Werft alles herüber, was ihr nur könnt, man nimmt es euch sowieso weg: Brot, Brot, Näpfe, Teller, Löffel. In einer Stunde seid ihr ausgeraubt, kahl, in Häftlingskleidern, ebenfalls hinter dem Drahtzaun! Ihr könnt uns glauben!"

Wir hörten auch ungarisch sprechen. Du lieber Gott! Es waren auch Ungarn in diesem Irrenhaus. Dafür hielten wir das Lager immer noch, seine Bewohner für unglückliche Patienten, auf die wir „Normale" mit Grauen blickten. Jutka warf die Hälfte ihres Brotes über den Zaun, nach dem Motto: „Wer Brot verlangt statt Geld, dem muß man etwas geben." Mutter hatte noch im Waggon den Rest unserer Lebensmittel verteilt, sicherlich aus Furcht, daß wir voneinander getrennt werden könnten.

Eine der slowakischen Begleiterinnen ging neben mir. Damals kannte ich die Unterschiede noch nicht. Ich ahnte nicht, daß ich bereits „Häftling" im Konzentrationslager war, sie aber eine „Kapo-Frau", und daß zwischen uns beiden Welten lagen. Ich wußte nur: Sie war kein Nazi und keine Deutsche, sondern ein gleichaltriges, jüdisches Mädchen, das ungarisch sprach. Sie hatte wunderschönes rotes Haar, das im Sonnenlicht golden glänzte. Ich fand sie vertrauenswürdig.

„Ich bin auch in Oberungarn geboren", sprach ich sie an. Sie antwortete nicht. „In Rimaszombat, im Hause meiner Großmutter", setzte ich fort. „Wir sind Ungarn und leben in Ungarn, Großmutter ist immer noch in Rimaszombat." Sie blickte mich an, aus ihren schönen, blauen Augen sprach Verwunderung. „Wo sind wir, was ist das für ein eigenartiger Ort?" fragte ich.

„Ein Konzentrationslager. Ungarisch: ein Sammellager", antwortete sie endlich.

„Wie heißt es?"

„Auschwitz!"

„Glaubst du, daß wir bald etwas zu essen und vor allem zu trinken bekommen? Hier verdurstet man ja fast."

Während ich sprach, blieb ihr Blick auf meinen Hals gerichtet. Was konnte an meinem Hals so interessant sein? Plötzlich griff sie zu und riß mir den winzigen, goldenen Magen David ab, der an einem Faden hing. Ich war so verblüfft, daß mir der Atem wegblieb. Als ich wieder zu mir kam, war sie verschwunden. Ich habe sie nie wieder gesehen, ebensowenig meinen Talisman. Ich hatte gedacht, daß sie uns mit Verständnis betrachtete und den neuen Leidensgenossen Mitleid entgegenbrachte. Vielleicht hätte sie in ihrem Dienst anderen helfen können. Ihr Verhalten schmerzte mich. Ich konnte damals noch nicht wissen, sollte es aber bald lernen, daß die Deutschen nur bereits „erzogene" oder gebrochene Häftlinge zum Dienst einteilten und ihnen Aufgaben übertrugen. Selbständiges Denken, gar Widerspruch waren ausgeschlossen, sie verlangten absoluten Gehorsam. Ich bin fest davon überzeugt, daß dieses junge Mädchen noch zwei Jahre zuvor über das Verhalten, das sie jetzt an den Tag legte, empört gewesen wäre. Und was war aus ihr geworden? Schuld daran war allein das Nazisystem.

Zum Philosophieren oder Nachdenken war keine Zeit. Wir wurden in einen Saal getrieben. Am Ende des Saales stand eine Frau in gestreifter Kleidung, die Befehle in ungarischer Sprache erteilte. Sie war ebenfalls ein slowakisches Mädchen. Wir mußten uns ausziehen. „Ganz!" fügte sie hinzu, um Mißverständnisse gar nicht erst aufkommen zu lassen. Ihre Worte wirkten wie Peitschenhiebe: „Binnen einer halben Minute will ich jede ohne Kleider sehen! Hängt die Sachen an die numerierten Kleiderhaken an der Wand! Merkt euch die Nummer des Hakens, damit es nachher keine Sucherei gibt. Nur Brillen und Schuhe dürft ihr anbehalten. Nehmt die Schuhe in die Hand, stellt euch in Reihe auf und kommt einzeln zu mir zur Untersuchung. Laßt euch nicht einfallen, etwas in den Schuhen zu verstecken! Beeilt euch!"

Wir erstarrten. Wir konnten nicht glauben, was wir gehört hatten. Aber sie hat doch ungarisch gesprochen. Es konnte kein Irrtum sein, sie hatte „ganz nackt" gesagt. Wozu? Warum? Und wie war das gemeint? Alle, in Gegenwart der anderen? Denn trotz allem, was wir bisher erlebt hatten, waren wir immer noch zivilisierte Menschen. Daß wir auf einen solchen Befehl entrüstet reagierten, war Beweis dafür. Wir schauten uns um. Zwei deutsche Soldaten schlenderten durch den Saal. Wir zogen den Mantel und die Schuhe aus. Wir warteten, daß die Soldaten den Raum verließen, aber es kamen andere. Sie gingen ein und aus.

„Wird's bald?" dröhnte die Stimme der Slowakin.

Vielleicht sah sie die Soldaten nicht? Zwar hatten die gar nicht nach uns geschaut, aber es war uns unangenehm, und wir empfanden es als entwürdigend.

„Ihr habt noch zwei Sekunden!"

Wir legten die Oberbekleidung ab und standen in Unterwäsche da. Wir blickten weder nach rechts, noch nach links, wir schämten uns voreinander – und auch vor den Soldaten.

„Die Zeit ist um!" brüllte das Weib mit heiserer Stimme, und jetzt konnten wir uns davon überzeugen, daß sie sich der Gegenwart der Soldaten bewußt war.

„Die Soldaten können auch schießen. Ihr seid ins Konzentrationslager Auschwitz-Birkenau gekommen. Ihr seid Häftlinge, das bedeutet, daß ihr kein Recht auf Gefühle oder Gedanken habt! Ihr habt überhaupt keine Rechte. Rechte haben nur die Deutschen, und sie setzen diese Rechte mit Hilfe der Kapos durch. Hier ist das Leben billiger als der Sand in der Wüste, ein Widerwort – und ihr seid tot. Das ist keine leere

Drohung." Sie hob ihren rechten Finger in die Höhe. Einer der Soldaten blieb stehen, führte seine Hand zur Waffe und schaute die Slowakin erwartungsvoll an.

Nur eine Sekunde, und die Wäsche fiel. Ein furchtbarer Augenblick, Schamröte stieg uns ins Gesicht. Aber es war mehr als Scham. Etwas in unserem Innersten zerbrach. Unsere Seele? Unsere Menschenwürde? Wesensmerkmale, die wir von Geburt an in uns trugen, deren wir uns nie bewußt waren, deren Verlust uns aber zu willenlosen, gebrochenen Geschöpfen machte. Die Deutschen arbeiteten mit solchen Hilfsmitteln: Gleich nach der Ankunft brachen sie die Widerstandskraft, zerstörten wesentliche Teile unserer Existenz; damit verhinderten sie das eigene Denken, den eigenen Willen, eine mögliche Revolte. Von da an bedurfte es keiner Drohung mehr. Ein Kapo genügte, um die Masse zu beherrschen, mit ihnen zu machen, was er wollte. Wie eine Schafherde gingen die Entehrten, wohin man sie führte, und sie taten, was ihnen befohlen wurde.

Die Schuhe in den Händen haltend, stellten wir uns in die Reihe, instinktiv eine eng an den Rücken der anderen, um unsere Blöße so gut wie möglich zu verbergen. Systematisch prüfte die Kapo-Frau Schuhe und Münder, um sicherzugehen, daß wir nichts versteckt hatten. Wer fertig war, durfte durch einen schmalen Gang, danach links, in einen langen Flur gehen.

Schließlich war ich an der Reihe. Ich war die letzte in der Gruppe unserer Familie, Mutter und die anderen waren schon hinter der Schwingtür. Ich hielt meine Schuhe dem Kapo-Weib hin. Sie griff mit geübter Bewegung hinein. Ich öffnete den Mund, wie ich es bei den anderen gesehen hatte, aber sie interessierte sich nur für meine Schuhe. Sie nahm sie mir aus der Hand, betrachtete sie gründlich und warf sie hinter ihren Rücken in die Ecke. Meinen Mund hatte sie gar nicht untersucht, sie winkte mir zu gehen. Ich verstand das nicht. Jede setzte ihren Weg mit den Schuhen fort, hielt sie in der Hand oder hatte sie angezogen. Meine Schuhe waren besonders gut, nagelneue Skistiefel. Mutter hatte mir geraten, sie zu wählen. „Zwar fängt der Sommer erst an, und sie werden warm und schwer sein, aber dann kommt der regnerische Herbst, und wer weiß, ob der Krieg dann schon zu Ende ist. Ob wir vor dem Winter heimkommen? Gute Schuhe können das Leben bedeuten, und diese sind stark und unverwüstlich, so wirst du wenigstens keine Schuhprobleme haben."

Es stimmte, sie waren stark und unverwüstlich, das hatte die Kapo-Frau sofort bemerkt, deshalb nahm sie mir die Stiefel und deshalb war ich schon ganz am Beginn barfuß. Erst der Magen David, dann die Schuhe, anscheinend war das hier so üblich: Was den Kapos gefiel, beschlagnahmten sie für sich. Mit Tränen in den Augen, stolperte ich zur Schwingtür. Damals ahnte ich noch nicht, wieviel Leid der Verlust der Schuhe mit sich bringen würde. Meine Reservekleidungsstücke und mein Brot im Rucksack blieben auf dem Kleiderhaken Nummer 62 hängen, zusammen mit den ausgezogenen Kleidern. Ich blickte zurück und spürte, daß ich meine Sachen, die mich an zu Hause erinnerten, zum letzten Mal sah – entgegen allen Versprechungen. Das einzige, was wir behalten durften, waren die Schuhe – und die hatte ich auch verloren. Ich stand da, wie ich auf die Welt gekommen war. „Außer dem Leben habe ich nichts, was man mir noch rauben könnte", dachte ich. Aber ich sollte mich furchtbar getäuscht haben!

Ich gelangte in den Flur, der an der einen Seite Fenster hatte, gegenüber war eine glatte Wand. Hier arbeiteten die Barbiere. Die Frau vor mir sah binnen weniger Minuten wie eine Raupe aus: Am ganzen Körper glattrasiert und aller Haare beraubt.

Wir standen noch unter dem Schock, den wir im ersten Raum erlitten hatten. Die grobe Verletzung unserer Menschenwürde erniedrigte, ja vernichtete uns. Wir dachten, das ließe sich nicht weiter steigern, jetzt nahm man uns den Rest weiblicher Würde, das Haar. Man behandelte uns wie Dreck, rasierte unseren Unterleib.

Was mit uns, unseren Verwandten und Freunden geschah, das hatten wir noch gar nicht realisiert. Uns selber konnten wir nicht sehen, die Blöße der anderen, ihre rasierten Köpfe und Leiber wirkten wie unser Spiegelbild und überstiegen an Grauen jede Vorstellung. Das kann nur ein Traum sein, ein schlimmer Alptraum, weiter konnten wir nicht denken. Hin und wieder ein Schrei, wenn besonders schönes Haar fiel. Ansonsten entsetztes Schweigen, kein Wort des Widerspruchs. Die Gedanken und Gefühle hielten den Ereignissen nicht stand, wir waren wie blokkiert, erst später fingen wir an zu begreifen.

Auch hier wieder: Hetze, Enge, Hast. Wer geschoren war, wurde durch die Schwingtür am Ausgang ins Bad gejagt. Eiskaltes Wasser ergoß sich über uns. Daß es kalt war, machte mir nichts aus. Ich öffnete den Mund und trank. Ich schluckte gar nicht, ließ es nur durch meine Kehle laufen, bis – ohne jeden Übergang – kochend heißes Wasser floß, dann wieder kaltes. Das ganze dauerte nur einige Sekunden, dann war das Bad zu Ende. Wir hätten noch länger bleiben mögen, aber man jagte uns weiter und trieb bereits die nächsten in den Duschraum. Für jede Gruppe eine halbe Minute. Das war das „Bad", das weder einem angenehmen Gefühl noch der Sauberkeit diente, sondern nur ein einziges Ziel hatte, die Desinfizierung. Aus den Brausen strömte eine Desinfektionsflüssigkeit auf unsere Köpfe (und in den Magen, wenn man es schluckte), in der man nicht plantschen sollte. Es genügte, wenn die Brühe über den ganzen Körper des sogenannten „flohigen, lausigen, dreckigen Juden" rann.

In einem hangarartigen, zugigen Saal verteilten weibliche Häftlinge an einem langen Tisch Kleider. Unsere Zähne klapperten – Handtücher erhielten wir natürlich nicht –, unsere nackten Füße traten in Pfützen, weil unsere Vorgängerinnen Wasserlachen auf dem Steinboden hinterlassen hatten, so wie wir sie denen hinterlassen würden, die nach uns kamen. Frauen in gestreiften Sachen warfen uns von der anderen Seite des Tisches zerknüllte Kleiderfetzen zu, die nach Desinfektionsmitteln stanken. Unsere eigene Garderobe sahen wir nie wieder, ebensowenig die Dinge, die im Waggon geblieben waren. Die „Kleiderhaken-Nummer" und die „Waggonnummer" – alles war Bluff, wie auch später so vieles. Jede fing sich ein Kleid. Wäsche gab es nicht, nur ein einziges Kleid, die eine bekam ein Sommerkleid, die andere ein Winterkleid. Das eine war lang, das andere kurz, das eine hatte eine enge, kleine Größe, das andere eine weite. Wir sahen es nicht lange an, sondern zogen es schnell über. Niemand brauchte uns anzutreiben. Wir beeilten uns, so gut wir konnten. Teils weil wir froren, aber hauptsächlich, um unsere Blöße möglichst schnell zu verhüllen, die unser Gefühl des Ausgeliefertseins noch verschlimmerte.

All das vollzog sich, während wir uns auf den Ausgang zubewegten. Aber an der Tür wichen wir plötzlich zurück, dort standen zwei Gestreifte neben Eimern, in ihrer Hand ein Pinsel, im Eimer gelbe Farbe. Jeder, die durch die Tür ging, schmierten sie einen breiten Streifen auf den Rücken, auf beide Brüste und auf den rechten Ärmel des Kleides. Die dicke, klebrige Farbe drang durch den Stoff des Kleides. Wir erschauerten. Teils wegen der Kälte, teils wegen des ekelhaften Geruchs und der Klebrigkeit, aber vor allem wegen der erneuten Demütigung. Wieviel konnten, wieviel mußten wir noch erdulden?

Bevor wir aus der Tür traten, wurde jeder von uns ein 4 Zentimeter breites, 12 Zentimeter langes, graues, aus dickem Stoff gefertigtes Band in die Hand gedrückt, dazu vier Sicherheitsnadeln, mit dem Befehl, es an der oberen Hälfte des linken Kleiderärmels zu befestigen. Auf das graue Band waren Zahlen gemalt – unsere Häftlingsnummer.

Taumelnd verließen wir die „Häftlingsfabrik", die wir vor kaum einer halben Stunde als Menschen betreten hatten. Müde, durstige, von den Qualen der Waggonfahrt gezeichnete Frauen, seit der Ankunft in Auschwitz in Panik und Schrecken versetzt. Menschen mit eigenen Kleidern, Gepäck und Lebensmitteln von Zuhause, voller ängstlicher Erwartung dessen, was uns bevorstehen würde, voller Ungewißheit über unser künftiges Schicksal. Wir Frauen und Mädchen von der rechten Seite waren alle jung und arbeitsfähig. Wir glaubten der am Tor des Haupteingangs mit großen Buchstaben verkündeten Losung „Arbeit macht frei". Wir waren zur Arbeit bereit, wenn man uns normal behandelte, wir nur am Leben blieben und die Zeit bis zum Kriegsende durchhalten könnten, das nach unserer Einschätzung nicht mehr fern war. Unsere einzige Sorge galt unseren Angehörigen und der Frage, wann wir sie wiedersehen würden. In unserer Unwissenheit glaubten wir, daß sie für andere Arbeiten vorgesehen waren und deshalb woanders hingebracht worden waren.

Einige hatten zwei Mänteln bei sich, in weiser Voraussicht des kommenden Winters, andere trugen lediglich einen Sweater über dem Kleid.

Die einen mit Kopftuch, die anderen mit Mütze, die ganz Jungen ohne Kopfbedeckung, man sollte ihr Haar sehen, die schönste Zierde der Frau. Verschiedene Haarfarben, alle möglichen Frisuren, je nach Lust, Geschmack oder Persönlichkeit. Auf den Schultern Rucksäcke und Pakete. Woher sie auch kamen, alle waren sie durch die Eingangstür der „Fabrik" geschleust worden.

Nach knapp einer halben Stunde erwarteten sie vor der Ausgangstür im Freien Kapo-Frauen, die sie in Fünferreihen gruppierten, abzählten und wegführten. Sie waren seelisch gebrochen, verformt, auch äußerlich ganz verändert, zu Nummern gemacht und gebrandmarkt. Eine halbe Stunde war sehr wenig für das, was sich zwischen den zwei Türen ereignet hatte.

Die mit teuflischer List ausgeklügelte Methode diente den Deutschen dazu, um in kurzer Zeit Menschen in Roboter zu verwandeln. Natürlich waren wir nicht die erste Gruppe, auch nicht die letzte. Zu hunderttausenden wurden in der „Häftlingsfabrik" Robotermenschen geschaffen. Menschen aus vielen Ländern gerieten in diese Maschinerie, Menschen unterschiedlicher Nationalität und Religion (größtenteils Juden). Sie wurden mit großer Geschwindigkeit zerstört und mit irrem Tempo als gespenstisch uniforme Häftlinge ausgespuckt..

Den Plan, nach dem die „Häftlingsfabrik" funktionierte, hatten wahrscheinlich Psychologen erarbeitet. Nach Ankunft der Waggons die Hysterie und Hetze, die keine Pause duldete, damit keine Zeit zum Nachdenken blieb; dann die diabolische Behandlung, die kollektive Entblößung, in der Gegenwart von Männern und Soldaten, was einen solchen Schock bewirkte, daß wir sofort in der Hand unserer Peiniger waren, unfähig zu Widerstand gegen noch schlimmere Demütigungen. Wir wurden wandelnde Maschinen, die wie in Hypnose taten, was befohlen wurde. Unser Verhalten war nicht mehr von Gedanken oder vom Willen geleitet, wir erinnerten uns an nichts mehr, nur an unsere Namen.

Ganz am Ende, damit uns nicht einmal das mehr blieb, beraubten sie uns auch des Namens und löschten unsere Individualität vollends aus. Wir wurden zu Nummern! Alles, was Teil unseres früheren Lebens gewesen war: Familie, Schulausbildung, Beruf, Gesellschaftsleben, wollten sie aus unserem Gedächtnis tilgen. Statt dessen mußten wir einige Zahlen lernen, damit wir, wenn man uns aus dem Schlaf riß und nach dem Namen fragte, ohne nachzudenken antworteten. Weil wir ihrer Meinung nach keine Menschen waren, wollten sie, daß wir das auch glaubten, und taten alles, uns auf eine entsprechende Stufe zu bringen.

Tücher, Mützen, Hüte und Frisuren verschwanden. Das braune, gewellte Haar, das blonde mit den Ponyfransen, das feuerrote, die langen schwarzen Zöpfe und der bis zum Gürtel reichende, goldfarbene Haarschwall: weg! Statt dessen glänzten gleichförmige, blauweiße Billardkugeln im Sonnenschein des frühen Nachmittags. Erkannten wir uns einander bisher auch von hinten, so hatten wir jetzt Mühe, uns von Angesicht zu Angesicht zu erkennen. Alle Individualität war zerstört. Die entpersönlichten Häftlinge schauten mit verständnislosen, erschrockenen Augen ins Leere, wirre Mienen verwandelten bekannte Gesichter in fremde. Nicht einmal der Gang blieb der alte. Auf kleinen Füßen, automatisch und gespenstisch zugleich, schleppten sich die vor kurzem noch behenden und leichtfüßigen jungen Frauen dahin. Orientierungslose Blicke suchten nach Angehörigen, nicht wissend, daß sie nebeneinander standen.

Jede fühlte sich erschreckend einsam in der Menge der „Fremden" und dachte nicht daran, daß sie ebenso fremd für die anderen war. Es war ein grausames Gefühl (wenn wir damals überhaupt etwas gefühlt haben), daß wir lernen mußten, unsere Mutter, unsere Schwester, unsere Mitschüler, unsere Bekannten zu erkennen.

In der Begleitung dreier Kapo-Frauen und zweier deutscher Soldaten machte sich die Gruppe auf den Weg. Wir rannten nicht mehr, aber als wir auf den Schotterweg kamen, schmerzte jeder meiner Schritte. Die scharfen, spitzen Steine verletzten meine ans Barfußgehen nicht gewohnten Füße.

Die Schmerzen vertrieben den Nebel, der sich um unser Hirn gelegt hatte, seit wir in das Haus des Grauens eingetreten waren und man unseren Stolz als Frau und Mensch gebrochen hatte. Mich überkam die Verzweiflung des Patienten, der aus der Narkose erwacht und erkennt, daß ihm beide Beine amputiert worden sind. Die Hoffnung, die mich noch in den letzten Minuten im Waggon begleitet hatte, das „Es wird schon werden" – gab es nicht mehr. Wann hatte sie mich verlassen? Noch bevor wir „jenes" Haus betraten? Ob man ohne sie leben kann? Darüber dachte ich hartnäckig nach und versuchte, meine Aufmerksamkeit von dem Schmerz abzulenken, der mich bei jedem Schritt plagte. Ich mußte mich zwingen, nicht zu schreien.

Der Durst wurde immer schlimmer. Der Hunger quälte auch, war aber noch zu ertragen. Der Wasserentzug seit Tagen dörrte den ganzen Körper aus. Wir waren sicher gewesen, nach Ankunft des Todeszuges Wasser zu bekommen. Schließlich wußten unsere Peiniger, mit wie wenig Wasser wir auf die Fahrt geschickt worden waren. Wir erhielten nichts, im Gegenteil: Man nahm uns das Wenige weg, was wir noch hatten – aber den ersehnten Schluck Wasser reichte uns keiner.

Meine Füße schmerzten erbarmungslos. Die spitzen Steine hatten die Fußsohlen bereits so verwundet, daß sie bluteten. Es war, als gingen wir schon seit Stunden, jede Sekunde schien eine Ewigkeit zu sein. Wann würden wir dort ankommen, wo es Wasser gab und ein Bett, egal wie klapprig, nur etwas Ruhe für meine Füße? Ich traute mich aber nicht, etwas zu sagen. Alle waren durstig und litten, aber niemand beschwerte sich. Zum ersten Mal betrachtete ich die anderen genauer, eine Wahnvorstellung befiel mich, die ich nicht loswerden konnte. Hatte ich das alles nicht schon einmal erlebt? Jutka gab mir darauf die Antwort. Mit unbewegtem Mund, fast ohne Stimme, flüsterte sie, damit die anderen es nicht hörten: „Wir schauen so aus, wie jene dort hinter dem Stacheldraht."

Sie wußte, daß ich sie verstand. Jene Frauen waren nicht verrückt, nur unglücklich – wie wir. Sie seufzte tief, Tränen rannen ihr über das Gesicht.

Ich nickte. Meine süße, gescheite, kleine Schwester. Wahrscheinlich dachten auch andere an die Begegnung mit den Gefangenen hinter dem Stacheldrahtzaun, denen wir nicht glauben konnten, als sie uns ein Schicksal wie das ihre prophezeiten. Seither war nur eine Stunde vergangen, aber es schienen Jahre zu sein. Was wir erlebt hatten, würden wir ein Leben lang nicht vergessen und nie ganz verwinden können. Wir hatten uns das Schicksal, das uns erwartete, so vorgestellt, wie es unseren Werten und Normen entsprach. Das waren wirklich keine schönen Vorstellungen. Was uns aber widerfahren war, hätte bei weitem das Ausmaß unserer Vorstellungskraft überstiegen. Und das war erst der Anfang des Weges.

Wie naiv waren wir gewesen, uns von dem frischgebügelten Kleid und dem gepflegten Haar der slowakischen jüdischen Mädchen täuschen zu lassen. Wir hatten uns in dem Glauben gewiegt, etwas Ähnliches erwarten zu können. Als Gefangene in gestreifter Kleidung wie Verbrecher herumlaufen, man konnte sich besseres vorstellen, aber immerhin bewegten sie sich frei auf dem Gebiet des Lagers, und man sah, daß sie angemessen verpflegt wurden. Den Preis dafür kannten wir noch nicht.

Zwischen den kahlgeschorenen, erbärmlichen Gefangenen hinter dem Stacheldraht und uns konnten wir nicht einmal im Traum eine Verbindung sehen. Gott möge uns vergeben: Wir hatten sie für Insassen einer Irrenanstalt gehalten. Ihren Auskünften glaubten wir nicht, sie erschienen uns lächerlich. Ihre Warnungen klangen absurd, schienen Ausgeburten ihres verwirrten Geisteszustandes zu sein. Unser Mitleid für sie wuchs ebenso wie unser Empfinden des Grauens als gesunde Menschen.

Das Unvorstellbare war Wirklichkeit geworden, sie hatten Recht behalten. Wir waren sie geworden, als sich das Tor des Lagers „B.II.b" öffnete. Von Stacheldraht umgeben, reihten sich niedrige, lange Baracken aneinander. Schilder verkündeten, daß der Zaun Tag und Nacht unter Hochspannung stand.

Meine verletzten Füße durchfuhr ein plötzlicher, stechender Schmerz. Ich schrie auf. Sofort bekam ich einen Schlag auf den Rücken. Ein neuer Schmerz. Hinter uns schloß sich das Tor des Lagers.

Den ersehnten Schluck Wasser reichte uns auch hier keiner. Man konnte sich nicht hinlegen, nicht einmal auf den Boden setzen, ein schriller Pfiff ertönte, dann der Befehl: Appell! Zählappell! Das Wort Zählappell hörten wir zum ersten Mal. Wir ahnten nicht, daß die stundenlangen, täglichen Appelle zur bitteren Begleiterscheinung unseres Lagerlebens werden würden. Vorläufig wußten wir nicht, was wir tun und wie wir uns aufstellen sollten. Die Kapo-Frauen erklärten nichts. Sie schubsten uns herum, zerrten uns mal hier, mal dort hin. Sie setzten Knüppel ein, brüllten mit heiserer Stimme. Wir verstanden kein Wort. Warum waren sie bloß so aufgeregt? Wenn ihnen irgend etwas nicht gefiel, ging die ganze Prozedur von neuem los, wir waren Schachfiguren, keine Menschen. Offenbar wußten sie selber nicht, wie wir stehen sollten.

Die Reihen mußten von vorn und von der Seite kerzengerade sein. Die Kapo-Frauen liefen herum, mal boxten sie eine Gefangene in den Rücken, mal in den Bauch, rückten sie ein, zwei Zentimeter nach vorne, um sie nach zehn Minuten wieder zurückzuschieben. Ihr Treiben war beinahe lächerlich. Von der haargenauen Ausrichtung schien der Ausgang des Krieges abzuhängen. Hunger und Durst quälten uns. Seit dreieinhalb Stunden standen wir bereits stramm.

Das Verhalten der Kapo-Frauen wies darauf hin, daß sie auf etwas warteten. Abends um sieben Uhr erschien ein kleiner, magerer, deutscher Unteroffizier in Begleitung eines gebeugten Schreibers. Er zählte die angetretene Gruppe ab und verschwand wieder, nachdem er die ihm hingehaltene Meldung unterschrieben hatte. Jetzt wußten wir schon, was ein Zählappell bedeutete. Für eine Zweiminutenmusterung mußte man viereinhalb Stunden strammstehen.

Nach dem Antreten wurde das Abendessen verteilt: ein vier Zentimeter dickes Stück Brot und ein fingerdickes Stück Margarine. Wir verschlangen es sofort. Zu trinken gab es nichts. Ich sank auf den Boden, Mutter wollte sich meine Füße ansehen, aber ein erneuter Pfiff brachte uns wieder auf die Beine. Zapfenstreich! Unsere Gruppe wurde in eine der Baracken getrieben. Sie hatte einen Holzboden und bestand aus drei Teilen. In der Mitte war der Gang, rechts und links davon erstreckten sich die Säle. An deren äußerer Wand befanden sich niedrige Fenster zum Lagerhof hin. Am Ende des Ganges war ein kleines Zimmer, das Heiligtum der Kapo-Frau.

Unser neues Quartier war ein leerer Saal. Betten gab es nicht, aber an dem einen Ende waren Decken aufgeschichtet. Man erlaubte uns, sie zu benutzen und uns auf den Boden zu legen. Vor Erschöpfung sind wir sofort eingeschlafen.

Ein schriller Pfiff schreckte uns auf. „Heraus! Schnell heraus!!" Draussen war es noch finster, wir verstanden nicht, warum man uns nachts um drei Uhr hinaustrieb. Einen Augenblick lang wußte ich gar nicht, wo ich war, aber als meine wunden Füße den Boden berührten, war ich sofort hellwach. Mit Stöcken trieben uns die Kapo-Frauen auf den Hof hinaus. Schneidende Kälte erwartete uns. In wenigen Augenblicken füllten sich die freien Plätze mit kahlgeschorenen Häftlingen. Jede Gruppe versammelte sich vor der eigenen Baracke.

Wir rückten zusammen, aber schon donnerte es: „Antreten!" Je eine Armentfernung nach vorne und zur Seite! So konnten wir einander nicht mehr wärmen. Der Morgenwind kühlte unsere Körper aus. Ein unangenehmer Geruch breitete sich aus. Gab es hier eine chemische Fabrik? In der Ferne sah ich eine dicke, schwarze, bisweilen glutrote Rauchsäule. Den Schornstein der Fabrik konnte ich jedoch nicht ausmachen. Das wabernde Feuer erleuchtete den Himmel, und der eigenartige Geruch füllte die ganze Umgebung. Sie müssen den Kessel stark geheizt haben, daß der Rauch mit dem Feuer aus dem Schornstein quillt, dachte ich.

Mit dem Morgengrauen verstärkte sich der Wind, es fiel Tau, aber wir standen noch immer auf dem Appellplatz, vor Kälte zitternd und von Durst gequält, schläfrig und vor Müdigkeit fast zusammenbrechend. Es war sieben Uhr morgens, als der deutsche Unteroffizier auftauchte und uns zählte. Kurz danach erschienen aus dem gegenüberliegenden Lager gestreift gekleidete Mädchen, die Kessel mit „Kaffee" anschleppten. Jedenfalls wurde die bräunliche, schlecht schmeckende und -riechende Brühe so genannt. Die Kapo-Frau befahl: „Wegtreten!" Sofort lösten sich die Reihen auf. Wie Hunde auf einen Knochen stürzten sich alle auf den Kessel. Meine Füße waren derart wund, daß ich froh war, mich auf den Boden fallenlassen zu können. Ich kam gar nicht darauf, mich in die um Kaffee kämpfende Herde zu drängen. „Dann trinke ich eben nicht" – verzichtete ich auf die ersehnte Flüssigkeit. Ich hockte mich auf den vom Tau noch immer feuchten, kalten Boden und starrte auf die lärmende Menge. Nach ein paar Minuten stellte Jutka sich neben mich. Lächelnd reichte sie mir einen Blechnapf.

„Ich habe ihn mir selbst besorgt", verkündete sie stolz und setzte sich. Ich trank, es war ein schreckliches Gebräu, aber es war eine Flüssigkeit, und sie war sogar warm. „Während die anderen sich zankten, schlüpfte ich zwischen ihnen durch, trank und nahm auch für dich etwas."

„Woher ist der Napf?" Ich wärmte meine Finger am Topf.

Sie zuckte mit den Schultern: „Es war ganz leicht."

„Und wir können ihn behalten?"

„Warum nicht? Ich nehme ein Stückchen Schnur, reiße einen Streifen vom Saum meines Kleides und binde ihn an meinen Körper. Dann kann er mir nicht gestohlen werden."

Verwundert sah ich sie an. War das die wirkliche Natur meiner verwöhnten kleinen Schwester? Mutter sorgte sich: Was sollte nur aus dem Kind werden? „Wenn du ausgetrunken hast, gehen wir Wasser suchen", bestimmte das „Kind". „Irgendwo muß es einen Wasserhahn geben. Wenn man uns kein Wasser gibt, verschaffen wir es uns. Wir brauchen es. Auch zum Waschen, du mußt die Wunden deiner Füße auswaschen, sonst kriegst du noch eine Blutvergiftung."

Das alles war auch mir schon durch den Kopf gegangen, aber selbst nach Wasser zu suchen, daran hatte ich keine Minute gedacht. Inzwischen war Ica da, Jutka hatte sie mitgebracht, um mit ihr Wasser zu suchen. Mutter informierte uns, daß um neun Uhr wieder Zählappell sei, der bis mittags um zwölf Uhr dauern würde, dann gebe es Mittagessen. Bis drei Uhr sei Freizeit, danach sollte der dritte Appell folgen, der bis abends um sieben Uhr dauern würde. Danach, wie am Abend zuvor, Brotverteilung und Schlafengehen. Tagsüber war es nicht erlaubt, sich in den Baracken aufzuhalten. Das Verbot bezog sich auch auf die Kranken. Das war das Programm eines Tages, und es änderte sich nie.

„Ich sprach mit einem Mädchen aus Kolozsvar (Klausenburg)", setzte Mutter fort. „In Siebenbürgen haben die Deportationen schon vor anderthalb Monaten angefangen. Sie sind unsere Nachbarn aus der Baracke neben uns und sind schon seit einer Woche hier. Das Mädchen erklärte uns, daß wir in einem Sammellager seien. Die einzige Beschäftigung sei der täglich dreimalige, Stunden dauernde Appell, ob es regne oder ob sengende Hitze herrsche. Lange könne man es nicht aushalten.

Nur dem gehe es besser, der möglichst bald zur Arbeit fortkäme. Erleide jemand einen Schwächeanfall oder werde krank, liquidiere man ihn. Die Rauch- und Feuersäule, die man bis hierher sähe, stehe über dem Krematorium. Dort würden die verbrannt, die ermordet worden seien. Seit einiger Zeit seien mehrere Krematorien in Betrieb." Mutter dachte nach. „Das glaube ich aber nicht, daß man die Kranken einfach tötet", meinte sie, dann winkte sie ärgerlich ab, „das ist Gerüchtemacherei. So etwas kann im zwanzigsten Jahrhundert nicht passieren! Die polnische Kapo-Frau, die schon seit Jahren in Auschwitz ist, soll es dem Mädchen erzählt haben." – Siehst du", lachte sie auf, „hier ist der Widerspruch. Wenn sie es jahrelang ausgehalten hat, warum können es nicht andere auch? Erzähl' es niemanden, wir wollen nicht auch noch Gerüchte verbreiten."

Mit zusammengekniffenen Augen schaute sie auf die schwarze, dicke Rauchsäule. „Weißt du, was ich denke? Daß dort eine Brotbäckerei betrieben wird. Kannst Du dir vorstellen, wieviel Brot man hier täglich benötigt?"

„Ich dachte, es wäre eine chemische Fabrik, weil der Wind einen so würgenden Gestank heranträgt", antwortete ich.

„Schon möglich, daß du recht hast, es ist unwahrscheinlich, daß eine Brotbäckerei so riecht. Aber was ist mit deinen Füßen, tun sie weh?"

„Nur wenn ich auftrete. Wenn ich sitze, brennen sie ein wenig, aber sie schmerzen nicht."

„Das ist gut, dann sind sie nicht entzündet." Sie tastete sie ab: „Sie sind nicht geschwollen."

„Wenn Jutka und Ica zurück sind, werden wir sie waschen, bis zum neun-Uhr-Appell bleibt uns genug Zeit."

„Sie werden aber kein Wasser finden. Das Mädchen aus Kolozsvar sagte, daß in ganz Birkenau unser Teil des Lagers am primitivsten ausgestattet ist. Hier gibt es keine Betten, kein elektrisches Licht, keine Wasserleitung, keine Küche, keinen Arzt, es gibt gar nichts, nur leere Baracken und Drahtzäune mit Starkstrom. Nicht einmal Vögel gibt es hier." Sie hob ihren Blick zum Himmel: „Hast du es schon gemerkt?" Ihre Augen streiften über den öden Lagerhof, als ob sie erwartete, daß doch ein verirrter Vogel auftauchte. Dann seufzte sie resigniert: „Meinst du, daß der ständige dichte Rauch sie verscheucht?"

„Vielleicht halten sich Vögel von Orten fern, wo Leiden, Angst und Trauer herrschen", meinte ich. „Ich erinnere mich daran, was du erzählt hast, als ich noch klein war. Die Märchen fingen immer so an: 'Es war einmal, hinter dem großen Meer, wohin nicht einmal die Vögel flogen…' Damals glaubte ich, dieser Ort sei unerreichbar von der Welt der Menschen entfernt. Ich dachte mit Angst und Grauen an den siebenköpfigen Drachen, an die Hexen und die sonstigen Ungeheuer, die das Reich der Märchen bevölkern, und war glücklich, daß wir keine Märchenwesen sind und diesseits des großen Meeres, in der Welt der Menschen, leben… Lach bitte nicht, Mutter, aber ich habe das Gefühl, daß Auschwitz jenseits der menschlichen Welt liegt, und wir sind über das große Meer gekommen, wo kein Vogel mehr fliegt. Gott sei uns gnädig!"

Mutter hörte aufmerksam zu, aber antwortete nicht. Sie streichelte meine wunden Füße. Plötzlich riß sie von ihrem langen Flanellkleid ein großes Stück ab und verband meine Füße gründlich. „Wir werden uns schon Wasser besorgen", setzte sie ihren Bericht fort, „es wird mit einem Lastwagen gebracht, einmal wöchentlich. Genau vor unserer Baracke steht ein verrostetes eisernes Becken, in welches es gefüllt wird, zum Trinken aber ist es nicht geeignet. Man muß aufpassen, sich nicht die Cholera zu holen. Warst du schon auf dem Klo? Nein? So etwas hast du noch nicht gesehen, schau selbst nach, es ist nicht weit."

Inzwischen waren die „Flanellschuhe" fertig. Mutter hob sie ein wenig an, um sie besser betrachten zu können: „Hm, ganz nett! Stell dir vor, es wäre die neueste Mode! Vielleicht wird das von anderen nachgemacht. Du warst nicht die einzige, die barfuß gehen mußte." Als sie sah, wie ich den Mund verzog, tätschelte sie mein Gesicht und lachte: „Los, Mädchen, probier die neuen Schuhe aus!"

Ich war froh, bei Mutter zu sein. Nichts konnte sie aus dem Gleichgewicht bringen. Was für Nerven sie hatte! Und einen ausgezeichneten Sinn für Humor. Sie tat ihrer gesamten Umgebung gut.

Ich ging zu den Latrinen. So wurde das Klo genannt. Es war aus Holz und für fünf oder sechs Personen angelegt. Einfach im Freien, von keiner Wand abgeschirmt. Vor den runden Öffnungen standen die Wartenden Schlange. Eine Reihe je Öffnung. Die „Scheiß-Kapo" – so nannte man das WC-Häftlingsmädchen, das für die Sauberkeit und die Ordnung verantwortlich war – mahnte jede, das Sitzbrett wieder abzuwischen. Für diesen Zweck lagen ein Lappen und ein nach Chlor riechendes Desinfektionsmittel bereit.

Solange die, die an der Reihe waren, „saßen", standen vor jeder zehn bis fünfzehn ungeduldig wartende Frauen. Eine schreckliche Situation! Entweder wir verloren den letzten Rest Zivilisation, oder wir waren drauf und dran, den Verstand zu verlieren. Sich daran gewöhnen? Damals war ich mir noch sicher, daran konnte man sich nicht gewöhnen! Ich wollte es auch gar nicht. Zu offensichtlich war die Absicht der Nazis: Immer wieder eine Demütigung, um den Menschen in uns noch weiter zu vernichten.

Ica kam mir entgegen: „Ich höre, du hast neue 'Schuhe'. Was ist mit deinen Füßen?"

„Es ist wirklich besser. Sie ersetzen zwar die Schuhe nicht, auch so spüre ich jeden Kieselstein, aber wenigstens nicht unmittelbar auf der Fußsohle. Hauptsache, ich ziehe mir keine Infektion zu. Ein Wunder, daß ich noch keine habe. Die Alten sagen, daß es hier keinen Arzt gibt, und wenn jemand krank sei, solle er es besser verschweigen." Mir war Mutters Verbot eingefallen, deshalb wechselte ich schnell das Thema. „Wasser habt ihr wohl nicht gefunden?" fragte ich.

„Wasser gibt's im ganzen Lager nicht, aber im Müllhaufen habe ich ein altes, verrostetes, kleines Waschbecken gefunden. Sonst war nichts Brauchbares dabei."

Der Pfiff zum Appell ertönte. Es war morgens neun Uhr, der Tau bereits von der Sonne getrocknet und die Luft angenehm warm. Eine Distanz von der Länge eines Armes wurde diesmal nicht gefordert.

Das Antreten schien eine Ewigkeit zu dauern. Um zwölf Uhr war es endlich vorbei, die Kessel kamen an und das lang ersehnte Mittagessen wurde verteilt. Aber es war eine große Enttäuschung. Gekochte Brennesseln, in der Suppe schwammen Klumpen aus Schimmel. Die Brennesseln waren vor dem Kochen nicht gewaschen worden, zwischen un seren Zähnen knirschte der Sand, und der ganze Fraß roch nach Kanalwasser. Offensichtlich hatte man die Suppe mit Sumpfwasser gekocht. Das war also unser „Mittagessen". Aufessen oder weiter hungern? Wir waren wirklich nicht verwöhnt, aber das kriegten wir nicht hinunter.

Durch das Tor des Lagers marschierte, in Fünferreihen, eine neue Häftlingsgruppe. Wir liefen ihnen entgegen, um zu fragen, woher sie kamen. Mit gesenktem Kopf und auf bleiernen Füßen schleppten sich einige dahin. Als ob ich uns selbst sähe. Wann waren wir angekommen? Gestern! Erst gestern? Es waren nicht einmal vierundzwanzig Stunden vergangen, und mir kam es schon wie Jahre vor – ein Zeichen dafür, wie gut die Nazimaschinerie funktionierte, die uns zwang, unser Häftlingsdasein zu akzeptieren und zu vergessen, wer wir wirklich waren.

Ich wollte die Häftlingsnummer am Arm nicht sehen! Ich wollte sie nicht auswendig lernen, sondern meinen Namen behalten! Ich setzte mich auf den Boden, mit dem Rücken zu den anderen, möglichst weit weg von ihnen. Mit geschlossenen Augen zitierte ich Gedichte von Ady. Als ich die Augen öffnete, hockten drei Mädchen neben mir. Ich schämte mich, wahrscheinlich hielten sie mich nicht für normal. Ihre Augen aber sagten etwas anderes, es schien, als seien sie begeistert.

„Es ist wunderbar, in dieser Hölle Ady zu hören", hauchte eine, mit Tränen in den Augen.

„Du sagst schön Gedichte auf. Kennst du viele auswendig?" fragte die andere.

„Eine ganze Menge, von verschiedenen Dichtern", antwortete ich.

„Kennst du Gedichte von Petöfi?"

„Ja, sehr viele. Außerdem von József Kiss, Árpád Tóth, Lörinc Szabó. Meine Lieblingsgedichte sind die von Villon, übersetzt von Faludy. Ich kann Gedichte von Zseni Varnai, ebenso die heiteren von Heltai. Sehr gerne habe ich die von Giszkalay, dem zionistischen Dichter aus Siebenbürgen, der so direkt ist und in seinen Gedichten so einfache und schöne Worte findet. Er philosophiert nicht wie Ady und befaßt sich nicht mit dem Tod, sondern mit dem Leben, mit der Zukunft. Er ist dynamisch, pulsierend, wegweisend, oft auch gewaltsam und bezeichnet sich als Agitator. Wenn man seine Gedichte hört oder liest, fühlt man sich wie unter einem Wasserfall und von einer Flut fortgerissen. Vielleicht muntert es uns auf. Versuchen wir es!"

Die Zeit bis um drei, dem nächsten Appell, zog sich hin. Inzwischen schlossen sich dem spontan organisierten „Selbstbildungsverein" neue „Mitglieder" an. Auch andere kannten Gedichte oder wir sangen. Jedenfalls kamen wir zum Antreten mit leichterer Seele als bisher.

Am anderen Tag, beim Appell in der Frühe, erwartete uns eine neue Art von Qual. Sturm, Donner und Regen empfingen uns. Morgens um drei ist jeder schläfrig und müde, der Regen hatte uns gerade noch gefehlt. Die Kapo-Frau befahl, eine Armeslänge Abstand zu halten. Offenbar hatten sie sich das für die frühmorgendliche Kälte aufgespart. Unser Kleid war in wenigen Augenblicken durchnäßt, und der kalte Wind verschlimmerte noch unser Elend. Den aus Flanell kreierten „Schuhen" ging es nicht besser; ich fürchtete, daß die Wunden aufweichen und sich wieder öffnen würden. Anstatt sie mit Alkohol, Jod und Wundsalbe zu behandeln, stand ich im Dreck. Jede Bewegung war verboten. Das Strammstehen war obligatorisch, egal, was passierte. In Regenmäntel gehüllt, verlangten die Kapo-Frauen, daß die geraden Reihen noch gerader zu sein hatten, wir den Kopf hochhalten und auch unsere Kniee und unser Rückgrat gerade sein sollten. „Selbst, wenn neben uns der Blitz einschlägt!" Endlich hörte es auf zu regnen. Der Wind war so kalt, daß unsere Zähne klapperten. Von der Appellzeit war noch nicht einmal die Hälfte um.

Nach einer halben Stunde fing es wieder an zu regnen. Noch stärker und dichter als vorher. Mehreren wurden die Knie weich, die Kapo-Frau bemerkte es sofort und drohte mit etwas wie „knien". Einige gaben das Strammstehen auf, verlagerten das Gewicht von einem Bein auf das andere. Wir zitterten vor Kälte, die Kapo-Frau brüllte: „Alle niederknien!"

Wir mußten in die Knie gehen, mit durchdrücktem Kreuz und erhobenen Armen. Erst war ich erleichtert. Meinen wunden Füßen bekam es, besser zu knien als zu stehen. Aber meine Finger fingen an einzuschlafen. Millionen Nadelstiche peinigten mich. Das quälende Gefühl zog nach kurzer Zeit in den Arm. Ich spürte einen stechenden Schmerz in der Schulter, ebenso im Rücken und Kreuz. Muskelkrämpfe verursachten unglaubliche Schmerzen.

Mutter kniete neben mir. Ihr Gesicht war blaß, die Finger ihrer erhobenen Hände zitterten, auf ihren kahlen Kopf klatschte der Regen. Ich hätte schreien können! Statt dessen biß ich mir die Lippen blutig und schluckte meine Tränen hinunter.

Der Regen schüttete, und wir knieten unverändert. Einige hockten sich auf die Fersen, andere winkelten ihre Arme an. Die Kapo-Frau schwang ihren Stock, die „Schuldigen" bekamen je nach „Vergehen" Schläge auf den Kopf oder den Rücken. Einige schoben den Kopf zurück, öffneten den Mund und tranken das Regenwasser. Auch das zählte zu den „Vergehen" und wurde mit dem Stock bestraft.

Anna, die vor mir in der Reihe stand, brach zusammen. Sie hatte schon seit Tagen Fieber, traute sich aber nicht, sich krank zu melden, weil die Kranken auf geheimnisvolle Art verschwanden. Gott allein weiß, wie sie die mehrstündige Qual dieser sinnlosen Appelle aushielt. Jetzt lag sie am Boden, das Gesicht in der schlammigen Wasserlache. Wir wollten ihr helfen, sie wenigstens auf den Rücken drehen, damit sie Luft bekam. Die Kapo-Frau brüllte das ohnmächtige Mädchen an. „Aufstehen!" Mit dem Stock schlug sie auf Anna sowie auf die ein, die ihr helfen wollten. Anna bewegte sich nicht. „Es ist verboten, sie zu berühren!" schrie die Kapo-Frau und drohte mit dem Stock. War Anna gestorben oder nur ohnmächtig? Ungeduldiger als sonst wartete ich auf das Ende des Antretens. Eine halbe Stunde zuvor durften wir endlich aufstehen. Aber unsere Arme ließen sich nicht einfach herunternehmen, die Muskeln verweigerten sich. Ebenso wenig konnten wir uns auf den Beinen halten, sondern fielen auf den Boden zurück wie ein von der Schulter gerutschter Salzsack. Wir waren uns sicher, daß es Prügel geben würde, aber, oh Wunder, die Kapo-Frauen schauten wortlos zu, wie wir uns wieder aufrappelten. Anna lag noch immer am Boden. Sie rührte sich nicht und atmete nicht.

Um sieben Uhr erschien der Unteroffizier. Er zählte die Reihen und unterschrieb den Bericht. Die Gesamtzahl stimmte, so und soviel Häftlinge und eine Tote.

Er ging weiter zu der Gruppe vor der nächsten Baracke. Er roch stark nach Rasierwasser. Anna wurde von zwei Männern in gestreifter Kleidung auf einen Karren geworfen. Kreuz und quer lagen Tote darauf. Ein dritter half ihnen, den Karren weiterzuschieben.

Mutter war verschwunden. Nach einer halben Stunde kam sie vom Müllhaufen mit einem großen Schatz zurück: Mit einem Paar halbverrotteter Schuhe. Das Oberteil war schon fast zerfallen, aber sie hatten Sohlen, Fersenleder und Spitzen. Mutter hatte auch Draht gefunden, und mit ihren geschickten Händen fabrizierte sie mir ausgezeichnete Schuhe. Jutka sammelte in dem kleinen Waschbecken das vom Dach fließende Regenwasser, und um neun Uhr trat ich mit sauberen Füßen und in Schuhen an.

Mittags wollten wir die stinkende Brennesselsuppe wieder wegschütten, aber Annus Racz, die junge Frau des Oberrabbiners aus Eger und von Beruf Klavierlehrerin, und Ella Hauer, eine Freundin meiner Mutter, suchten, uns vom Gegenteil zu überzeugen. „Es ist wahr, daß die Suppe stinkend und ekelhaft ist, aber wer allzu wählerisch ist, wird nicht lange am Leben bleiben. Auch der Morgenkaffee wird nicht in der Konditorei zubereitet, aber es wäre gut, wenn wir fünfmal soviel bekämen, weil er abgekocht und eine Flüssigkeit ist. Was glaubt ihr, wie lange das abendliche Stückchen Brot und die fingerdicke Margarine euren Organismus am Leben halten können? Diese stinkende Pampe", Annus zeigte auf die Suppe, „ist abgekocht, also soll sie jeder essen!! Von nun an ist das Essen und Trinken kein Genuß, sondern eine lebenserhaltende Notwendigkeit. Wir müssen uns anpassen, das ist der Preis für unser Leben."

Annus klaubte die Schimmelklumpen mit der Hand aus der Suppe, warf sie weg, hielt sich die Nase zu und trank.

„Annus hat recht", sagte Tante Ella und folgte ihrem Beispiel. Viele schlossen sich an und starben nicht daran. Auch wir unterdrückten unseren Brechreiz. „Lernt alles zu essen, was man uns gibt oder wir uns organisieren können", fuhr Annus fort. „Der Krieg dauert nicht mehr lange, aber wir müssen die Zeit irgendwie überstehen. Hoffen wir, daß man uns bald zur Arbeit bringt, dann wird auch unsere Verpflegung besser sein, aber bis dahin müssen wir unsere Kraft so gut wie möglich bewahren. Bei der gegenwärtigen Ernährung sind unsere Reserven schnell verbraucht."

Ein Tankwagen fuhr durch das Tor. Jeder rannte auf das Auto zu. Jutka griff nach meiner und Icas Hand, lief in die entgegengesetzte Richtung und zog uns hinter die Baracke, zu dem leeren Becken aus Eisen. Wenig später hielt der Tankwagen an, begleitet von allen Häftlingen. Der Fahrer öffnete ein Rohr, und in den rostigen Behälter ergoß sich Wasser von verdächtiger Farbe und Geruch.

„Kein Trinkwasser!" warnte der Fahrer in gestreifter Kleidung, als die Neuankömmlinge des gestrigen Abends sich auf das Becken stürzten und mit ihren Händen tranken. Nur wenige gelangten in die erste Reihe, die weiter hinten stehenden drängelten und schubsten einander, um weiter nach vorne zu kommen. Jetzt verstand ich, warum Jutka direkt hierher gelaufen war. Sie tauchte das Waschbecken und den Topf ein. Der Gestreifte, der nahe bei Jutka stand, winkte ihr: „Gib mir deinen Topf", sagte er auf ungarisch. Jutka schaute ihm einen Augenblick in die Augen, dann lächelte sie und reichte ihm ihren Schatz, den Topf. Der Fahrer schüttete das Wasser aus, nahm aus dem Auto eine Korbflasche und füllte ihren Topf. „Trink, Kind, das ist Trinkwasser!"

Jutka trank, dann reichte sie das Gefäß an uns weiter: „Bitte!"

Der Mann griff danach: „Wer sind die?"

„Meine Schwestern, und dort wartet meine Mutter."

„Ach, die Familie ist zusammengeblieben. Ich weiß nicht, wo meine Kinder sind. Wir kamen vor einem Jahr aus der Slowakei. Nimm die ganze Korbflasche mit, ich grüße deine Mama. Auch euch alles Gute!" Er verbeugte sich vor uns wie ein Gentleman.

„Danke!" lächelte Jutka. Ihre smaragdgrünen Augen wurden groß und weit. „Ich hoffe, Sie finden Ihre Kinder. Ich wünsche es Ihnen von Herzen." Der Mann verzog seinen Mund. Warum? Jutka war so lieb und höflich, warum schaute er sie an, als hätte er einen Schlag ins Gesicht erhalten?

Als wir wieder auf der anderen Seite der Baracke waren, näherte sich eine neue Häftlingsgruppe. Schon von weitem kamen mir einige Gesichter bekannt vor. Ich sollte mich nicht geirrt haben. Sie waren aus den Bezirken Gömör und Nograd, ebenso aus Rimaszombat und Losonc. Meine Großmutter und Tanten waren nicht unter den Verschleppten. Es waren ausnahmslos junge Frauen, unter ihnen die meisten meiner Freundinnen. Aus Losonc war Gyuris Schwester, Nora, dabei, zusammen mit ihrer Freundin Magda, aber ihre Mutter und die Verwandtschaft fehlten.

Wir folgten ihnen zu der Baracke, wo ihre Gruppe untergebracht worden war und wir sie umarmten. Sie waren erschöpft und demoralisiert, wie jede neue Gruppe, die ihren Fuß in diese Hölle setzte, aber am meisten quälte sie der Durst. Wir erinnerten uns an die eigene Ankunft. Unser größter Wunsch war ein Schluck Wasser gewesen, aber niemand hatte uns etwas gegeben. Wir schauten einander an und dachten dasselbe. Mutter bewahrte die Korbflasche auf. Auch sie hatte schon getrunken, aber ein Rest war noch da. „Ich bin gleich wieder zurück", sagte Jutka und rannte los. Nach einigen Minuten traf sie mit der Korbflasche ein. „Mutter und Ica sagen, daß dieses Geschenk kein Zufall war, nur müßten die Menschen die Botschaft des Himmels verstehen. Denkst du, daß der slowakische Mann ein Engel war?" fügte sie aufgeregt hinzu.

„Du bist ein Engel", schaute ich sie bewundernd an. Ihr Gesicht war gerötet, ihre Augen glänzten. Vom Laufen oder von der Freude, daß sie helfen konnte? Dieses Kind, so kahlgeschoren, und doch so schön – dachte ich, während ich das Wasser verteilte.

Die zweite Baracke hinter uns war die von Nora. Die Zeit zwischen den Appellen verbrachte sie oft mit uns. Ich fand in unserer Baracke eine Frau, die allein war und deren Verwandte sich in der Baracke Noras befanden. Sie hätte gern getauscht. Wir ermutigten Nora; die Kapos würden es nie bemerken, weil für sie nicht die Person, nur die Anzahl wichtig war. Aber sie hatte Angst, war unsicher und schob die Entscheidung hinaus. Es verbreitete sich unter uns die Ansicht, daß die getrennten Familienmitglieder ihre Angehörigen nach den Herkunftsorten suchen würden. Nora glaubte daran und auch das hielt sie zurück.

Mit der Zeit wurden die Tage wärmer, aber nur die Tage. Bei den Morgenappellen war es weiterhin kalt, aber wenn die Sonne ihren Platz am

Himmel eingenommen hatte, wurde es unerträglich heiß. Nichts gab es – keine Bäume, Sträucher oder sonst irgend etwas – das Schatten bieten konnte. Es war verboten, in die Baracken zu gehen, wir hockten oder saßen auf der Erde. Während des Appells aber standen wir stundenlang stramm und waren der Sonne gnadenlos ausgesetzt. Alle waren mit Brandwunden bedeckt, schmerzende Blasen, die – wenn sie platzten – sich in häßliche Geschwüre verwandelten. Eine ärztliche Behandlung gab es nicht. Zwar war inzwischen ein Revier eröffnet worden, mit einem Arzt und Etagenbetten, aber niemand traute sich zum Arzt zu gehen. In das „Krankenhaus" kamen nur die hoffnungslosen Fälle.

Unser Lager war inzwischen voll. Es gab keine leeren Baracken mehr. „Die chemische Fabrik" arbeitete Tag und Nacht. Es stank gräßlich, und der Rauch legte sich über das Lager, als ob ihn der Himmel nicht wollte. Man erzählte sich schauderhafte Geschichten, und täglich trafen neue Verschleppte ein.

In die schon vollen Baracken wurden weitere Gruppen gepfercht. Wir lagen wie Sardinen in der Dose, aber nicht nur neben-, sondern auch aufeinander. Der Mittelgang hatte sich längst in einen „Schlafsaal" verwandelt. Auch hier lagen die erschöpften Menschen übereinander.

Obwohl wir immer mehr wurden, blieb die Zahl der Toiletten unverändert, auch die Anzahl der morgendlichen Kaffeekessel. Jeden Morgen fanden nun an den Kesseln Rangeleien statt. Sie endeten zumeist damit, daß einer der Kessel umfiel und der Inhalt auf den Boden floß. Auch die Zahl der Decken wurde nicht erhöht. Es schliefen über tausend Frauen in einer Baracke, und jeden Abend brach ein Kampf um die Decken aus, ein Viertel der Frauen ging immer leer aus. Danach begann das Gerangel um einen Schlafplatz. Abends um sieben Uhr sollte bereits Ruhe herrschen, aber der Lärm legte sich erst nach Mitternacht. Morgens um drei wurde zum Aufstehen gepfiffen. Wir bekamen immer weniger Schlaf, der größte Teil der Abend- und Nachtstunden verging mit Schreien und Weinen.

Ein großes Problem bereiteten die Schuhe. Wir konnten sie nicht ausziehen, weil sie sonst gestohlen wurden. Oft traten wir uns nachts mit den Schuhen. Daraus ergaben sich Streitereien und Prügeleien, die besonders schmerzhaft waren, wenn die Blasen an den Armen und Füßen getroffen wurden.

Der Mangel an Schlaf strapazierte die ohnehin gespannten Nerven zusätzlich. Morgens taumelten wir wie Betrunkene zum Antreten. Die Stockschläge spürten wir schon gar nicht mehr. Hunger, Durst und Müdigkeit bestimmten unser Denken. Wir hatten keine Ansprüche mehr. Wir aßen die schimmelige, sandige Brennesselsuppe und freuten uns sogar auf sie. Wir akzeptierten, daß es nur ein einziges Klo gab, und waren froh, wenn man rechtzeitig an die Reihe kam.

Eines Tages fielen mir drei Mädchen auf. Sie waren aus einer anderen Baracke, ich kannte sie nicht. Besonders meine Füße erregten ihr Interesse. Sie steckten ihre Köpfe zusammen und schauten wieder auf meine Füße. Am nächsten Tag war die Kapo-Frau unserer Baracke bei ihnen. Sie kamen direkt zu uns. „Dieses Mädchen behauptet", sagte die Kapo-Frau, „daß deine Schuhe ihr gehören, gib sie ihr zurück!"

„Entschuldigung", mischte Mutter sich ein, „das sind keine Schuhe, nur Schuhsohlen. Ich habe sie auf dem Müllhaufen gefunden. Da meine Tochter überhaupt keine Schuhe hatte, habe ich mit Drähten das zusammengebastelt, was ihr ja selbst sehen könnt." Solange Mutter sprach, flüsterten die drei Mädchen miteinander. „Egal, was es war, jetzt sind es Schuhe", stellte die Kapo-Frau fest, die etwa in meinem Alter war.

„Das nennst du Schuhe?" lachte Mutter und richtete ihren Blick auf die hübschen, braunen Sportschuhe der Kapo-Frau; sie trug weiße Sokken, die sie umgekrempelt hatte.

Das Kapo-Mädchen errötete und, um ihre Verlegenheit zu überspielen, schrie sie Mutter an: „Wenn du mit mir sprichst, nimm gefälligst Haltung an und lach nicht! Du hast also die Schuhe gestohlen?"

„Ich sagte, daß ich sie gefunden habe – die Schuhsohlen und auch die Drähte", antwortete Mutter und lächelte weiter. Ihr Strammstehen wirkte mehr als Spott denn als Ehrenbezeugung. „Ich habe sie nicht irgendwo im Lager, sondern auf dem Müllhaufen gefunden. Ich konnte mit Recht glauben, daß sie niemand mehr braucht."

„Ja, ja, ich habe sie auf den Müllhaufen geworfen, weil ich bessere Schuhe bekam", wandte die Anklägerin ein und zeigte auf ihre festen, hohen Schuhe, „aber jetzt habe ich es mir überlegt und will sie zurück! Hier sind meine beiden Kameradinnen, sie können bezeugen, daß sie mir gehörten und ich sie weggeworfen habe."

„Wenn sie es sich anders überlegt hat, mußt du sie ihr zurückgeben, sie hat Zeugen, daß es ihre sind", urteilte die Kapo-Frau.

„Und das hältst du für gerecht?" fragte Mutter und wandte sich an die Anklägerin: „Seit wann seid ihr hier?"

„Schon seit zwei Wochen", antwortete das Mädchen stolz.

„Siehst du", setzte Mutter ruhig fort, „meine Tochter trägt diese Monsterschuhe schon seit einem Monat. Wir kamen am 12. Juni an, und nach zwei Tagen fand ich sie auf dem Müllhaufen. Seither trägt sie sie, und dafür habe ich nicht zwei falsche Zeugen wie du, sondern die ganze Baracke." Sie sah die Kapo-Frau an, aber jetzt lächelte sie nicht mehr: „In Zukunft hör beide Seiten, bevor du urteilst." Die Kapo-Frau wurde rot vor Wut. „Ich geb dir einen guten Rat", schrie sie, „sei künftig nicht mehr so frech!" und ohrfeigte Mutter von rechts und links.

Ich weiß nicht, wie es geschah, es kam mir vor, als ob ich nicht mehr ich selber war, aber ich stürzte mich auf die Kapo-Frau und schlug zu. Ich sah nur, wie Mutter die Hände vor ihr Gesicht hielt, auf dem sich die Schläge der Kapo-Frau rot abzeichneten. Auch die Kapo-Frau verbarg ihr Gesicht. Um uns herum standen die Häftlinge, ihr Atem stockte, es war, als stünde die Zeit still. Plötzlich drehte sich die Kapo-Frau um und verschwand. Im selben Augenblick erwachte die Gruppe aus ihrer Lähmung. Die Kameradinnen umringten, umarmten und feierten mich wie eine Heldin. Dabei fühlte ich mich hundsmiserabel, ich war alles andere als eine Heldin. Ich hatte instinktiv gehandelt, nicht mit Bedacht und Überlegung, es war auch kein Mut, der mich geleitet hatte.

„Schluß jetzt!" rief Ella Hauser den lärmenden Mädchen zu. „Das war sehr dumm. Sei mir nicht böse, Lilly, aber du darfst nicht deinen Instinkten folgen. Du hast dich in eine schlimme Lage gebracht. Die Kapo-Frau kann dich melden. Die Deutschen machen kurzen Prozeß. Du hast eine Vorgesetzte beleidigt, sie werden nicht fragen, weshalb."

Wie recht Tante Ella hat – dachte ich. Sie konnte nicht ahnen, daß ich nicht im Traum auf den Gedanken gekommen wäre, der Frau die Ohrfeige heimzuzahlen – wenn sie mich geschlagen hätte. „Retten wir, was zu retten ist", sagte Tante Ella, „geh ihr nach und entschuldige dich." Ich schaute fragend auf Mutter, die blaß geworden war und nickte. „Ich gehe mit dir, wir werden sie beide um Verzeihung bitten."

In diesem Moment erschien eine der Hilfs-Kapo-Frauen. „Zieh deine Schuhe aus!" befahl sie. Ich zog sie aus und legte sie ihr in die Hand. „Die werden beschlagnahmt, außerdem wird dir für eine Woche die Brotration gestrichen."

„Gott sei Dank!" atmete Tante Ella auf, nachdem die Kapo-Frau verschwunden war. „Ehrlich gestanden, ich hatte Angst, sie könnten dich erschießen. Wenn sie dir eine Woche lang das Brot streichen, ist das auch Mord. Sei unbesorgt, du wirst nicht verhungern, jeder wird dir etwas von seinem Brot geben. Die Schuhe sind natürlich ein großes Problem, aber irgendwie wird es schon werden."

Ja, die Schuhe waren ein großes Problem. Den Flanellstreifen von Mutters Kleid hatten wir schon zu Kopfbedeckungen verarbeitet. Sie schützten unsere kahlen Köpfe im Morgengrauen vor der Kälte, dem Wind und dem Tau, mittags vor der brennenden Sonne. Meine Füße waren im Verlauf des letzten Monats geheilt. Auch waren meine Sohlen nicht mehr so empfindlich, sie gewöhnten sich an die schweren Lebensbedingungen. Vorläufig war noch Sommer, ich konnte barfuß laufen, danach müßte man eben weitersehen.

Kaum war das Schuhproblem in den Hintergrund gerückt, da traf uns ein viel größeres Unglück. Jutka erkrankte schwer. Erst war ihr schwindelig, dann bekam sie Kopfschmerzen und konnte sich beim Antreten kaum noch auf den Beinen halten. Auch ohne Thermometer stellten wir fest, daß sie sehr hohes Fieber hatte. Das brachte selbst Mutter aus ihrer unerschütterlichen Ruhe. Was sollten wir tun? Das Krankenrevier zogen wir erst gar nicht in Betracht, zu tief saß unsere Angst davor. Wir hofften, daß es ihr in einigen Tagen besser gehen würde, aber ihr Zustand verschlechterte sich von Minute zu Minute. Mit geschlossenen Augen lag sie auf dem Hof, ihr Kopf und Oberkörper ruhten in Mutters Schoß. Ihre Brust hob und senkte sich, sie war kaum bei Bewußtsein, dabei näherte sich die Zeit des Appells. Mutter lief schließlich doch ins Revier, wo sie zum Glück auf eine jüdische Ärztin traf, eine mit Mutter ungefähr gleichaltrige Frau; bei der Selektion waren ihre Mutter und ihre vier Kinder auf die linke Seite geschickt worden. Die Ärztin war gerade beim Mittagessen. Sie sagte nicht wichtigtuerisch: „Bringt sie herein, dann werden wir sehen", sondern knallte den Löffel auf den Tisch und ging mit Mutter zu Jutka.

„Lungenentzündung! Schafft sie ins Revier!" sagte sie. Als sie den entsetzten Blick meiner Mutter sah, legte sie ihre Hand auf die von Mutter: „Ich verspreche dir, deine kleine Tochter zu retten", erklärte sie mit ernstem Gesicht.

Wir gingen um das Revier herum. Hinein ließ man uns nicht, aber die Ärztin legte Jutka in ein Bett neben dem Fenster, so daß wir sie sehen konnten. Die übrigen Kranken hatten keine Angehörigen, keine Besucher.

Jutka war vier Tage lang zumeist ohne Bewußtsein. Am fünften Tag waren morgens die roten Flecken aus ihrem Gesicht verschwunden. Wir fanden ein kleines, blasses Mädchen mit eingefallenen Wangen im Bett. Jetzt sah sie jünger aus als ihre vierzehn Jahre. Ihre Augen waren offen, sie lächelte uns matt an und schlief wieder ein. Die Ärztin legte die Hand auf die Stirn meiner kleinen Schwester. „Sie hat die Krise überstanden, sie hat kein Fieber mehr. Ich habe ihr mein letztes Sulfonamid gegeben, ich habe keines mehr. Gott sei mir gnädig, wenn jemand es jetzt braucht…", flüsterte sie. „Jetzt hängt alles vom Glück ab", setzte die Ärztin fort. „Sie benötigt viel Ruhe und gute Ernährung, das würde ich empfehlen, wenn wir nicht in Auschwitz wären, sondern außerhalb dieses Zaunes." Sie seufzte: „Ich tue, was ich kann. Ich behalte sie hier, damit sie nicht Appellstehen muß, besseres Essen erhält und sich ein wenig erholen kann."

Abends um sieben Uhr, während des Abendessens, suchte uns eines der Mädchen auf, das im Revier arbeitete: „Die Ärztin bittet euch, sofort zu kommen."

Vor Schrecken stand uns das Herz fast still. „Was ist geschehen?"

„Das hat sie nicht gesagt, nur daß sie dringend mit euch sprechen will."

Wir warfen Ica unser Brot zu, damit sie darauf aufpaßte, und rannten zum Revier.

Die Ärztin erwartete uns bereits. Sie flüsterte: „Bleibt hier, ich hole Jutka gleich. In einigen Minuten wird Zapfenstreich geblasen, dann bringt sie in die Baracke und legt sie hin. Um drei Uhr morgens geht mit ihr zur hinteren Seite eurer Baracke, dort erwartet euch das Mädchen, das ich euch geschickt habe. Sie ist eingeweiht und absolut zuverlässig. Übergebt ihr Jutka. Kümmert euch um nichts anderes und geht dann zum Appell!"

„Was ist? Frau Doktor, bitte, nur ein Wort…"

„Nicht einmal ein halbes, tut, was ich sage, ich habe keine Zeit!"

„Aber Jutka hat noch keine Kraft zum Gehen", begann Mutter wieder.

„Dann tragt sie!" lautete die ungeduldige Antwort, und die Ärztin verschwand im Haus.

Wir warteten. Nach kurzer Zeit ertönte der Pfiff: Zapfenstreich. In derselben Minute öffnete sich die Tür, die Ärztin und das Mädchen stützten Jutka von beiden Seiten, die noch im Halbschlaf war. Die Ärztin wandte sich uns zu: „Ich verlasse mich auf eure Verschwiegenheit. Über alles, was jetzt geschieht, dürft ihr weder jetzt noch später sprechen." Wir nickten und übernahmen Jutka. Sofort trat die Ärztin zurück und schloß die Tür von innen ab.

Wir legten Jutkas Arme um unseren Hals, umfaßten ihre Taille und trugen sie. Sie war federleicht. In der Baracke wachten wir die ganze Nacht, schützten sie mit unseren Körpern vor den Gefahren der üblichen Kämpfe. Jutka schlief still und ruhig.

In der Aufregung des morgendlichen Appells schmuggelten wir sie hinaus und übergaben sie dem Mädchen. Wir liefen hinüber zur anderen Seite der Baracke und ordneten uns dem Appell zu.

Später liefen wir zum Revier und sahen durch das offene Fenster. Jutka lag ganz allein im Zimmer und schlief fest. Das Mädchen, das sich Jutkas angenommen hatte, saß dösend auf einem Stuhl. Sie bemerkte uns und kam zum Fenster. Verwundert schauten wir auf die leeren Betten, unser fragender Blick richtete sich auf das Mädchen, aber sie war sichtlich in Verlegenheit.

„Alles in Ordnung, sie schläft", zeigte sie auf Jutka.

„Das sehen wir auch, aber wo sind die..." Mutter beendete den Satz nicht, weil die Augen des Mädchens entsetzt flehten, sie solle nicht fragen.

„Hm, wir danken dir, was du für Jutka getan hast. Wo ist die Ärztin? Ich möchte mich auch bei ihr bedanken."

„Es freut mich, daß ich helfen konnte. Die Frau Doktor schläft, sie hatte eine schwere Nacht!"

„Also wir danken nochmals. Schlaf auch du!"

Wir setzten und lehnten uns an die Wand des Blockes und versuchten, den Schlaf der durchwachten Nacht nachzuholen, aber auch im Traum sah ich ständig die leeren Betten vor mir. Es roch nach Rauch, und mir wurde ganz elend. Die Geschichten über das Krematorium schienen doch wahr zu sein.

Mittags trafen wir Jutka mit geöffneten Augen an. Auf ihre Lippen war das süße Lächeln zurückgekehrt. Ihre weiße Haut aber war noch blasser, fast durchsichtig geworden. Die Ärztin streichelte ihr liebevoll über den kahlen Kopf: „Jetzt können wir eine Zeit lang ruhig sein, einige Tage gewiß. Inzwischen wird sie zu Kräften gelangen."

Sie kam heraus und überzeugte sich, daß niemand in Hörweite war. Leise fuhr sie fort: „Ich werde aber aufpassen, damit es keine Überraschung gibt. Sie führen die 'Aktion' immer überraschend und ohne Voranmeldung durch. Ich habe aber geheime Verbindungen. Leider kann ich kaum etwas tun, nur gelegentlich. Wir müssen von der Gesamtzahl der Kranken eine genaue Liste anfertigen, die täglich kontrolliert wird. Außerdem hat die andere Ärztin eine schreckliche Angst, weil das Risiko so groß ist. Wenn sie etwas ahnten, würden sie auch uns mit den Kranken abführen. Deshalb hält sie die Vorschriften streng ein, und ich kann nicht auf sie zählen... Unter dem Pflege- und Hilfspersonal ist es nur dieses eine Mädchen, dem ich vertraue. Sie ist eine von denen, die ich aus den Krallen der 'Aktion' retten konnte, deshalb betrachte ich sie als mein eigenes Kind. Das dankt sie mir, indem sie zu jeder Hilfe bereit ist. Sie riskiert etwas, ohne nachzudenken. In Jutkas Fall hatten wir unwahrscheinliches Glück, weil ich von der 'Aktion' schon mittags wußte. Ihr könnt euch gar nicht vorstellen, wie schwer das ist", seufzte die

Ärztin. „Die Aufgabe des Arztes ist die Heilung von Kranken. So ist es auf der ganzen Welt, aber hier gelten andere Gesetze. Wenn der Kranke schon dabei ist zu genesen, dann nehmen sie ihn einfach aus unseren Händen. Ich werde jedesmal ganz krank davon. Ganz selten ist es bislang vorgekommen, daß ich Kranke 'rechtzeitig' für genesen erklären und sie zu ihren Gruppen zurückschicken konnte. So erhielten sie wenigstens eine geringe Chance zu überleben, der andere Weg führt in den sicheren Tod. In Jutkas Fall passierte etwas anderes. Als ob das Schicksal selbst bei der Rettung des kleinen Mädchens eingegriffen hätte. Seit Tagen arbeite ich allein, weil man meine Kollegin für eine Woche 'ausgeliehen' hat." Die Ärztin kam noch näher: „Nachmittags schickte man aus einer Baracke eine Sterbende. Ich konnte nichts für sie tun, nach zwei Stunden hatte sie ausgelitten. Es ist besser für sie – dachte ich –, ich wußte ja schon, was vorbereitet wurde. Meine Gedanken kreisten ständig um die nächtliche 'Aktion'. Was sollte ich tun? Ich hatte euch doch versprochen, daß ihr Jutka genesen zurückbekommen würdet. Wie sollte ich euch in die Augen schauen? Meine Ohnmacht lähmte mich derart, daß ich meine Verwaltungsarbeit vergaß. Als ich den Tod der neuen Kranken eintragen wollte, bemerkte ich, daß ich ihre Ankunft noch gar nicht registriert hatte. Zum Glück war inzwischen nicht kontrolliert worden. Da kam mir der Gedanke, Jutka hinauszuschmuggeln und die Tote an ihre Stelle treten zu lassen. Hauptsache die Gesamtzahl ist in Ordnung, nur das interessiert sie. Während der 'Aktion' war ich ganz allein hier. Ich hoffte, daß wir Jutka rechtzeitig in Sicherheit bringen könnten. Im allgemeinen kommen sie nicht sehr früh, meistens gegen elf Uhr. Alles lief, wie ich es geplant hatte. Natürlich, hätte Jutka euch nicht gehabt, wäre es nicht so einfach gewesen." Ihre Augen blickten versonnen ins Weite, Trauer erfüllte ihr Gesicht, sie stand da wie jemand, dessen Schultern eine übermenschliche Last zu tragen hatten. „Es ist mir gelungen, einen Menschen zu retten, aber nur einen einzigen", hauchte sie leise, fast nur für sich.

Jutka aber erholte sich gut. Sie schoß in die Höhe, und da sie immer dünner geworden war, schien sie jetzt noch größer. Das war nicht mehr meine kleine Schwester und Mutters Baby. In nur zwei Monaten war sie erwachsen geworden. Auschwitz hatte ihr die Jungmädchenzeit geraubt. Sie mußte sich mit Situationen auseinandersetzen, die sogar die Sorgen Erwachsener überstiegen: Hunger, Wassermangel, Schlaflosigkeit, Schmutz, Krankheit, Demütigung – und das alles im Schatten des Krematoriums – und sie war erst vierzehn Jahre alt.

Mir fiel der Tag unserer Ankunft in Auschwitz ein. „Wo sind wir?" hatten wir nach dem Öffnen des Waggons gefragt. „In der Hölle" – lautete die Antwort. Wie recht der Mann in der gestreiften Häftlingskleidung doch gehabt hatte. Was aber gab uns die Kraft, unser Leben weiterzuleben und das alles auszuhalten? Auch der Selbsterhaltungstrieb hat seine Grenzen. Ich sah die Häftlinge, die in den Draht gegangen waren, wie man sie herausholte, auf einen Karren warf und wegbrachte. Die Deutschen tobten, und die Kapo-Frauen zitterten, weil sie verantwortlich waren; für Augenblicke fiel der Strom aus. Ich dachte darüber nach, wozu man wohl mehr Kraft brauchte: Sich in den Hochspannungszaun zu stürzen oder weiter zu leben und sich weiter zu quälen? Ich fand keine Antwort.

Je stärker mich die neue, elende Wirklichkeit beschäftigte, desto mehr entschwand die Vergangenheit. Unsere alte Welt, in die wir hineingeboren und erzogen worden waren, in der wir lebten und in die wir gehörten, sie existierte nicht mehr. Es war erst zwei Monate her, daß unsere Füße die Rampe von Auschwitz zum ersten Mal betreten hatten, das „Tor zur Hölle". Das alte Leben entfernte sich in Windeseile. Oh ja, wir erinnerten uns an alles und jeden, aber mit der Zeit wurde die Realität der Erinnerungen immer fragwürdiger und unwirklicher. Vielleicht war alles gar nicht wahr gewesen, vielleicht hatten wir das alles nur vor langer Zeit geträumt? Aber es war ein süßer Traum, und es war gut daran zu denken, auch dann, wenn sich in den Traum spitze Nägel mischten und der Schmerz unerträglich schien.

Die Julisonne war erbarmungslos. Nirgends ein Baum oder Platz, wo wir uns vor ihr schützen konnten. Der Rauch des Krematoriums machte die qualvolle Hitze noch unerträglicher. Es war nach dem Mittagsappell. Wir konnten nichts anderes tun, als auf das Ende des Tages zu warten. Auf einmal Pfiffe, lautes Schreien, scheinbar ohne jeden Grund wurden wir wieder zum Antreten gerufen. Eine Gruppe gestreift gekleideter Häftlinge marschierte in die Baracke B/II b, jeder brachte ein anderes Musikinstrument mit. Sie stellten sich auf, dann ertönte Musik.

Wir trauten unseren Ohren nicht, denn was wir hörten, war die Musik wirklicher Künstler, ein richtiges Konzert. Wenn wir unsere Augen schlossen und die Umgebung vergaßen, war es, als säßen wir zu Hause in einem Konzertsaal. Was war geschehen? Waren wir befreit? Wie ließ sich das Geschenk erklären? Ich war überwältigt, die Musik ließ mich Birkenau mit all seinem Elend vergessen. Wie einfach das war! Ich sah nichts mehr, aber was ich hörte, trug mich in den Himmel. Es gab keinen Schmerz, kein Leid, keine Angst mehr. Es stimmte gar nicht, daß wir deportiert worden waren, alles, alles war nur ein böser Traum. Wie hätte auch solch ein Wahnsinn Wirklichkeit werden können? Es war unfaßbar, wie meine Phantasie diesen bizarren Traum hatte erfinden können? Wie wunderbar und leicht das Erwachen war. Ich schwebte auf einer Wolke. Und die Tränen? Es waren Tränen der Freude… Nichts deutete auf das Grauen hin. Aber das Schreckliche geschah. Ich öffnete die Augen und sah den Lagerhof, über den nie ein Vogel flog, den Elektrozaun und die Baracken. Ich sah, daß die Musiker statt schwarzer Festkleidung gestreifte Häftlingsanzüge und Mützen trugen. Kein Zweifel, sie waren Häftlinge wie ich. Ihre Gesichter hatten die gelbgraue Farbe von Auschwitz, und ihre Beine waren kraftlos vor Müdigkeit. SS-Leute paßten auf, daß sie Musik machten.

Mir war, als sei ich erschlagen worden. Ich hatte Angst, das Bewußtsein zu verlieren. Ich biß mir auf die ohnehin schon wunden Lippen. Der Schmerz brachte mich zurück. Ich wollte nichts mehr sehen. Die Musiker aber spielten weiter, jeder Ton wurde zur Qual. Ich wünschte, daß sie aufhörten, aber es ging nicht zu Ende. Wir standen da, sie musizierten, alles auf Befehl. Am liebsten hätte ich mir die Ohren zugehalten und geschrien, aber ich traute mich nicht.

An diesem Tag war es das erste Mal in Auschwitz, daß wir unser Abendbrot nicht wie die Tiere verschlangen. Wir aßen langsam, waren nachdenklich und sprachen nicht miteinander. Es herrschte eine Atmosphäre der Verzweiflung. Das Konzert hatte uns etwas zurückgebracht, was wir schon vergessen hatten: Es erinnerte uns daran, was wir einst gewesen waren und – ebenso schlimm – was aus uns geworden war.

Es hatte Selektionen gegeben. Einmal waren fünfzig, ein zweites Mal hundertfünfzig Frauen zur Arbeit ausgewählt worden. Wir waren leider nicht dabei. Jetzt wurden erneut mehrere Baracken geleert, darunter auch unsere. Wir wußten nicht, wohin uns das Schicksal führen würde, aber wir waren froh, endlich hier rauszukommen. Wer hätte ahnen können, daß mich gerade jetzt ein so grauenvolles Erlebnis erwartete, das ich nie wieder vergessen würde. Am 13. August wäre der Geburtstag meiner Mutter gewesen.

Bevor Mengele erschien, mußten wir uns ausziehen und antreten. Das Orchester spielte flotte Märsche, und etwas später traf der allmächtige Arzt des Lagers ein.

Er wählte drei Gruppen aus. In die dritte kamen die seinem Urteil nach Arbeitsunfähigen. Man schickte sie, wie wir später erfuhren, ins Krematorium – ein Schicksal, das auch Zsuzsi, meiner kleine Freundin aus Eger, zugedacht war. Bei der Ankunft in Auschwitz hatte man nicht bemerkt, daß sie im vierten Monat schwanger war. Jetzt aber konnte man es sehen – in den Augen der Nazis eine unverzeihliche Sünde. Zsuzsi, gerade achtzehn Jahre alt, und ihr ungeborenes Kind waren zum Tode verurteilt. Von ihrer Familie sollte niemand überleben. Ihre Eltern und ihre Schwestern, die dreizehnjährige Edit, die fünfjährige Marika und ihre um ein Jahr ältere Schwester Klari, die mit der drei Monate alten Julika im Arm vor zwei Monaten vor Mengele gestanden hatten, waren bereits ermordet worden.

Nackt zogen wir, Kleider und Schuhe über den Köpfen haltend, an Mengele vorbei. Wir kamen in die Mitte der Menge, so daß ich Zeit hatte, das weitere Geschehen zu beobachten. Die Selektion dauerte lange. Zum Glück war es warm. Nur wer die Untersuchung hinter sich hatte, durfte sich anziehen. Die meisten Frauen dirigierte Mengele hinter sich. Eine viel kleinere Gruppe stand ihm gegenüber. In dieser sammelten sich die Kräftigsten, die große Gruppe war gemischt. Wahrscheinlich würden die Frauen der gemischten Gruppe zu einer leichteren, die der kleineren zu einer schwereren Arbeit gebracht werden.

Mir war es egal, wohin ich kam, Hauptsache wir blieben zusammen. Von uns war Jutka als erste dran. Wohin sie geschickt würde, dorthin wollten auch wir gehen! Mengele schien viel größer, als er in Wirklichkeit war. Er stand mit gegrätschten Beinen da, seine linke Hand an der Hüfte, die rechte im Ellbogen angewinkelt; mit einem seiner Finger gab er die Richtung an. Währenddessen pfiff er den „Donauwalzer" vor sich hin. Sein Daumen zeigte hinter sich, als Jutka vor ihm stand. Gespannt beobachtete ich seinen Daumen. Jutka lächelte zufrieden, als Mutter sich zu ihr gesellte. Ich hielt meinen Atem an, zog meinen Kopf zwischen die Schultern und huschte wie eine Maus an Mengele vorbei, der Mutter nach. Plötzlich spürte ich auf meiner Schulter den Griff einer starken Hand, die mich umdrehte. Es war Mengele.

Mit gelangweiltem Gesicht deutete er auf die andere Gruppe; auch Ica befahl er in die Richtung. Ich war wie gelähmt und spürte, daß etwas Außerordentliches geschehen war. Instinktiv drehte ich mich um und erblickte Mutter, die mich anstarrte. Ich blieb stehen, meine Augen fragten verzweifelt: Mutter, was ist geschehen? Was soll ich tun?

Mutter wußte es. Sie wußte immer, was zu tun war. Sie stand schon vor Mengele und versuchte, ihm etwas zu erklären. Mengele hörte aufmerksam zu. Ich war erleichtert. Natürlich würden wir zusammenbleiben. Das Orchester spielte fröhliche Weisen, als ob wir auf einem Freudenfest wären. Mengele schwieg noch immer. Mutter warf sich vor ihm auf die Knie, mit den Armen umschlang sie seine Stiefel. Nie werde ich den Gesichtsausdruck vergessen, mit dem er auf Mutter herabgeschaut hat. Sein Blick drückte Verständnis, Mitleid aus und erweckte in uns die Hoffnung, ihn umgestimmt zu haben. Endlich reichte es ihm, er hatte das Spiel satt und sich genügend amüsiert. Er hob den Fuß und trat meiner Mutter so in den Bauch, daß sie umfiel und auf den Boden sank.

Hätte ich den Tritt erhalten, es wäre für mich nicht so schmerzhaft gewesen, aber als ich sah, daß Mutter sich meinetwegen demütigen ließ, zerriß es mir fast das Herz. Der Schmerz steigerte sich ins Unerträgliche. Ich wußte, daß ich nichts machen konnte, und war ohnmächtig. Ich verfluchte Mengele und zischte vor mich hin: „Sei verdammt unter den Verdammten. Sei verfolgt und ewig in Angst! Sei verdammt!"

Schon hoben zwei Kapo-Frauen Mutter auf und begleiteten sie in die große Gruppe, mich bugsierte man in die andere. Was wir vermeiden wollten, war nun doch geschehen, man hatte uns voneinander getrennt. Mengele aber pfiff seinen „Donauwalzer".

Ein Lastwagen fuhr vor, um die „Aussortierten" abzutransportieren. Nackt, wie sie waren, jagte man sie auf das Auto. Es bewegte sich auf das Krematorium zu. Das Orchester spielte noch immer.

Inzwischen wurde die Gruppe meiner Mutter und meiner Schwester weggeführt. Es war zwar kein Appell mehr, aber unsere Gruppe durfte nicht fort. Jemand nahm all seinen Mut zusammen und fragte die Kapo-Frau, worauf wir warteten. Es war sonderbar, aber sie war geradezu liebenswürdig. Sie sagte, daß sie nicht unsere Vorgesetzte sei und nur noch solange bei uns bliebe, bis man uns abgeholt habe: „Ihr geht nach Deutschland zur Arbeit. Das ist wohl das größte Glück, das euch passieren kann. Nur weg von hier! Ich wünsche euch alles Gute und wäre glücklich, wenn ich mit euch gehen könnte! Meine Aufgabe ist erledigt, und wer weiß, ob ich noch eine andere bekomme. Ich brauche euch nicht zu sagen, was mich dann erwartet. Auch Kapos können sich nie sicher sein. Gestern hatte ich noch keine Ahnung davon, daß man mir heute meine Baracke nehmen würde, und jetzt weiß ich nicht einmal, was mit mir in ein, zwei Stunden geschehen wird. Ihr seid noch nicht so lange im Ghetto und Lager, aber wir polnischen Juden leiden schon vier Jahre. Ich kenne seit meinem fünfzehnten Lebensjahr nichts anderes. Meine Eltern und Geschwister wurden vor meinen Augen ermordet. Ich konnte flüchten, versteckte mich, wurde aber erwischt und deportiert. Erst arbeitete ich in der Fabrik, dann beim Bau von Birkenau. Ich habe Schreckliches erlebt und gesehen. Ich kenne keinen Unterschied mehr zwischen gut und schlecht. Verzeiht mir, daß ich euch angebrüllt und geschlagen habe. Aber ich mußte Ergebnisse vorweisen. Ich hatte ständig Angst. Auch jetzt habe ich Angst."

Neben sie trat eine rothaarige Kapo-Frau, die etwas auf polnisch sagte und pfiff. „Antreten, das Abendbrot kommt."

Offenbar hatte niemand die Küche benachrichtigt, so daß man die gleiche Menge brachte wie jeden Abend, obwohl wir nur noch fünfhundert waren. Man verteilte alles unter uns. Wir hatten beide Hände voll. Die anderen freuten sich, ich aber weinte und konnte keinen Bissen hinunterkriegen. Ich dachte daran, daß Mutter und Jutka nichts zu essen hatten. Ica versuchte mich zu trösten; es war vergebens, ich fühlte mich schrecklich allein. Die neue Lage traf mich ganz unvorbereitet, und ich hatte keine Ahnung, wie es weitergehen sollte. Würde es weitergehen? Ica legte den Arm um meine Schulter und streichelte mich. Plötzlich fiel mir ein, daß sie schon bei unserer Ankunft von ihren Angehörigen getrennt worden war, sie aber niemals geklagt hatte. Ich war nie auf die Idee gekommen, meinen Arm um sie zu legen und ihr Mut zu machen. Wir hatten sie in unsere Familie aufgenommen, aber mir war niemals eingefallen, daß wir nicht ihre richtige Familie waren und daß sie oft Trauer und Sehnsucht nach ihrer Mutter verspüren mußte. Ich nahm ihre Hand und drückte sie: „Gott gebe, daß wenigstens wir zusammenbleiben."

„Das wollte ich auch gerade sagen", lächelte sie.

Nach einer halben Stunde wurden auch wir verlegt. Es war schon dunkel. Man brachte uns in einen anderen Teil des Lagers. An der Rückwand einer Baracke blieb die Gruppe stehen. Die geräumte Fläche war mit ausgebrannter Kohlenschlacke bedeckt. Hier mußten wir uns hinlegen und schlafen. Man hätte uns einen weicheren Lagerplatz geben können. Selbst das Sitzen war auf der Schlacke kein Vergnügen, das Liegen noch weniger. Wir entdeckten, daß noch weitere Menschen auf der Erde lagen. Eines der Mädchen kroch zu mir: „Lilly, hinter dem Zaun hält sich die Gruppe deiner Mutter auf."

„Was sagst du?" Ich nahm die vier Portionen Essen, die ich erhalten hatte und kroch zum Zaun. Es war eine pechschwarze Nacht, und so konnte man mich nicht erkennen. Ich streckte meinen Arm durch den Zaun und spürte einen menschlichen Körper. „Bitte, sei so gut und such die Frau Gyula Weisz oder ihre Tochter, ich warte hier. Sag ihr, daß Lilly auf sie wartet und bring sie her. Da, Brot für deine Hilfe. Ihr habt doch bestimmt nichts zum Essen bekommen?"

„Gott segne dich, wir haben wirklich nichts bekommen", antwortete sie und verschwand. Ich lag auf der drückenden Schlacke und wartete.

Endlich erkannte ich die flüsternden Stimmen Mutters und Jutkas. Vor Freude stiegen mir die Tränen in die Augen.

„Lilly, wo bist du?"

„Hier bin ich, hier", flüsterte ich zurück und streckte meine Hand aus. Jutka ergriff sie. Ich zog ihre Hand auf meine Seite und legte sie auf die Essensvorräte. „Brot und Käse. Es gehört alles euch. Ich habe schon gegessen."

„Bist du in die Küche eingebrochen? Mutti, Lilly ist Millionärin geworden! Es lohnt sich, sie allein zu lassen. Es war unnötig, sich zu ängstigen, was ohne dich aus ihr wird."

„Man hat die Ration für Zweitausend unter uns Fünfhundert verteilt" erklärte ich. „Das ist die Portion, die euch zusteht. Versuch, sie durch den Zaun zu ziehen."

„Ich habe eine gute Nachricht" sagte Mutter. „Morgen werden wir verladen. Ihr werdet mit demselben Zug transportiert. Wir kommen an den selben Ort, nur unsere Arbeit wird verschieden sein. Jetzt wird sich alles zum Besseren wenden. Die Hauptsache ist, daß wir aus Auschwitz wegkommen, und wenn wir arbeiten, wird auch das Essen besser sein. Ich bin optimistisch."

„Meine kleine Tochter, beschwindel mich nicht?" setzte sie mit veränderter Stimme fort. „Wenn du uns von deinen vier Portionen drei gegeben hast und eine Gizi, was ist dir dann noch geblieben?"

„Ica hat doch auch vier Portionen erhalten", erwiderte ich.

„Ich verstehe. Dann ist es in Ordnung. Danke. Gute Nacht und sei ruhig", redete sie mir zu, während sie meine Hand streichelte.

Die Schlacke drückte noch immer, aber in meiner Freude bin ich sofort eingeschlafen. Nicht lange. Es war noch dunkel, als wir geweckt wurden – aber nicht zum Morgenappell, man brachte uns ins Bad. Auf der anderen Seite des Zaunes war alles still, die Gruppe meiner Mutter war schon verschwunden.

Der Baderaum war sauber, das warme Wasser und die Seife taten uns gut. Wir erhielten andere Kleidung. Sogar ein graues, grobes Leinenhemd war dabei. Es war zwar häßlich, aber nagelneu, als sei es für uns gemacht worden. Die Oberbekleidung stammte aus dem Gepäck der

Deportierten. Es wären ganz gute Sachen gewesen, aber die Desinfizierung hatte sie zerstört. Wir waren auch so froh darüber.

„Wo sind deine Schuhe?" fragte die Kapo-Frau, die die Sachen verteilte. Ihre Augen waren kalt und gebieterisch.

„Sie wurden mir bei der Ankunft weggenommen."

„So? Stell dich außerhalb der Reihe!" befahl sie. Ich sah Ica an. Sie schaute erschrocken zurück, aber die Menge riß sie mit. Ich stand allein, fern von den anderen, und der Schreck, der Ica erfaßt hatte, übertrug sich auf mich. War es möglich, daß man mich bestrafte, weil ich keine Schuhe hatte? Wollte man mich nicht nach Deutschland lassen? Mutter! Was würde Mutter sagen? Würde ich vielleicht bestraft, weil ich eine Kapo-Frau „verpetzt" hatte? Warum hatte ich nicht gesagt, daß sie mir gestohlen worden waren? Nie würde ich mich daran gewöhnen, daß man hier immer lügen und schwindeln mußte! Ich nahm mein Kleid und zog mich an. Von meinen Kameradinnen standen nur noch wenige an der Kleiderausgabe. Die Kapo-Frau kam auf mich zu, ein Paar Schuhe in der Hand und reichte sie mir: „Du kannst den anderen nachgehen, viel Glück!"

Mit offenem Munde starrte ich auf die Schuhe, dann begann ich, sie in der Hand haltend, zu laufen. Ich drängelte mich in die Menge und suchte Ica. Beinahe hätte ich sie umgestoßen, als ich sie fand. Ich weinte, ich lachte und umarmte sie: „Ich habe Schuhe bekommen! Ich bin hier! Man hat mich nirgendwohin hingebracht. Ich habe Schuhe! Schuhe!" schrie ich.

„Großartig!" sagte Ica. „Deine Mutter wird sich freuen. Es hat ihr weh getan, daß du ohne Schuhe herumgelaufen bist." Icas Gesicht war noch immer blaß, jetzt erst erkannte ich, wie sehr sie sich um mich gesorgt hatte.

Der Morgen graute. Im Westen war es noch dunkle Nacht, aber im Osten färbte die Sonne den Himmel schon rot. Ich hoffte, nie wieder einen Sonnenaufgang in Auschwitz sehen zu müssen. Die Lagerbewohner standen bereits beim Appell. Uns aber brachte man in einer leergewordenen Baracke unter. Wir schliefen sofort ein. Es war das erste Mal, daß man uns zur Morgenappellzeit in Ruhe ließ.

Die Sonne stand hoch, als Pfiffe uns weckten. „Antreten! Antreten!" Natürlich, ein Appell. Aber wir irrten uns. Es gab Mittagessen. Wir stellten uns zu zweit an. Aus dem Kessel stiegen herrliche Düfte. Es roch nach Sauerkraut. Jede, die an der Reihe war, bekam einen Löffel und einen Eßnapf, der mit richtigem, goldgelbfarbenen Sauerkraut und ein wenig Fleisch gefüllt wurde.

Man ermahnte uns, nicht zu hetzen. Es war genug da, auch für einen Nachschlag. Wir ließen uns auf dem Boden nieder. Ica hatte noch von dem Brot des vergangenen Abends ein Stück, das aßen wir dazu. Solange ich lebe, werde ich dieses Mittagessen nicht vergessen. Wir erhielten sogar Trinkwasser. Ica tat es nur leid, daß man den Löffel, den Eßnapf und den Wasserbecher wieder abgeben mußte.

Paarweise gingen wir in Richtung des Tores. Mich erfaßte wieder eine Unruhe. Wo waren Mutter und Jutka?

Am Tor verlangsamte sich der Zug. Zu beiden Seiten stand je eine Kapo-Frau, um beide herum Kisten mit Brot und anderen Köstlichkeiten. Jedem Paar wurden die Hände vollgepackt. Pro Kopf zwei ziegelförmige, ganze Brote (acht Tagesrationen) und eine Stange Salami. Am Tor wurden wir gezählt, zwei deutsche Soldaten notierten alle hinaus Marschierenden mit Hilfe der großen Nummern an unseren Armen. Der jüngere tat das für das Lager Auschwitz, der ältere war, wie wir später erfuhren, der Befehlshaber unseres zukünftigen Lagers. Er war persönlich nach Auschwitz gekommen, um uns in Empfang zu nehmen und uns mit einigen seiner Untergebenen, unseren späteren Wächtern, während der Reise zu begleiten. Sie übernahmen uns gleich hinter dem Tor und lächelten freundlich. Sie sprachen mit uns und erklärten, daß unsere Lage im Arbeitslager besser sein würde. Sie machten kein Geheimnis daraus, daß sie Auschwitz für einen schrecklichen Ort hielten und die SS-Leute nicht mochten.

„Wir sind erst am späten Abend eingetroffen und mußten die Nacht hier verbringen", erzählte der eine. „Ich möchte so schnell wie möglich weg, ich ersticke an diesem Gestank. Seid froh, daß ihr hier herauskommt", fügte er hinzu, als wir an einer Böschung warteten. Unten waren Schienen verlegt. Leere Viehwagen standen mit weit geöffneten

Türen bereit. Wo aber waren Mutter und Jutka? Hatte man sie weggeschafft und fuhren sie doch nicht mit uns? Da kamen Häftlingsfrauen in Fünferreihen auf uns zu. Gott sei Dank, es war ihre Gruppe! Ein Meer von kahl geschorenen Köpfen. Ich stieg auf einen Stein, ganz am Rande der Böschung und hoffte, daß sie mich sehen würden. Plötzlich hörte ich die Stimme Jutkas, sie schrie: „Mutti, dort oben auf der Böschung!" Sie sprang aus der Reihe, damit ich sie bemerkte, und hob ihre Hände hoch. Sie waren voll mit Eßwaren. „Habt ihr auch was bekommen?" rief sie. Ich zeigte ihr das Brot und winkte. Mutter war nicht gleich zu erkennen. Sie trug nicht mehr den bunten Flanell-Schlafrock, sondern ein gutes, dunkelblaues Wollkleid. Gewiß war ihr auch das zu lang, aber sie hatte es abgeschnitten. Ihr kahler Kopf war von einem gebundenen Turban aus dem gleichen Stoff bedeckt. Ich war stolz auf sie. Meine Mutter, wie jung sie war, wie elegant! „Ich habe Schuhe!" rief ich. Mutter und Jutka nickten glücklich. Inzwischen war die Gruppe bei den Waggons angelangt. Mutter schaute zurück: „Auf Wiedersehen…" konnte ich von ihren Lippen ablesen. Jutka blieb noch in der geöffneten Waggontür stehen und winkte. Sie lächelte zuversichtlich. Ich konnte es kaum erwarten, selbst in den Zug zu kommen.

# Bremen

Nach einer Fahrt von dreieinhalb Tagen trafen wir am späten Abend in Bremen ein. Der Bahnhof war hell erleuchtet. Niemand sollte flüchten können. Ich suchte nach Mutter und Jutka. Erst jetzt bemerkte ich, daß der Zug, der uns hergebracht hatte, nur noch aus neunzehn Waggons bestand; bei der Abfahrt aus Auschwitz aber war der Zug so lang gewesen, daß man kein Ende hatte absehen können.

„Wo ist der andere Teil des Zuges?" fragte ich die Wächter, erhielt aber keine Antwort.

„In Fünferreihen antreten, in Fünferreihen, schnell!" schrien sie aufgeregt und liefen durcheinander.

„Bitte, wo…?" versuchte ich es wieder.

„In Reih und Glied!" herrschte mich einer der Soldaten an. Auch Ica bemühte sich, jedoch ebenfalls ohne Ergebnis. Niemand war da, den wir fragen konnten. Auf offene Lastwagen gepreßt, rasten wir durch die Stadt. Überall sah man die Spuren von Fliegerangriffen. Es gab Straßen, in denen die meisten Häuser unversehrt und die Fenster mit Vorhängen und Blumen geschmückt waren. Wir aber fuhren auch durch Stadtviertel, in denen kein einziges Haus mehr stand, nur Trümmer.

„Schaut! So sieht Deutschland aus!" flüsterten meine Kameradinnen. „Der Krieg kann doch nicht mehr lange dauern?"

„Sterben kann man in jedem Augenblick", antwortete jemand.

„Behalt' deinen Pessimismus für dich!" sagten einige, aber sie ließ sich nicht zum Schweigen bringen. „Glaubt ihr wirklich, daß wir das lebend überstehen? Je näher ihr Ende kommt, desto mehr sind wir gefährdet. Wenn sich der Strick erst einmal um ihren Hals gelegt hat, werden sie uns als erste mit in den Tod reißen."

„Was soll das? Meinst Du, du könntest deine Angst leichter ertragen, wenn du anderen Angst einjagst? Oder hast du einen Vorschlag? Sollen wir flüchten? Was glaubst du, wie weit du kommst? Jeder sieht doch, daß wir Häftlinge sind. Du könntest nicht einmal zwei Schritte tun, und schon wärest du aufgeflogen, und das wäre der sichere Tod. Kein Deutscher würde wegen dir sein Leben riskieren, um dich bis zum Kriegsende zu verstecken. Oder schlägst du vor, daß wir den Nazis den Hals umdrehen sollten? Das…"

„Ruhe! Endlich Ruhe!" befahl der deutsche Soldat – auf ungarisch! Ich fiel vor Schreck fast in Ohnmacht. Hatte man einen Spitzel auf uns angesetzt? Warum aber verriet er sich? Und wie er die Wirkung seiner Worte genoß! Sein Grinsen erleichterte uns. Von unserem Streit konnte er ohnehin nichts verstanden haben, da er weit weg von uns am anderen Ende des Lastwagens gestanden hatte.

Ich kroch zu ihm und fragte ihn ängstlich: „Begleiten Sie uns schon seit Auschwitz?" Er sah mich lächelnd an. „Ja, warum?"

„Nur so. Unser Zug war doch erst ganz lang, und plötzlich, als wir hier ankamen, war er geschrumpft. Dabei hat es unterwegs doch gar nicht geregnet, wie konnte er da nur einlaufen?"

Er lachte über meinen dummen Witz. „Na, das ist gut! Der Zug ist während des Regens eingelaufen! In Dresden", setzte er hinzu, „wurde der größere Teil des Zuges abgekoppelt, besser gesagt, unser wurde abgekoppelt, der andere Teil fuhr mit der Lokomotive weg, wir aber warteten auf eine andere Lokomotive. Erinnerst du dich, daß wir an einer Station einen halben Tag lang gestanden haben? Das war in Dresden. Heutzutage gibt es kaum noch Lokomotiven, und deshalb sind wir mit einem halben Tag Verspätung in Bremen angekommen."

„Warum brachte uns nicht gleich die erste Lokomotive bis Bremen?"

„Die zwei Gruppen hatten nur bis Dresden denselben Weg, von dort teilte sich ihre Richtung. Ihr wurdet nach Bremen zur Arbeit geschickt, wo die anderen hin sind, weiß ich nicht, aber das ist auch nicht unsere Angelegenheit."

„Ich verstehe", nickte ich. „Es ist nicht wichtig, es ist nur interessant, mit einem deutschen Soldaten ungarisch sprechen zu können! Woher können Sie so gut ungarisch?"

„Ich bin dort geboren, ich bin ein Schwabe. Unter den Wachsoldaten ist noch ein Schwabe, ihr werdet ihn noch kennenlernen. Ich bin Jóska, er heißt Janos. Wir sind da. Los, Mädels, wir steigen ab!"

Man brachte uns in einem der Ställe unter, welche die Hindenburg-kaserne in der Bossdorfstraße umgaben. Hohe, lange Säle, mit Fenstern unterhalb der Decke. Wo einst die Pferdeboxen standen, war jetzt unser „Schlafsaal". Zwei kleinere Räume – in der Mitte ein meterhoher Betontrog (die Pferdetränke), ringsherum sechs Wasserhähne – waren unser „Badezimmer". In den „Schlafsälen" reihten sich zu beiden Seiten Betten, dreistöckige und doppelte, in jeder Gruppe sechs Betten. In der Mitte des Saales befand sich ein langer, ungehobelter Holztisch. Wir sahen nur die Schlafplätze, wie viele sich wohl ein Bett teilen mußten?

Wir wurden zu sechst gruppiert. Sechs auf ein Bett? „Schlimmer als in Auschwitz", dachte ich, aber gleich danach gab es eine angenehme Überraschung: Jede erhielt zwei Decken, einen Eßnapf, einen Löffel und einen Becher. Man befahl uns: „Hinauf auf die Betten!" Wir sechs bekamen nicht ein Bett, sondern eine Bettgruppe, das heißt, jede bekam ein eigenes Bett. Wir freuten uns über den mit brüchigem Stroh gefüllten, fleckig-verschmutzten Sack so, als ob es eine Matratze war. Ica und ich krochen auf die dritte Etage. „Sicher ist sicher, nichts soll auf uns fallen", sagte sie.

Mitten in der Nacht wurde ich wach. Ich mußte an Birkenau denken, an den Appell, die Kälte, den Hunger und Durst. Jetzt war ich nicht hungrig. In dem vornehmen „Pferdehotel" gab es sogar einen Wasserhahn mit fließendem Wasser. Ich war auch nicht mehr barfuß und besaß ein eigenes Bett und zwei Decken. Mein Kopf lag auf einem Kissen, und anstatt des Fußbodens fühlte ich einen Strohsack unter mir. Trotzdem war ich unglücklicher als in Birkenau. Mutter fehlte mir. In einigen Tagen, am 13., war ihr Geburtstag. Ich hatte gar nicht daran gedacht, ihr vor dem Abschied alles Gute zu wünschen. Arme Mutter, was für ein Geburtstag! Und ich konnte nicht bei ihr sein. Eigentlich wurden wir erst jetzt wirklich von einander getrennt, nicht damals, als Mengele die Hand hob. Wir hatten gehofft, uns am Ende der gemeinsamen Zugfahrt wiederzutreffen und zusammenzubleiben. Ich erlebte den Schmerz der Trennung nun schon zum zweiten Mal in vier Tagen, und beide Male zerbrach etwas in mir.

Die anderen Frauen schliefen tief. Es war ungewöhnlich still, und in mir kam ein längst vergessenes Gefühl auf, das ich seit meiner Kindheit nicht mehr verspürte hatte. Ich fühlte mich verlassen und war voller Angst. Ich lag auf meinem Bett, als ob ich alleine auf der ganzen Welt wäre, hätte am liebsten geschrien, so stark beherrschte mich die Angst. Die Erinnerung rief ein Bild in mir wach, das fünfzehn Jahre in mir geruht hatte. Ich war vier oder fünf Jahre alt, als ich – vielleicht durch einen schlechten Traum – mitten in der Nacht wach wurde und mich eine unheimliche Furcht packte. „Mutti, Mutti", stöhnte ich. Dann fühlte ich ihre weiche Hand auf meiner Stirn, spürte ihre Wärme. „Es gibt nichts Böses, hab keine Angst, ich bin bei dir", flüsterte sie. „Gehst du nicht fort?" In meiner Stimme schwang noch immer ein weinerlicher Ton mit. „Ich bleibe bei dir. Du kannst ruhig schlafen, ich halte deine Hand." „Immer?" fragte ich, schon halb schlafend. Die Antwort kam von weit her, aber ihren Sinn habe ich erst viel später begriffen: „Immer!" Inzwischen war ich zwanzig Jahre alt, aber ihre Hand fehlte mir jetzt ebenso wie vor fünfzehn Jahren.

In den ersten drei Tagen blieben wir im Lager. Trotzdem unterschied sich unser Leben von dem in Auschwitz, wo wir zwar auch nicht arbeiteten, aber der physischen Erschöpfung und dem Nervenzusammenbruch immer näher gekommen waren.

Die Ruhe tat uns gut. Es gab zwar dreimal täglich Appell vor der Essensverteilung, aber wir mußten nur eine Stunde lang stehen und die stramme militärische Haltung war nur am Ende vorgeschrieben, wenn der Befehlshaber des Lagers anwesend war.

Wir konnten bis morgens um sieben Uhr schlafen, nach dem Antreten und dem Kaffee lernten wir die anderen Mädchen kennen und unterhielten uns. Von Zeit zu Zeit wurde eine von uns zum Fegen des Hofes oder zu einer anderen, kleineren Arbeit gerufen. Wir konnten uns waschen, wann immer wir wollten, es war genug Wasser da. Nach dem Mittagsappell wurde Brot mit Margarine, Quargeln, einer Scheibe Wurst bzw. Marmelade verteilt. Die Suppe erhielten wir nach dem Abendappell; sie war die Hauptspeise und – anders als die ekelhafte Kanalwasserbrühe in Auschwitz – der Traum aller Häftlinge. Sie wurde aus

Rüben gekocht, aber es waren auch Kohlrüben und Möhren dabei, etwas Nudeln und sogar Konservenfleischstückchen. Wenn auch nicht in jeden Napf Fleisch gelangte, manchmal nur einige Fetzen, aber die Suppe wurde mit Fleisch gekocht, was einen guten Geschmack ergab. Im wesentlichen sah die Kost der bereits gewohnten ähnlich, aber der tägliche Teller dicker, heißer Suppe machte sehr viel aus, wir warteten den ganzen Tag sehnlichst darauf.

Am ersten Morgen nach unserer Ankunft forderte der Lagerleiter alle Frauen auf, die deutsch sprachen, sich zu melden. Viele hoben die Hand. Erst wurde das Revier, das Krankenzimmer, organisiert. Da keine Ärztin unter uns war, ernannten wir die Physiotherapeutin Erika Vajda zur Revierverantwortlichen und stellten ihr Zsuzsi Holczer als Hilfskraft zur Seite. Joli mit ihrer Tochter Mimi und die sechzehnjährige Kati, die wir Pikkolo nannten, schickten wir in die Küche. Ebenso wurden die Block- und die Stubenältesten bestimmt. Die Medizinstudentin Trude machten wir verantwortlich für die Sauberkeit der Aborte. Eine Schreiberin und eine Vorarbeiterin für die äußeren Arbeiten erhielten entsprechende Armbinden. Sie waren der Lagerältesten unterstellt, die uns bei der deutschen Kommandantur vertrat. Die Anordnungen der Deutschen wurden von nun an durch sie auf ungarisch weitergegeben. Sie waren verantwortlich dafür, daß die Befehle auch ausgeführt wurden. Eine fesche, zweiunddreißigjährige junge Frau, Duci, erhielt dieses Amt. Später schloß sich den „Innenarbeiterinnen" noch ein Mädchen an, die siebzehnjährige Eva Stark aus Miskolc. Sie unterstand nicht einmal Duci. Ihr „Chef" war der Lagerführer persönlich. Sie räumte und hielt sein Zimmer in Ordnung, wusch seine Wäsche und putzte seine Stiefel. Sie brachte ihm das Essen aus der Küche, weil „der Alte" in seinem Zimmer speiste und trank, oft mehr als zuviel, und auch in diesen Fällen hatte sie sauberzumachen.

Am Morgen des vierten Tages wurden wir viel früher als sonst geweckt und nach dem Appell in Gruppen eingeteilt. An die Spitze jeder Gruppe stellte man eine oder zwei Kapo-Frauen sowie zwei bewaffnete Soldaten oder Soldatinnen. Auf Lastwagen fuhren wir durch die Stadt.

Wir wurden von allen Seiten angestarrt. Als wir abstiegen, gab es kein Anzeichen dafür, daß wir in einer alten, schönen Stadt waren. Trümmer und Bombentrichter überall, wohin wir schauten. Ob es in ganz Deutschland so aussah, oder hat Bremen als Hafenstadt mehr abbekommen?

Wir erhielten Spitzhacken, Schaufeln und Hammer. Ein Deutscher in Zivilkleidung, der Polier, erklärte uns, was wir tun sollten.

„Zwölf Frauen gehen auf den Trümmerhaufen. Vier nehmen Spitzhacken mit. Die anderen stellen sich zwei Meter voneinander entfernt in eine Reihe, werfen sich die Ziegelsteine zu und legen sie auf den Gehsteig. Die herumliegenden Ziegelsteine werden jenen zugeordnet, die unter Eisentraversen stecken oder in großen Brocken heil geblieben sind. Sie müssen mit den Spitzhacken zertrennt werden. Die heruntergebrachten Steine werden von einer anderen Gruppe, vom Mörtel und von anderem Schmutz gesäubert. Am besten macht man das mit der scharfen Seite des Hammers. Eine dritte Gruppe schichtet sie wie Würfel auf. So und so viele Stöße sind eine Tagesleistung. Mehr nehme ich an, weniger nicht."

Ich hätte nie gedacht, daß eine Spitzhacke so schwer sein kann. Mit der Spitze kratzte ich ein halbquadratmetergroßes Stück Mauer hervor, hob die Hacke und schlug auf die Mitte des Stückes. Ich sprang zurück, um ein Haar hätte mir die Hacke, vom Wandstück abprallend, den Fuß gespalten. Wenige Zentimeter neben mir bohrte sie sich in den Boden. Ich versuchte es erneut, und dieses Mal traf ich. Ich hielt den Stiel fest, damit sie nicht wieder wegsprang. „Ich werde mich schon einarbeiten", sagte ich und war verwundert, wie die Ziegelsteine zersprangen und zersplitterten. Ich hatte gar nicht gewußt, wie geschickt ich war und freute mich.

„So wirst du nicht viel schaffen", wandte meine Nachbarin ein, die mit feinen Schlägen schon zwei, drei Ziegelsteine aus dem verklebten Block gelöst hatte.

Ich schaute sie an: „Sag, du willst wirklich 'produzieren' oder machst du nur Spaß?"

„Ich verstehe nicht."

„Was verstehst du nicht? Mit diesen hübschen Ziegeln, die du mit solcher Hingabe freigelegt hast, bauen sie ihr deutsches Vaterland wieder auf. Deshalb frage ich, ob du Spaß machst. Willst du, daß wir Deutschland aufbauen? Gerade wir?"

Sie starrte mich an, doch dann hellte ihre Augen ein Lächeln auf: „Wie sagtest du, hübsche Ziegel? Na, kommt her, ihr Hübschen." Klippklapp – und sie zerschlug die „Hübschen".

„Was gibt es? Arbeitet oder schwatzt ihr?" Mit drei, vier Sprüngen war der Polier da. Ich stand ihm näher, und so bekam ich die Ohrfeige. „Kein Schwatzen, keine Drückebergerei, nur Arbeit!" brüllte er. „Kapos! Hierher! Paßt auf, daß die Arbeit gemacht wird, ihr seid verantwortlich!"

„Hoppla!" flüsterte das Mädchen. „Es scheint doch nicht so einfach zu sein." Ein Glück, daß er nichts gemerkt hatte.

„Wir werden schon eine Methode finden", knurrte ich. „Jetzt erst recht! Ich mag Ohrfeigen nicht."

Ica arbeitete bei den „Werferinnen", wir trafen uns erst in der Mittagspause. Weder gab es Mittagessen noch einen Schluck Wasser. Wir waren todmüde von der ungewohnten anstrengenden Arbeit.

Das Wachpersonal kramte seinen Proviant hervor, ließ sich im Schatten eines Baumes nieder und speiste. Der Polier war verschwunden. Wahrscheinlich aß er zu Hause. Die Soldaten befahlen uns, in den Trümmern nach trockenen Holzstücken zu suchen, ein Feuer anzuzünden und uns einen Kaffee zu kochen. Ihr Kaffee roch nicht besser als der, den wir morgens bekamen, irgendein Ersatzstoff. Es gab keinen Kaffee mehr in Deutschland. Die vorbeigehenden Bremer bestaunten uns. Bei der Trümmerbeseitigung arbeiteten russische, französische und andere Kriegsgefangene, aber wir waren die einzige weibliche Häftlingsgruppe in der Stadt.

Nach der Pause konnten wir vor Schmerzen kaum auf den Beinen stehen. Aber die Wächter brüllten uns an, und die Kapo-Frauen taten ihr bestes, um ihrer Aufgabe gerecht zu werden; aber sie waren freundlich und flehten uns fast an, uns zusammenzunehmen.

Ich weiß gar nicht mehr, wie der Tag vergangen ist. Hände und Beine bewegten sich nur mehr automatisch, und es schwindelte uns vor Hunger. Endlich holte uns das Lastauto ab und brachte uns ins Lager zurück.

Wir sehnten uns danach, etwas zu essen und zu schlafen! Doch erst kam der Appell. Duci, die Lagerälteste, empfing uns frisch gewaschen und ausgeruht. Sie hatte am Tag nicht viel zu tun, das Lager war leer, alle arbeiteten draußen. Niemand beneidete sie um das Ausruhen, es war aber empörend, daß sie sich uns gegenüber so benahm, als kämen wir aus der Sommerfrische. Sie schrie wie ein Feldwebel, obwohl uns doch nur die Beine nicht gehorchten und wir nicht eine solche militärische Haltung einnahmen, wie sie es forderte. Die eine schubste sie nach rechts, eine andere nach links. Sie brüllte und wies uns zurecht.

„Ist die Duci verrückt geworden? Was ist in sie gefahren?" fragten wir uns. „Sie hat sich in ihre neue Rolle schnell eingelebt. Macht sie es den Auschwitzer Kapos nach? Das hat uns noch gefehlt!"

„An ihrer Stelle würde ich mich schämen", monierte eine Stimme hinter mir, als Duci weit genug entfernt von uns stand. „Sie stellt sich vor uns hin und erteilt Befehle. Was glaubt sie, haben wir bis jetzt getan? Sieht sie nicht, daß wir fast zusammenbrechen? Wozu müssen wir jetzt noch strammstehen? Der Lagerführer ist nicht da, nur die Wächter. Für wen produziert sie sich, für uns?"

Alle empfanden es so. Wir akzeptierten nicht, daß Duci uns gegenüber einen solchen Ton anschlug und sich derart aufführte. Noch vor wenigen Tagen war sie eine von uns gewesen: eine unglückliche, elende Häftlingsfrau. Sie war es noch, hatte nur ein Amt bekommen. Sie hätte es in unserem Interesse nutzen und uns bei den Deutschen vertreten können und nicht umgekehrt. So sahen wir es, aber sie hatte offenbar andere Vorstellungen. Sie hielt einen kurzen Vortrag darüber, daß die „Zeit des Müßiggangs" vorbei wäre und das „normale Leben" beginnen würde. „Es ist Krieg! Und wir alle sind Soldaten." – „Oh Gott, was sind wir? Hat Duci den Verstand verloren?" Aber sie fuhr fort: „Beim Militär steht Disziplin an erster Stelle. Es gibt Ränge von unten nach oben, und gegenüber den Vorgesetzten ist jeder zum Gehorsam und zur Ehre verpflichtet. Ihr seid die Gemeinen, ich bin euer Befehlshaber. Meine Vorgesetzen sind die Deutschen und der Oberbefehlshaber des Lagers, der Lagerführer. Gefühle gibt es nicht! Es herrscht Ordnung und Disziplin! Prägt euch das ein!"

„Duci, du irrst… ", begann jemand, der sie daran erinnern wollte, daß
wir deportierte Frauen waren und keine Soldaten, daß sie eine von uns
war und kein deutscher Feldwebel oder was immer sie für sich empfand.
Sie sollte von ihrem hohen Roß steigen, solange es nicht zu spät war und
sie sich in etwas hineinlebte, daß es gar nicht gab. Sie war eine subalter-
ne Häftlingsfrau, nichts weiter, und wenn sie wollte, konnte sie vielen
von uns helfen. Duci aber ließ keinen Zweifel an ihrer Position: „An erster Stelle bin ich keine von euch! Ihr habt mich als Lagerälteste anzu-
sprechen! Zweitens, irre ich mich nie. Der Befehlshaber irrt sich nie!"
Ich spürte, Zeugin einer „Kapo-Geburt" geworden zu sein. Wenn die
Macht an jemanden geriet, der dem Cäsarenwahn so leicht verfiel, der
war mit Sicherheit der richtige Kapo. Die Deutschen hatten offenbar ein
ausgezeichnetes Gespür dafür, wen sie aussuchten.

Inzwischen waren auch die anderen angekommen: todmüde, hungrige Sklaven, zumeist bei der Trümmerbeseitigung eingesetzt, nur eine
Gruppe war in der Zementfabrik „Lüning" tätig. Auch sie erwartete der
Zählappell. Duci nahm sie ebenfalls ins Gebet. Ebenso war der Lagerführer, in Begleitung der Schreiberin, eingetroffen.

Endlich wurde Wegtreten befohlen, und wir konnten die heiße, dicke
Suppe löffeln. Mit der Suppe erhielten wir von nun an auch das Mittagessen für den nächsten Tag: Brot mit Zulage. Die Versuchung war groß,
es gleich zu essen. Wir erinnerten uns aber an den quälenden Hunger
und verzichteten deshalb auf das Brot. Außerdem zog es uns ins Bett.

Mir taten die Füße weh. Schon während der Arbeit hatte ich schrecklich gelitten. Endlich konnte ich die Schuhe ausziehen. Beide Füße waren voller Blasen. Die Schuhe hatten nicht meine Größe. Ich konnte sie
zwar anziehen, aber sie drückten. Ica meinte, daß ich mich nach dem
vielen Barfußlaufen erst wieder an die Schuhe gewöhnen müßte. Die
Blasen bewiesen etwas anderes: Die Schuhe waren viel zu klein. Es half
nichts, morgen würde ich sie wieder anziehen müssen, um vor Glas-
splittern und scharfen Eisenstücken und Kanten geschützt zu sein.

Ein bis zwei Wochen gingen ins Land. Die Arbeit war schwer und die
Aufsicht streng. Die Augusthitze setzte uns fürchterlich zu, aber wir bekamen kein Wasser. Jeden Abend glaubten wir, am Ende unserer Kraft

zu sein. Wenn wir unsere Notdurft, die wir in den Trümmern verrichten mußten, vorbrachten, konnten wir uns manchmal zehn bis fünfzehn Minuten Pause verschaffen. Die Wehrmachtssoldaten waren nicht mehr so freundlich wie zu Beginn. Sie waren nicht brutal, aber immer in unserer Nähe. Sie sprachen nicht und achteten darauf, ob wir auch arbeiteten. Zum Wachpersonal gehörten aber auch SS-Leute und Soldatinnen. Mit ihnen verglichen, waren die Wehrmachtsleute Lämmer. Vor allem unter den Soldatinnen gab es einige, die immer bereit waren, ihre Muskeln spielen zu lassen und uns das Leben zu erschweren. Da war z.B. Roza, wir nannten sie „Loz Roza", weil ihr vorn ein Zahn fehlte, weshalb sie lispelte. Wenn sie brüllte, und sie brüllte den ganzen Tag, und „Los!" schrie, hörte sich das 'S' bei ihr wie ein 'Z' an. „Loz Roza" benutzte eine Gerte, um sich Respekt zu verschaffen. Ebenso ist Gertrud Heise zu erwähnen, die Befehlshaberin der Aufseher. Vor diesem Monster zitterte jeder. Sogar Hille, der Lagerführer, zeigte Wirkung. Sie hatte eine berüchtigte Vergangenheit, war in verschiedenen Konzentrationslagern gewesen und prahlte mit ihren Grausamkeiten.

Joska und Jancsi, die beiden schwäbischen Wächter, vertraten die ältere Generation; ihre Kameraden aber, hauptsächlich die SS-Leute, sahen sie ungern unter sich. Sie verachteten die Wehrmacht. Für sie gehörte nur die SS zur Elite. Sie hielten die Ungarnschwaben überhaupt nicht für Deutsche. Sie behandelten sie wie in deutschen Uniformen steckende Fremde. Die Schwaben waren schrecklich enttäuscht. In Ungarn geboren, lebten sie seit über drei Jahrhunderten in dem Land, und die deutsche Sprache vererbte sich vom Vater auf den Sohn. Ein Teil der Schwaben, hauptsächlich die Mitglieder des Volksbundes, bezeichneten sich offen als Deutsche. Auch die starke deutsche Propaganda hatte dazu beigetragen, daß sie sich in die Arme Hitlers warfen. Man nahm sie, weil man Soldaten brauchte, wollte aber von dem „Patriotismus" der Schwaben nichts wissen. Sie hatten Lob und Anerkennung erwartet, fanden aber nur Kälte und zweitrangige Posten. Von den Eltern hatten sie eine deutsche Erziehung erhalten, aber in Deutschland sah man in ihnen bestenfalls Mischlinge. Sogar deutsch sprachen sie, wenn auch nicht ganz so wie hierzulande.

Infolge ihrer Enttäuschung benahmen sie sich uns Häftlingen gegenüber anständig, und wenn es niemand hörte, sprachen sie mit uns ungarisch. Sie „jagten" uns auch auf ungarisch. Es kam vor, daß der Schwabe, neben dem deutschen Wächter stehend, unartikuliert fluchte, als ob er sagen wollte: „Arbeitet nur dann, wenn sie es sehen!" Sein Gesicht war rot vom Brüllen, dennoch vertrauten wir ihnen nicht.

Vor einigen Tagen warfen englische Flugzeuge Bomben ab. Als die Sirenen ertönten, gerieten unsere Wächter in Panik. Sie benahmen sich nicht gerade wie tapfere Soldaten, wir hingegen waren ruhiger. Vielleicht hatten sie mehr zu verlieren. Aufgeregt trieben sie uns in den nächsten Bunker. Wir waren froh über die unvorhergesehene Pause. Wir legten uns auf den Betonboden des Bunkers und schliefen. Wir litten unter ständigem Schlafmangel und nutzten jede Gelegenheit aus. Wir schliefen bereits tief, als die Bomben einschlugen und die Wände erzitterten.

Eines Abends empfing uns statt des „Alten" – so nannten wir Lagerführer Hille – ein junger, großer, gutaussehender SS-Mann. Er kam uns am Tor entgegen. Einen Moment lang sah er zu, wie wir müde von den Lastautos kletterten, dann schnippte er mit zwei Fingern. Duci sprang wie ein Hündchen und dienstbeflissen hinter seinem Rücken hervor.

„Das sollen Arbeiter sein? Warum kriechen sie? Warum springen sie nicht vom Auto ab?"

„Abspringen vom Lastauto!" – echote die Lagerälteste. Man konnte ihr ansehen, daß es nicht die erste Frage war, die ihr der Unbekannte gestellt hatte. Wir erschraken, und Duci auch. „Wer war dieser Fremde? Warum erteilt er Befehle? Wo ist der Alte?" zerbrachen wir uns den Kopf.

Wir traten auf den Hof des Lagers. Duci lief mit ihren Helferinnen hin und her und bemühte sich, den neuen Chef zufrieden zu stellen. Vielleicht hatte sie auch Angst?

Von Eva Stark erfuhren wir, wer der Fremde war. Die SS-Leute hatten gemeldet, daß der Lagerführer zu liberal mit den Häftlingen umgehe und so löste man ihn ab.

Der neue hieß Pittmann. „Seid vorsichtig", warnte Eva. „Der Hund bellt nicht nur, er beißt auch." Sie sollte sein erstes Opfer werden, zwar tat ihr der „Alte" leid, aber es blieb ihr nichts weiter übrig, als ihrer gewohnten Arbeit nachzugehen und dem Befehlshaber mittags das Essen zu bringen. Sie hatte schon den Tisch hergerichtet und wollte gerade den Raum verlassen, als Pittmann ins Zimmer trat.

„Was suchst du hier? Wer bist du?" schnauzte er sie an.

„Ich bin die Putzfrau und habe das Mittagessen gebracht."

Eine Ohrfeige war die Antwort. Pittmann fegte das Essen vom Tisch und begann, Eva zu schlagen. Erstens, weil sie nicht strammgestanden hatte, als er sie ansprach. Außerdem dürften Juden nicht in sein Zimmer kommen und sein Essen berühren! „Ich werde hier schon Ordnung machen! Ich bin kein Judensöldner! Raus mit dir! Verschwinde, ich will dich nicht sehen!" brüllte er. Eva zeigte uns die blauen Flecken an ihrem Körper.

Anderntags wurde sie unserem Kommando zugeteilt. Sie war zum ersten Mal draußen, wir erklärten ihr die Arbeit, damit sie dem Polier nicht auffiel und Prügel von ihm erhielt. Am Nachmittag war auch Eva, wie wir am ersten Arbeitstag, völlig erschöpft. Da erschien der Lagerführer Pittmann. Der „Alte" hatte die Arbeitsplätze nie aufgesucht. Sie gingen ihn auch nichts an. Er war mit seinen Subalternen vor allem dafür da, daß niemand flüchtete, außerdem für unsere Versorgung und unsere pünktliche Ankunft am Arbeitsplatz. Des weiteren kümmerte er sich um unsere Bewachung am Arbeitsplatz und im Lager. Die Aufsicht bei der Arbeit war Sache des Poliers.

Pittmann aber mischte sich ein. Er schaute sich um, erblickte Eva und sagte dem Polier etwas. Der winkte Eva herunter und drückte ihr eine Schaufel in die Hand. Die schwerste unter den Arbeiten war das Hinaufwerfen des Schuttes – zerbrochene Ziegelsteine, Steine, Holz- oder Eisenstücke und sonstiger Dreck – auf den Lastwagen. Sich bücken, erheben, die schwere Schaufel in die Höhe wuchten, und zwar so, daß ihr Inhalt nicht auf die Erde, sondern in die Tiefe des Lastwagens flog. Solche Arbeit läßt selbst wohlgenährte, sportliche Männer ins Schwitzen geraten, und so war es kein Wunder, daß wir gerade diese Arbeit fürchteten.

Eva wußte nicht einmal, wie sie die Schaufel anfassen sollte; der Polier zeigte es ihr. Sie nahm die Schaufel und tauchte sie in den Schutt, konnte sie aber nicht anheben. Sie schüttete einen Teil zurück, die Schaufel war aber immer noch zu schwer, und so fiel die Hälfte auf die Erde. Auch wir arbeiteten nicht besser. Pittmann kümmerte sich aber nicht darum, er beobachtete nur Eva. Sie spürte seinen stechenden Blick, und in ihrer Angst steckte sie ihre ganze Kraft in die Arbeit. Auf einmal trat Pittmann zu ihr.

„Was du machst, ist jüdische Arbeit. Ich kriege das Kotzen, wenn ich dich sehe", sagte er verächtlich.

Eva, noch keine achtzehn Jahre alt, war ein großes Mädchen mit einem hübschen Gesicht. Sie hatte wohlgeformte Beine und einen weichen, wiegenden, sehr weiblichen Gang. Große Frauen haben im allgemeinen einen gebeugten Rücken, aber Evas aufrechte Figur wirkte trotz ihrer Jugend königlich. Sie sah selbst in der abgerissenen Kleidung wunderbar aus. Wer bei einem solchen Anblick das „Kotzen" bekam, wie es Pittmann bemerkte, mußte ein Psychopath sein.

Er nahm die Schaufel aus Evas Hand, füllte sie mit Schutt und warf ihn mit einer schnellen Bewegung auf den Lastwagen. Schnell schob er die Schaufel wieder in die Trümmer. Staub fiel auf seine spiegelblanken Stiefel. Der dritte Wurf war nicht ganz so elegant, sein Atem beschleunigte sich und der Schutt landete auf dem Vorderteil des Wagens, ganz am Rand, so wie der eine, gutgelungene Wurf Evas. Er begann von neuem, hob aber die volle Schaufel nicht an, sondern winkte Eva mit einer überheblichen Geste, die Arbeit fortzusetzen.

„So arbeitet ein Deutscher", sagte er laut, damit es jeder hörte. Mit einem Taschentuch wischte er sich die Hände und die Stirn ab. Bevor er ging, sagte er wieder laut zum Polier: „Die" – und dabei zeigte er auf Eva – „soll ständig hier arbeiten!"

Ich weiß nicht, ob er auch die anderen Arbeitsplätze besuchte, aber bei uns erschien er auch am nächsten und am übernächsten Tag. Man konnte sehen, daß er Eva verfolgte. Später ließ er die Seiten des Lastautos hochklappen, so daß Eva die Schaufel noch höher heben mußte. Darüber schüttelte selbst der Polier den Kopf.

Zwar trieb auch er uns an, schrie und schlug, er aber stand unter dem Druck von oben, deshalb verlangte er von uns ein bestimmtes Pensum.

Ob wir uns dabei verschlissen, das ließ ihn kalt, aber man kann ihm nicht nachsagen, daß er uns – wie der Lagerführer – aus Vergnügen gequält hätte. Pittmann forderte mehr als strenge Disziplin, er war ein Sadist! Auch die Arbeiter im Lager zitterten vor ihm. Er pflegte ins Revier und in die Küche zu gehen, übte an allem Kritik und warf alles um, brüllte und schlug. Wer ihn sich nähern sah, war auch dann erschrocken, wenn es nichts zu beanstanden gab.

Inzwischen war es kühl geworden, besonders am frühen Morgen. Wenn wir unter den Trümmern alte Kleidungsstücke fanden, freuten wir uns über alles, das wir auswaschen konnten, um daraus lange Hosen zu nähen. Pittmann befahl eines Tages, daß wir die Hosen wegzuwerfen hätten. Er ließ ihr Tragen nicht zu. Das war tragisch, denn der Winter stand vor der Tür. Uns blieb nur ein Kleid, vielen nur kurzärmlige Sommerkleider, die sie noch in Auschwitz erhalten hatten. Wir aber warfen die Hosen nicht weg. Wir trugen sie weiter, unter dem Kleid, zogen die Hosenbeine hoch und banden sie fest, so daß sie vom Kleid verdeckt wurden.

Eines Abends kamen wir todmüde und hungrig von der Arbeit zurück. In Fünferreihen und in der von Duci befohlenen, strammen Haltung begaben wir uns auf den Hof. Der Lagerführer erschien nicht erst zum Ende des Appells, er sah sich schon unser Einmarschieren an. Eva befand sich am äußeren Rand einer Gruppe und war den Augen Pittmanns immer „mit Herzklopfen", wie sie es ausdrückte, ausgesetzt. Unglücklicherweise löste sich der Bund des einen Hosenbeins und hing Eva bis zum Knöchel hinunter. „Halt!" dröhnte die Stimme von Pittmann. Die ganze Gruppe stand still.

Eva wußte, daß der Befehlshaber sie jetzt verprügeln würde. Man befahl ihr, aus der Gruppe herauszutreten. Uns zählte man schnell und schickte uns weg, Eva mußte bleiben.

Wir aßen, wuschen uns, legten uns hin, sprachen nicht. Ich konnte nicht schlafen. Lebte Eva noch? Ich mochte sie sehr, sie war ein gutherziges, liebes Mädchen. Ich fühlte mich krank und elend.

Spät nach Mitternacht hörte ich ein Kratzen am Eingang. Eva kroch taumelnd herein. Einige sprangen auf und konnten sie gerade noch auffangen, bevor sie das Bewußtsein verlor. Wir wuschen sie, gaben ihr zu trinken. Ein Weinkrampf schüttelte sie. Sie schluckte, weinte, stöhnte und war ganz durcheinander. Allmählich wurde uns klar, was vorgefallen war.

Pittmann hatte sie weder geschlagen noch angerührt. Er befahl ihr, sich mit dem Gesicht zur Wand zustellen, ganz nahe, so daß ihre Nase fast die Wand berührte.

„Du bleibst hier stehen bis Mitternacht. Um Mitternacht bekommst du eine Kugel ins Genick. Zwei Soldaten werden dich bis dahin bewachen. Umdrehen ist verboten! Du darfst dich nicht bewegen! Wenn du es doch tust, wirst du vor dem Genickschuß noch gefoltert! Du hast die Wahl!" ermahnte Pittmann sie.

„Erst habe ich geweint" – setzte Eva fort – „dann konnte ich nur noch zittern. Ich ängstigte mich, daß die Soldaten mein Zittern vielleicht für Bewegung hielten. Es war schrecklich, wie langsam die Zeit verstrich. Ich begann zu zählen und glaubte verrückt zu werden. Als ob mich der Teufel gejagt hätte, war ich versucht zu schreien. Ich erinnerte mich an nichts, nicht einmal daran, wo ich war und was um mich herum geschah. Und doch wußte ich, daß Soldaten hinter mir standen und um Mitternacht alles zu Ende war. Wie spät ist es? Warum schießen sie nicht? Wo sind sie? Warum ist es so still? Sind sie eingeschlafen? Ich wollte mich umschauen, das Herz schlug mir bis zum Hals. Es war kalt, aber ich schwitzte, war patschnaß vor Angst und Aufregung. Ich drehte mich um, langsam, sehr langsam. Nichts geschah, niemand schoß.

Endlich drehte ich mich völlig um: Ich stand ganz allein auf dem großen Hof. Nur Stille und Kälte umgaben mich. Ich erschrak und dachte: Sie haben sich versteckt und warten nur darauf, daß ich mich bewege. Ich stand wie erstarrt, dann nahm ich all meinen Mut zusammen und ging los – vorsichtig und wie eine Puppe, als ob man in mir eine Feder aufgezogen hätte. Schließlich kam ich hier herein", beendete Eva ihren Bericht.

„Ich hoffe, dieser Sadist wird nach dem Krieg erhängt", sagte eines der Mädchen wütend. „Ich würde gern an dem Strick ziehen", fügte eine andere hinzu.

„Was wird jetzt? Was wird morgen sein?" fragte Eva.

„Morgen ist Sonntag", antwortete ich. Wir gehen nicht zur Arbeit. Später werden wir weiter sehen. Jetzt aber schlaf, wenn du kannst. Du brauchst Ruhe."

Am nächsten Tag rannte uns eines der Mädchen fast die Tür ein: „Ich habe den 'Alten' gesehen! So wahr mir Gott helfe, er war es, er ging über den Hof!"

Aufgeregt warteten wir auf den Abendappell, aber die Nachricht stimmte offenbar doch nicht. Es war Pittmann, der erschien, wie immer.

In dieser Nacht gab es einen Fliegerangriff. Die Sirenen ertönten erst, als die Bomben schon fielen. Die Betonwand des Stalles erzitterte, ohrenbetäubendes Dröhnen folgte. Niemand sagte, was wir tun oder wohin wir gehen sollen. Wir verkrochen uns unter den riesigen, dicken Tischen. Manchmal wackelte das Gebäude, als wäre es ein Erdbeben.

Nach anderthalb Stunden wurde der Alarm abgeblasen. „Gehen wir schlafen", sagte Ica. „Morgen werden wir viel Arbeit haben. Gut, daß sie nicht gestern gekommen sind, sonst hätten wir schon heute Trümmer wegräumen müssen."

Früh am Morgen teilte Duci uns zur Arbeit ein. Uns stand ein schwerer Tag bevor. Es war gar nicht gut, daran zu denken. Duci gähnte und schubste grob eine Frau, die nicht ganz in Reih und Glied stand. „Macht nichts, Duci", sagte jemand, „gleich ist das Lager leer, und du kannst wieder in dein Bettchen schlüpfen." Duci drehte sich um, ihre Augen blitzten. „Wer war das?" Plötzlich standen alle mit erhobenem Kinn.

Eine der Helferinnen Ducis rief „Achtung!" – ein Signal dafür, daß der Lagerführer im Anmarsch war. Duci trat vor und nahm Haltung an. Sie drehte sich mit dem Gesicht zur Baracke der Deutschen, von wo sich Johann Hille, der „Alte", näherte. Eva starrte ihn mit ungläubigen Augen an. Der „Alte" blieb vor uns stehen, sein Gesichtsausdruck wirkte unbeteiligt, dabei hatte er unsere überraschten Blicke gewiß bemerkt. Er wandte sich Duci zu: „Wo ist Eva?"

Als Pittmann sie hinausgeworfen hatte, war sie auch bei Duci in Ungnade gefallen, und je mehr er Eva verfolgte, desto mehr quälte auch sie das arme Mädchen. Jetzt sprang sie auf, um Eva den Befehl zu übermitteln. Eva trat hervor. Hille winkte: „Her zu mir!" Eva erhielt ihren alten Platz zurück. Ich war glücklich, es gab also doch noch einen Gott.

Für die viele Arbeit waren wir einfach zu wenige. Unsere Gesamtzahl wurde von fünfhundert auf achthundert erhöht. Am 28. August kamen dreihundert junge, polnische Jüdinnen an. Sie waren über vier Jahre in Lodzer Ghettos gewesen, wo die Deutschen über 200 000 Juden eingesperrt hielten. Nach und nach transportierte man die Gefangenen nach Auschwitz. Nur wenige der Jüngeren brachte man nach Deutschland zur Zwangsarbeit. So gelangten die polnischen Kameradinnen zu uns nach Bremen.

Wir hatten geglaubt, die Unglücklichsten auf der Welt zu sein. Als aber die Wächter die dreihundert Polinnen über den Hof führten, gefror auch uns das Blut in den Adern, und wir erkannten, wozu die Nazis fähig waren. Weder konnte man das Geschlecht noch das Alter der Neuangekommenden bestimmen. Es waren dreihundert schreckliche, sich bewegende Kleiderbündel. Abgemagerte Gestalten, den Kopf mit einem Tuch bedeckt. Wenn sie ihren Blick hoben, sah man in ihren Augen die Todesangst von Verfolgten und das Mißtrauen von Getäuschten, das eine Wand zwischen ihnen und der übrigen Welt errichtet hatte.

Bereits seit vier Jahren waren sie einem Joch ausgesetzt, daß uns ungarischen Juden erst vor einem halben Jahr auferlegt worden war. Vier Jahre! Sie müssen noch Kinder gewesen sein, als man sie ins Ghetto gepfercht hatte. Sie konnten kaum ein anderes Leben, eine andere Welt gekannt haben, nur Elend und Not. In uns war die Lebenslust noch nicht erloschen. Wir revoltierten noch. Wir kämpften, wenn auch qualvoll, um nicht ganz zu versinken. Egal, wie müde wir von der Arbeit kamen, wir legten uns nicht hin, ohne uns vorher gewaschen zu haben. Instinktiv fühlten wir, daß wir es nicht nur aus hygienischen Gründen taten, sondern daß es auch dem Erhalt unserer seelischen Gesundheit diente. Es war uns noch wichtig, daß wir die zwischen den Trümmern gefundenen Stoffetzen nett um den Kopf banden. Wir hatten noch Ansprüche uns selbst, den Kameradinnen und der Umgebung gegenüber. Die Reserven der Polinnen dagegen waren längst erschöpft. Vier Jahre! Es war ein Wunder, daß sie überhaupt noch existierten.

Sie taten uns leid, unendlich leid, aber unsere Angst vor ihnen war größer; sie stellten künftig für uns eine Bedrohung dar. Perspektivisch drohte auch uns ihr Schicksal. Wir hatten Angst, sie anzusehen, weil der Glaube und die Hoffnung, die uns am Leben hielten, bei ihrem Anblick ins Wanken gerieten. Dabei war dieser Funke Hoffnung unser einziger Schatz, und unsere polnischen Kameradinnen führten uns vor Augen, was uns erwartete, wenn wir uns aufgaben.

Auch sie mieden uns. Sie trauten uns nicht, wie auch wir niemandem trauten. Vielleicht ertrugen sie es nicht, daß wir in einer besseren Verfassung als sie waren. Ihre Blockverantwortliche war ebenso inhuman wie die polnischen Kapo-Frauen in Birkenau, sie quälte und schlug ihre „Kameradinnen". Duci, die mit uns nur fluchend sprach und uns „schmutziges Gesindel" nannte, sprach nur von den „schmutzigen Polen". Es gab sogar welche, die sich bei der Lagerältesten einschmeicheln wollten und sie nachahmten. Die Polinnen, die kein Ungarisch verstanden, konnten natürlich nicht wissen, daß wir unter Duci genauso litten wie sie. Duci verhöhnte uns und machte uns das Leben schwer, wo immer sie dazu eine Gelegenheit sah. Sie war eine „Frucht" des Umgangs Hitlers und der Nazis mit dem Judentum. Wer zufällig am Leben blieb, wurde gegeneinander gehetzt. Man schuf solche Situationen und säte damit den Grund für Unverständnis, Zwist und Feindseligkeiten.

Als der Fahrer mit uns am Tage von Rosch ha-Schana, dem jüdischen Neujahrstag am 19. September, von der Arbeit zurückkehrte, hatte er – entweder aus Gleichgültigkeit oder einfach aus Bösartigkeit – das Rückteil des Lastwagens nicht richtig geschlossen, und bei hoher Geschwindigkeit unerwartet das Lenkrad umgerissen. Mehrere flogen hinaus und verletzten sich. Am schwersten Eva Bársony aus Eger, eine wunderschöne, siebenundzwanzigjährige, junge Frau, die man förmlich unter den Rädern hervorziehen mußte. Die Zähne waren ihr ausgefallen und ihre Augen verwundet. Ihre Freundin, Magda Rothschild, hatte sie mitgerissen und sich den Fuß gebrochen. Mit weiteren Verwundeten kamen sie ins Krankenzimmer. So begann für uns das neue Jahr.

In einer Woche, am 26., würde Jom Kippur sein, der Tag der Buße. Wir debattierten darüber, ob wir am Versöhnungstag fasten sollten oder nicht. Die Meinungen waren geteilt. Einige erklärten, daß Gott in diesem Jahr alle Juden vom Gebot des Fastens enthebe, aber es gab auch entgegengesetzte Auffassungen: Gerade jetzt, in dieser schrecklichen Zeit, müßten wir fasten. Wie oft hatten wir zu Gott gefleht und ihm zugerufen: „Herr, hilf uns, blick auf uns nieder!" War nicht Jom Kippur die beste Gelegenheit, um ihm unsere Opferbereitschaft zu beweisen? Wir einigten uns schließlich, daß jeder tun sollte, was er für richtig hielt. Wer fasten wollte, sollte sich beim Essenausteilen nicht anstellen.

Einen Tag vor Jom Kippur arbeitete meine Gruppe nicht weit vom Lager entfernt, etwa zwanzig Minuten zu Fuß. Mittags ertönten die Sirenen. In den Luftschutzkeller durften wir nicht. Die Wächter brachten uns zu einer naheliegenden Weide. Nur einige Kühe lagen friedlich im Gras. Am Rand der Weide stand eine Hecke aus Heidenrosen. Hier nahmen wir Platz und betrachteten den Himmel, der seidig blau war; nur ein paar Schäfchenwolken waren zu sehen. Stille. Keine Spur von Flugzeugen. Im allgemeinen mochten wir die Fliegerangriffe, da sie uns eine zusätzliche Rast boten. Schon hörten wir das Dröhnen von Flugzeugen. Es waren keine Bomber. Dafür flogen sie zu schnell, und die Motoren klangen nicht so dumpf und schwer. Es war ein englischer Fliegerschwarm, er kreiste über uns, warf aber keine Bomben ab. Schließlich drehte er wieder ab.

Währenddessen hatte es sich stark bewölkt. Erste Tropfen fielen, und wenig später weichte ein lauwarmer Platzregen die Erde auf. Zum Glück verschwand die schwarze Wolke so schnell, wie sie gekommen war. Die Sonne schien wieder, auch unsere Kleider trockneten, aber noch immer war der Fliegeralarm nicht abgeblasen. Im Gegenteil, erneut heulten die Sirenen auf. Von weitem sahen wir, wie die ersten Bomber ihre tödliche Fracht ausklinkten.

Die Maschinen kamen näher und näher. Ringsum brannte und krachte es. Aus blauen und schwarzen Rauchschwaden schlugen rote und gelbe Flammen gegen den Himmel, Wände stürzten mit lautem Getöse ein.

Auch wir gerieten in einen Bombenteppich. Erst fiel eine, dann zwei und mehrere. Zum Teufel! Die zünden uns an! Die deutschen Wächter waren die ersten, die sich erschrocken in die Rosenbüsche warfen und sich nicht einmal um die Dornen kümmerten. Wir folgten ihrem Beispiel, legten uns unter die Büsche auf den Bauch und bohrten uns, so gut es ging, in die Erde und zwischen stechende Zweige. Es war wie ein Wunder. Auf der Weide explodierte nicht eine einzige Bombe. Entzündete sich doch eine, begann es sofort zu zischen und die aufgeweichte, nasse Erde löschte sie. Zwar war das Gras inzwischen trocken und fing manchmal Feuer, aber sobald die Flammen auf den feuchten Boden stießen, gingen sie aus. Wir fürchteten nur, daß die Rosensträucher von den Zündblättern Feuer fängen. Es war fast unglaublich, nach dem Fliegerangriff brannte und rauchte es um uns herum, nur unsere Rosensträucher waren unversehrt geblieben.

„Wir hatten großes Glück", sagten die Wächter.

„Ein Wunder, ein Wunder", flüsterten einige von uns.

Wir kamen nur über einen großen Umweg ins Lager zurück, da die Straße unbefahrbar geworden war. Unterwegs trafen wir Deutsche, die einige Sachen mit sich schleppten und jammerten.

Wir verstanden sie, waren wir doch schon vor langer Zeit aus unseren Häusern vertrieben worden – allerdings aus anderen Gründen. „Alles kaputt!" schrien sie uns zu.

Als wir uns dem Lager näherten, beschlich uns ein beklemmendes Gefühl. Ringsumher war alles verkohlt und von Rauch erfüllt. Wir sahen kein einziges Haus. War unser Lager auch abgebrannt? Wo werden wir die Nacht verbringen? Auf verkohlten Trümmern? Was ist mit denen, die im Lager geblieben waren? Was ist aus den Kranken geworden?

Wir sahen schon von weitem das Lager, besser gesagt dessen Platz. Die Hauptmauern standen da: verrußt und schwarz. Ansonsten war nicht mehr viel davon übrig. Die Holzbaracken der SS waren vollständig verbrannt. Ebenso die Küche und die Vorratskammer. Wir waren die ersten der Außenkommandos, die zurückkehrten. In kleinen Gruppen trafen wir auf Kameradinnen, die sich aus den brennenden Mauern gerettet hatten. Bis auf zwei waren alle da. Im Krankenrevier waren zwei Schwerkranke in den Flammen umgekommen. Sie hatten sich nicht bewegen können, und ihre Rettung war nicht möglich gewesen. Eines der Opfer war Eva Bársony.

Inzwischen waren auch die übrigen eingetroffen. Wir standen bis zum späten Abend herum und wußten nicht, was mit uns geschehen würde. Endlich kamen große Lastautos, die uns und das Wachpersonal aufnahmen. Wir standen dicht an dicht, taumelten während der Fahrt nach rechts oder links und dachten über unser Schicksal nach. Der Wind schnitt in unser Gesicht. Hohe Bäume säumten die Straße, über uns glänzte der Sternenhimmel. Nicht weit von mir summte jemand leise. Es war eine polnische Mitgefangene. Die Melodie des Kol Nidre, des Vorabends von Jom Kippur, war schmerzlich, traurig, flehend und mir gut bekannt. Ich sah, wie sie den Kopf zurücklehnte, ihre Augen schloß und ihr Gesicht sich verklärte. Sie schien gar nicht anwesend zu sein. Sie war weg, weit weg, in einer Krakauer oder Warschauer Synagoge, weiß gekleidet, im Kreise ihrer Familie. Ich übernahm die Melodie und summte mit. Die anderen merkten auf und immer mehr sangen mit. Die Soldaten riefen: „Schön, schön, noch einmal!" Das Gebet des Kol Nidre übertönte den Wind und das Dröhnen des Motors. All das im September des Jahres 1944, mitten in Deutschland!

Es war schon Nacht, als wir das Ziel unserer Reise erreichten: Obernheide, sechzehn Kilometer von Bremen entfernt. Im Lager waren früher Kriegsgefangene untergebracht gewesen. Die Nacht über konnten wir uns, trotz des Durcheinanders, gut ausruhen. Zu unserer Überraschung fiel das Antreten am frühen Morgen aus. Es war schon sieben Uhr oder noch später, als der „Appellruf" ertönte und man uns verkündete, daß der heutige Tag für das Herrichten unseres neuen Domizils vorgesehen war. Wir konnten es nicht glauben; nach einem solch schweren Bombenangriff sollten wir nicht zur Arbeit gebracht werden?! Die Religiösen erklärten, es sei der Wille Gottes, damit wir Jom Kippur feiern könnten. Das Aufräumen der Zimmer war, verglichen mit der Trümmerbeseitigung, keine Arbeit. Im Magazin warteten Bündel mit frischem Stroh. Wir schleppten die Strohsäcke und die Kissen auf den vorgesehenen Platz, ersetzten das verbrauchte, staubig-brüchige Stroh durch das neue. Wir lüfteten und fegten die Zimmer, entfernten die Spinngewebe, wischten Staub, bugsierten die Strohsäcke in die Etagenbetten und legten, vorschriftsmäßig wie in der Kaserne, Decken auf sie. Duci kontrollierte in Begleitung der Blockältesten die Zimmer, und erst danach hatten wir für den Rest des Tages frei.

Jom Kippur ist ein Tag der Buße und der Versöhnung. Wir zogen uns ganz in uns selbst zurück, gaben uns Rechenschaft über unsere Taten und erbaten die wohlwollende Gnade Gottes. Da alles verbrannt war, hatten wir am Abend zuvor nichts zu essen erhalten, auch das deutsche Wachpersonal nicht. Erst am nächsten Tag trafen aus der Stadt Lebensmittel ein. Bis das Essen gekocht und verteilt war, standen bereits die Sterne am Himmel. So hatte sich die Debatte um das Fasten von selbst erledigt.

# Obernheide

Das Lager Obernheide bestand aus mehreren Holzbaracken, einem geräumigen Hof und war mit Stacheldraht umzäunt. Die Baracken der Deutschen und die Küche waren durch einen inneren Drahtzaun vom größeren Teil des Lagers getrennt, von den Baracken der Häftlinge, die äußerlich denen von Auschwitz glichen, nur daß vom Mittelgang nicht große Säle, sondern kleine Zimmer abgingen. In unserem boten acht dreistöckige Bettgestelle Platz für vierundzwanzig Häftlinge. In der Mitte des Raumes stand ein x-beiniger, ungehobelter Tisch mit zwei Sitzbänken. In die Ecke hatte man einen Eisenofen gestellt. Von den 500 Ungarinnen, die in Birkenau ausgewählt worden waren, kamen zwölf aus Eger. Seither war es uns gelungen, zusammen zu bleiben. Unserer Mehrheit wegen erhielt unser Zimmer den Namen „Eger-Zimmer". Es wurde im Kreise unserer Kameradinnen bald berühmt. Bei uns gab es keinen Streit, keinen Diebstahl, und wir halfen uns, was von den Gepflogenheiten des Lagerlebens abwich, gegenseitig. An den Freitagabenden stand auf dem x-beinigen Tisch zumeist eine Schabbatkerze. Woher Ella Hauer sie auch immer beschaffte, fast jeden Freitag wartete sie zumindest mit einem Stück auf. Wir halfen ihr dabei. Wenn wir eine Kerze fanden, brachten wir sie ihr mit Freude. Am Freitagabend saßen einige am Tisch, andere hockten auf den Betten und beobachteten mit Andacht das Anzünden der Kerze. Tante Ella hob ihre bläulich gefrorenen, wunden Hände und verdeckte ihr Gesicht. Sie glaubte, wir sähen ihre Tränen nicht, aber es waren zu viele. Wer weiß, welche Erinnerungen Ella heimsuchten? Tante Ella war ein interessantes Wesen. Ihre große, aufrechte Figur, ihre energischen, langen Schritte verliehen ihr eine männliche Erscheinung. Die nur zentimeterlangen Haare bekräftigten diesen Eindruck. Dazu kam noch die in den Trümmern gefundene, alte, weite Männerhose, die sie trug. Die meisten nannten sie „Onkel Ella", worüber sie lächelte. Sie hatte gleichmäßige, starke Zähne, aber das Lächeln milderte und verschönte ihre energischen, harten

Züge. Ihr äußeres Auftreten verbarg ein empfindsames und warmes Herz. Sie besaß eine lyrische Ader und verstand es, dem Elend unserer Gefangenschaft wunderschöne Gedichte abzuringen. Täglich verfaßte sie neue Gedichte. Ihr größter Schatz war ein Bleistift. Sie trug ihn immer bei sich. Papier konnte man in den Trümmern immer finden. Tante Ella verfaßte nicht nur Gedichte, sie war auch eine begabte Zeichnerin. Über ihre Pritsche heftete sie das aus dem Gedächtnis skizzierte Porträt ihres Mannes, und wir, die Onkel Bela kannten, staunten über die Ähnlichkeit. Zugleich fertigte sie viele Zeichnungen über das alltägliche Lagerleben und seine vielfältigen Erscheinungsformen an.

Wochen und Monate vergingen. Der Winter kam, und damit verschlechterte sich auch unsere Lage. Die Stadt wurde fast täglich bombardiert. Ein immer größerer Teil wurde zu einer unbewohnbaren Trümmerwüste, von der die Ratten Besitz ergriffen. Große Plakate warnten: „Das Betreten der Ruinen ist lebensgefährlich und verboten!" Nur für uns galten die Ermahnungen und Verbote nicht. Man befahl uns, in den Ruinen nach Ziegelsteinen zu suchen und sie herauszuholen. Es war sehr gefährlich. Mal stürzte hier, mal dort eine Wand ein. Der Regen weichte den Mörtel auf, und bei starkem Wind brachen die Mauern zusammen, als ob sie nie von einem Bindemittel gehalten worden wären.

Eines Tages wütete ein besonders starker Sturm. Während wir weiter zu arbeiten hatten, verzogen sich die Wächter und der Polier. Plötzlich stürzte eine Wand ein. Mit ohrenbetäubendem Lärm zertrümmerten die Mauern, was ihnen im Weg stand. Dreck wirbelte auf. Wir sahen nichts mehr. Augen, Mund und Nase waren voller Staub, wir husteten und niesten. Hilferufe und Schreie von allen Seiten. Einige von uns wurden verwundet, eine war tot.

Bereits kurz nach der Ankunft in Obernheide standen keine Lastwagen mehr zur Verfügung. Einige Zeit gingen wir zu Fuß nach Stuhr, um von dort mit dem Zug nach Bremen zu fahren. Später gab es auch keinen Zug mehr. So legten wir täglich die Strecke zwischen Obernheide und Bremen zu Fuß zurück, sechzehn bzw. zweiunddreißig Kilometer. Man weckte uns viel früher als sonst. Wir brauchten etwa drei Stunden bis zu unserem Arbeitsplatz. Tag für Tag machten wir uns auf den Weg.

Was im Sommer bereits schwer war, wurde im Winter unerträglich. Der Winter 1944 war sehr streng, aber im Dezember trugen wir noch immer die in Auschwitz erhaltenen Kleider, dazu wickelten wir uns die in den Trümmern gefundenen Kleiderfetzen um den Leib, den Kopf, den Rücken oder die Beine. Die Schuhe gingen kaputt. Meine hatten mich schon lange verlassen. Eine Zeit lang trug ich sie noch mit den kaputten Sohlen, aber auch die lösten sich schließlich einfach ab. Ich versuchte, sie mit Draht zusammenzubinden, aber es half nicht mehr. Als Ersatz erhielten wir Holzpantinen, die hinten offen und flach, an der Spitze hoch waren. Man mußte das Gehen in ihnen erst lernen.

Schneefall und Frost erschwerten unsere Arbeit. Das Stapeln der Ziegelsteine wurde noch schwerer als ihr Lösen aus den Trümmern. Wir mußten die mit einer dicken Eisschicht bedeckten, schweren, rutschigen Ziegel mit bloßen Händen auffangen und weiter werfen. Sie sahen Ziegelsteinen gar nicht mehr ähnlich, der angefrorene Mörtel und das Eis machten sie zu Bällen. Es war schwer, sie zu fangen, und nicht selten griffen unsere steifen, wunden Hände daneben, und der Ziegel fiel uns auf den Fuß. Dennoch setzten die Verwundeten, um nicht bestraft zu werden, die Arbeit fort und unterließen jedwedes Klagen und Wehgeschrei. Es ist schwer zu entscheiden, worunter wir mehr litten: Unter der bis ins Mark schneidenden Kälte oder unter dem prasselnden Regen. Gegen die Kälte konnten wir uns mit Stoff- und Kleiderresten schützen. Der Regen aber durchnäßte alles, und unter den Kleidern fröstelte unser Körper. Wir müssen ausgesehen haben wie Vogelscheuchen, die man auf Trümmerhaufen gestellt hatte. Trotz des Windes, Regens und der Kälte mußten wir weiterarbeiten. Gegen Abend war nichts mehr wichtig, der Hunger so groß, daß er alle anderen Qualen verdrängte. Erschöpft und müde von den Anstrengungen, konnten wir kaum noch sehen, was wir taten. Auch unser Kopf war leer, nur ein Gedanke beschäftigte uns: Heiße Suppe und Schlaf. Längst waren die Suppen der Anfangstage dünner geworden. Manchmal schwammen darin einige Nudeln oder ein bis zwei Stücke Rüben. Es gelang uns selten, daß für den nächsten Tag erhaltene Brot nicht aufzuessen. Wenn wir nicht immer wieder etwas in den Trümmern gefunden hätten, wären längst nicht so viele von uns am Leben geblieben.

Das Signal zum Abmarsch war eine Erlösung. Aber noch hatten wir sechzehn Kilometer Fußmarsch vor uns. Für den Weg zurück nach Obernheide am Abend brauchten wir viel mehr Zeit als am Morgen. Wir schleppten uns mehr über die rutschigen, eisigen Straßen, als daß wir marschierten.

Wenn wir Glück hatten, mußten wir im Lager nur eine Viertelstunde strammstehen. Duci ärgerte sich: „Dieses Gesindel lernt nie, was Disziplin ist! Warum steht ihr nicht gerade?" Sie ignorierte unsere Erschöpfung. Hatte jemand unter seinem Kleid ein in den Trümmern gefundenes Holzstück versteckt, nahm sie es uns sofort weg. Wie müde wir auch immer waren, wichtig war das abendliche, gründliche Waschen. Ich weiß nicht, wie es bei den anderen war, aber im Eger-Zimmer gaben Ella Hauer und Annus Racz den Ton an, mit unserem Wohl dienenden, einfachen Ratschlägen. Wenn wir kein warmes Wasser hatten, wuschen wir uns mit kaltem. Waren die Wasserhähne eingefroren, benutzten wir aufgetauten Schnee.

Eines Abends, als wir von der Arbeit zurückkehrten, hörten wir schon von weiten ein schmerzliches Brüllen aus einer der Baracken. Es klang, als ob jemandem die Haut abgezogen würde. Nach dem Appell erfuhren wir, daß es sich um eine Entbindung handelte.

In dieser Nacht wurde im Lager Obernheide ein gesundes Kind geboren. Und zwei Wochen später kam sogar noch ein zweites Baby auf die Welt. Wie war das möglich? Bis zu der Geburt hatte niemand gewußt, daß unter uns zwei schwangere Frauen waren. Wie alle gingen auch sie zur Arbeit. Zu ihrem Glück merkte man ihnen ihren Zustand nicht an. Als es kalt wurde, sahen wir ohnehin alle formlos aus wegen der umgewickelten, zusammengeklaubten Fetzen. Die beiden Frauen hatten Angst, sich uns anvertrauen. Sie wußten, was sie erwartete, wenn die Wahrheit vorzeitig herauskommen würde.

Bereits kurz nach unserer Ankunft in Bremen waren bei einer Kameradin Anzeichen einer Schwangerschaft festgestellt worden. Sie wurde sofort nach Auschwitz zurücktransportiert. Als wir schon in Obernheide waren, wurde eine zweite Schwangerschaft bekannt. Die junge Frau wurde nach Bergen-Belsen geschickt.

Die beiden Säuglinge aber wurden in Obernheide geboren, und der Lagerführer meldete ihre Geburt nicht. Er richtete ein Extrazimmer für die stillenden Mütter und Säuglinge ein, und die Kleinen entwickelten sich. Die jungen Mütter mußten, als sie kräftiger waren, wieder zur Arbeit und die Kleinen mit der Flasche füttern. Lenke Hönig wurde zu ihrer „Betreuerin" ernannt.

Es wurde kühler, der Wind immer rauher. Für uns war das Wetter wichtig, weil wir im Freien arbeiteten. Unsere Wächter erhielten eine warme Winteruniform und den bis zu den Knöcheln reichenden Regenmantel. Wir hatten nicht einmal Strümpfe und mußten uns mit Kleiderresten zufrieden geben. Die Not zwang uns, uns auf andere Weise zu helfen. Die Arbeit im Freien hatte auch Vorteile. Geschickte und Unternehmungslustige verschwanden zeitweise in den Kellern der Häuser und suchten in den Trümmern nach brauchbaren Sachen. Sie waren die „Sorefinder". Ica war besonders erfinderisch und mutig auf diesem Gebiet. Ein sechster Sinn sagte ihr immer, wann man auf die Suche gehen konnte und wo es etwas zu holen gab. Sie schleppte mich mit, und oft waren wir sehr erfolgreich.

Wie im Krieg üblich, kauften die Leute alles, was irgend erhältlich war, man wußte ja nicht, was der nächste Tag brachte. Deshalb forschte Ica nach Speisekammern in den verlassenen, zerstörten Häusern. Einmal fanden wir Kartoffeln oder Marmelade, ein andermal Konserven oder einen noch größeren Schatz: Seife. Wenig später fiel uns ein Flanellkittel in die Hände, woraus wir uns Unterhosen und Kopftücher nähten. So waren wir wenigstens am Kopf besser gegen Kälte und Wind geschützt. Manchmal entdeckten wir Geld, Porzellanstatuen oder Silbergegenstände unter den Trümmern. Für uns war das unbrauchbar, wir konnten es weder essen noch anziehen. Später benutzten wir das Geld zur Bestechung der Deutschen. Wir gaben es dem Polier, der es mit Freude nahm und zum Dank ein Auge zudrückte, wenn wir von Zeit zu Zeit verschwanden.

Nur so war es möglich, uns am Leben zu halten und vor dem Erfrieren zu schützen. Viel war es nicht, aber es genügte, um uns die Kraft zum Durchhalten zu geben. Dabei arbeiteten wir nicht einmal umsonst.

Unsere „Arbeitgeber" zahlten dem Lager Lohn. Es war zwar nur ein Hungerlohn, aber selbst davon wurde nur ein Bruchteil für unsere Verpflegung verwandt.

Borika Preszler, ein Mädchen aus Eger, war um ein Jahr älter als Jutka und mit fünfzehn ins Lager gekommen. In Auschwitz blieb sie nach der ersten Selektion allein. Wir, die anderen aus Eger, wurden ihre Familie. In Obernheide war sie natürlich in unserem Zimmer. Sie war ein schüchternes Mädchen, aber eines Tages beschloß sie, das „Sorefinden" zu probieren. Unglücklicherweise erwischte man sie bereits beim ersten Versuch. Zur Strafe wurde ihr das Haar abrasiert. Sie fiel in eine Depression, weil sie die einzige Kahle unter uns war. Dabei hatte sie noch Glück, zumal es einen Erlaß gab, der für das „Sorefinden" die Todesstrafe vorsah.

Auch ich hatte eine „Sore"-Affäre mit einem beinahe verhängnisvollem Ausgang. Es war kurz danach, als Ica sich den Fußknöchel verstaucht hatte. Der Polier teilte sie in die am Trottoir arbeitende Gruppe ein, die die heruntergereichten Ziegel säuberten. Das zählte zur leichtesten Arbeit. Wenige Tage zuvor hatten Ica und ich einen großen Schatz gefunden: Einige Kilo Kartoffeln. Doch wir konnten sie nicht gleich fortschaffen, weil wir gerade von Leuten beaufsichtigt wurden, mit denen es nicht ratsam war, in Konflikt zu kommen. Inzwischen aber paßte Jancsi, einer der Ungarnschwaben, auf uns auf. Der Polier befand sich an einem anderen Arbeitsplatz, so daß die Lage geeignet schien. Seit Tagen waren wir schrecklich hungrig. Ica konnte wegen ihrer Verletzung nicht mitkommen. Ich beschloß, sie zu überraschen und allein die Kartoffeln zu holen.

Ich zwängte mich durch den halb eingestürzten Eingang. Wir hatten die Kartoffeln in einem Keller entdeckt. In der Mitte des Raumes stand eine Kiste. Sie war mir vorher gar nicht aufgefallen. Ich beugte mich über sie und steckte meine Hand hinein. Sehr enttäuscht war ich, weil ich so etwas wie eine Skulptur fühlte. In diesem Augenblick packte mich eine starke Hand am Kleid, hob meinen vorgebeugten Körper an und drehte mich um. Die Kleidung des Unbekannten bestand nur aus einer zivilen Hose und einem Hemd. Wenn er in dieser Kälte so leicht angezogen war, verrichtete er wahrscheinlich schwere körperliche Arbeit. Er kam aus dem Inneren des Raumes, hat er vielleicht dort gegraben? Vielleicht war er der Besitzer des zerstörten Hauses? Was suchte er hier?

„Dreckiger jüdischer Dieb!" brüllte er und ohrfeigte mich.

Das erste Mal in meinem Leben störte es mich nicht, daß man mich ohrfeigte. Ich verspürte keinen Schmerz. Er tobte, schrie und drohte, mich erschießen zu lassen. Ich überlegte und wurde ganz klar im Kopf: Ich stand näher zum Ausgang als er. Zwei Schritte waren es. Vor mir lehnten zwei Balken an der Wand. In den Trümmern kannte ich mich besser aus als er. Ich setzte alles auf eine Karte: Entweder-Oder!

Ich sprang zum Ausgang. Gleichzeitig stürzte ich die beiden Balken um, sie fielen hinter mir aufeinander. Mein magerer Körper zwängte sich geschickt durch die enge Öffnung, und schon flog ich davon. Hinter mir hörte ich meinen Verfolger.

Ich lief in die entgegengesetzte Richtung meiner Gruppe, er sollte nicht wissen, zu wem ich gehörte. Ich lief so schnell, wie man nur um sein Leben laufen kann. Ich kletterte immer höher hinauf, da war das Vorwärtskommen schwerer. Wir konnten uns selbst in den Holzschuhen besser zwischen den frostigen, rutschigen Balken, Eisenstücken und Ziegelsteinen bewegen als ein Zivilist in Lederschuhen. Wie eine Gemse sprang ich von Stein zu Stein. Tatsächlich wurde die Entfernung zwischen uns immer größer. Er konnte mich nicht mehr sehen, und ich hockte mich hinter eine Mauer.

Der Mann näherte sich meinem Versteck. Ich hörte schon das Keuchen meines Verfolgers, wie er schwer und japsend atmete. Ich blieb regungslos, als er auf der anderen Seite der Mauer stehenblieb; das Blut stieg mir in den Kopf. Er lief neben „meiner Wand" weiter. Seine Schritte entfernten sich. Ich traute mich weder aufzustehen noch mich zu bewegen. Vielleicht harrte er irgendwo aus und stellte mir eine Falle. Er wollte, daß ich mich in Sicherheit fühlte und mein Versteck verließ. Meine Nerven waren zum Zerreißen gespannt. Ich verlor das Gefühl für die Zeit, wurde ganz steif vor Kälte. Meine Beine taten mir weh, dann schliefen sie ein, am Ende fühlte ich sie gar nicht mehr. Ich wollte aufstehen, aber meine Beine gehorchten mir nicht mehr. Ich war wie gelähmt, wollte mich auf den Boden setzen, aber es gelang mir nicht. Ich geriet in Panik. Mein Verfolger war nicht mehr wichtig. Es drohte mir eine andere Gefahr: der Kältetod. Ich erschrak und merkte, wie müde ich war – todmüde. Mit aller Kraft stemmte ich mich gegen die Bewußtlosigkeit und die Herrschaft des Schlafes. Ich versuchte, mich aufzusetzen. Es war wahnsinnig schwer. Ich spürte einen so starken Schmerz, daß ich laut aufschrie und niederplumpste. Wie sollte ich aufstehen? Ich kratzte den Schnee neben mir zusammen und rieb damit meine Beine ab. Meine Hände wurden von der Kälte ganz klamm, aber ich machte weiter. Plötzlich spürte ich Nadelstiche in den Beinen. Wie besessen setzte ich das Reiben fort. Ich kämpfte, und es war mir egal, daß meine Finger steif wurden. Meine Beinen begannen weh zu tun, es war der Schmerz verkrampfter Muskeln. Ich mußte sie wieder zum Leben erwecken. Langsam zog ich sie unter mich und versuchte, sie zu belasten. Endlich, nach einigen Versuchen, gelang mir das Aufstehen. Ich taumelte wie ein Betrunkener, aber ich konnte gehen. Ich wußte nicht, wo ich war. Wie spät war es inzwischen?

Die Arbeit wurde gerade beendet, als ich wieder bei meiner Gruppe ankam. Außer Ica hatte es niemand bemerkt, daß ich mehr als fünf Stunden weg gewesen war. Sie schaute mich prüfend an und sagte leise: „Was ist geschehen?"

„Es gibt nicht viel zu erzählen, ich habe Sore gesucht, aber leider nichts gefunden."

„Und wer hat dein Gesicht verletzt?"

„Was ist mit meinem Gesicht?"

„Du bist geschlagen worden!"

„Nein, ich bin ausgerutscht."

„Wie kommen dann die blaugewordenen Fingerspuren auf deine Backen? Wundere dich nicht, wenn die anderen danach fragen. Hier, mein Kopftuch, binde es bitte um, und sage, daß du Zahnweh hast." Mehr sprachen wir darüber nicht. Ica war sehr taktvoll, und ich war froh, es nicht weiter erörtern zu müssen.

Ica ging manchmal auch mit anderen auf Soresuche. Einmal war sie mit Eva Klein aus Eger unterwegs. Aber sie kamen nicht rechtzeitig zum

Antreten zurück. Beim Abzählen stellte sich sofort heraus, daß zwei fehlten. Lulu, die Schwester Evas, und ich wurden fast verrückt. Ich stellte mir vor, daß Ica dasselbe empfunden haben mußte, als ich solange abwesend gewesen war. Von den drei Wächtern blieb einer bei uns, die beiden anderen machten sich auf die Suche nach den Verschwundenen. Nach einiger Zeit kehrten sie zurück, noch nervöser geworden. Sie hatten niemanden gefunden. Unter den Bewachern befand sich Jancsi, die beiden anderen aber waren gefährlich: ein SS-Soldat und die gnadenlose „Loz Roza".

„Es ist nicht zu fassen, daß jetzt gerade Roza hier ist", klagte Lulu. „Dieses wilde Tier wird sie noch erschießen oder totschlagen, und der SS-Mann wird ihr behilflich sein."

„Man wird sie nicht erschießen", erwiderte Annus, „nur der Lagerführer hat das Recht zur Bestrafung. Diese Kröten sind nur Wächter, keine Befehlshaber. Sie werden sie höchstens verprügeln, damit muß man rechnen."

Jetzt blieb der SS-Mann bei uns, Jancsi ging in die eine Richtung, Roza in die andere. Zitternd standen wir da und beteten, daß Ica und Eva wieder da waren, bevor Roza zurückgekehrt war. Roza kam allein zurück. Sie war außer sich.

„Wohin ist der 'Schwabe' gegangen?" fragte sie den SS-Mann, und marschierte in die angegebene Richtung. Bevor sie verschwand, drehte sich noch einmal um und rief uns zähnefletschend zu: „Ich werde sie erwürgen!"

Ein LKW traf ein. Man befahl uns aufzusteigen. Warum? Wir konnten nur raten: Aus Sicherheitsgründen oder wegen der Verspätung? Wir standen eng gedrängt auf dem Auto und warteten.

Plötzlich hörten wir ein Wimmern und Schreien. Jansci brüllte und trieb Ica und Eva vor sich her. Sie schützten ihren Kopf mit den Armen. Jancsi fuhr sie halb deutsch, halb ungarisch an: „Schweinejuden" und „verfluchte Juden", schimpfte er. Als wir aber seinen ungarischen Text hörten, waren wir erleichtert: „Heult lauter! Krümmt euch vor Schmerzen! Macht schon!" Er schubste sie sogar mit dem Gewehrlauf. Am Auto angekommen, flüsterte er: „Los, schnell hinauf! Der SS-Mann ist gleich zurück! Hockt euch auf den Boden und weint!" Kaum war der SS-Mann da, gab Jancsi den beiden Frauen einen Fußtritt. Selbst der SS-Mann meinte, es sei genug. In diesem Moment tauchte Roza auf. Sie rannte zum LKW, aber der SS-Mann stoppte sie und johlte: „Der Schwabe hat die Schweine schon tüchtig verprügelt. Sie leben kaum noch. Fortsetzung folgt im Lager. Los, es ist schon spät."

Nach dem Appell wurden Ica und Eva ausgerufen. Sie traten vor. Uns schickte man in die Baracken. Wir warteten. Wir wußten nicht worauf, aber wir warteten. Die Tür öffnete sich, die Blockälteste trat ein, in der Hand Icas und Evas Kleider und Schuhe. Sie legte sie wortlos auf den Tisch. „Hat man sie hingerichtet?" fragte jemand.

„Nein", antwortete die Blockälteste, „aber sie tun mir leid. Drei Tage Arrest im Bunker, ohne Kleider. Sie kriegen nichts zu essen, nur zweimal täglich Wasser. Der Raum ist leer und kalt. Sie sitzen oder liegen auf dem Boden. Sie tun mir leid, sehr leid!"

„Sie werden erfrieren. Können wir nichts für sie tun?"

„Leider nicht!"

„Sie werden verhungern! Sie erfrieren!" jammerte Lulu.

Annus und Ella trösteten uns: „Es wird uns schon noch etwas einfallen. Wir bestechen die Wächter, daß sie ihnen noch heute Abend Decken hineinschmuggeln. Dann jemanden in der Küche, damit sie etwas zu essen bekommen. Endlich die Abort-Verantwortliche, daß Lulu und ich sie wenigstens einmal am Tag treffen können. Wir geben ihnen dann etwas zu essen."

Ica und Eva durften auch nach Verbüßen ihrer Strafe nicht in die Baracke zurück, sie wurden, nur in einem Hemd, zum Kohle schaufeln geschickt. Erst nach mehreren Stunden erlaubte man ihnen, zu baden und sich anzukleiden. Trotz der schweren Strafe ließen sie das „Sorefinden" nicht, wenn sich ihnen eine Gelegenheit dazu bot. Uns ging es nicht anders. Lieber riskierten wir etwas, als daß wir verhungerten.

Das neue Jahr begann, aber der Krieg und das Elend dauerten fort. Von Tag zu Tag wurde es kälter, unsere Hände konnten kaum noch das Werkzeug halten. Was würde das neue Jahr bringen? Die Befreiung oder das Ende? Wir waren voller Zweifel und Ungewißheit.

Wir arbeiteten an einem anderen Ort und kannten die Umgebung noch nicht. In der Mittagspause ging ich mit zwei anderen los; wir wollten uns ein wenig umschauen. Unweit unseres Arbeitsplatzes stießen wir auf einen Friedhof, sahen aber keine Kreuze. Ein unbestimmtes Gefühl sagte uns, daß wir etwas Interessantes gefunden hatten. War es ein jüdischer Friedhof? Als wir näher kamen, ließen die hebräischen Buchstaben unser Herz höher schlagen. Wir liefen von Grab zu Grab, suchten nach dem Datum des Begräbnisses. Verwundert stellten wir fest, daß einige Grabsteine die Jahre 1942 und 1943 verzeichneten. Es war unglaublich! Vor anderthalb Jahren hatte es in Bremen noch jüdische Begräbnisse gegeben? Wir liefen zu unseren Kameradinnen zurück und teilten ihnen die Überraschung mit. Sie glaubten uns nicht. Mehrere von ihnen begleiteten uns. Wir redeten noch aufgeregt durcheinander, als Schulkinder uns in den Weg traten und empört fragten: „Sehen Sie nicht, daß hier ein Friedhof ist? Auf einem Friedhof soll man nicht so laut sein!" Unsere Blicke trafen sich. „Was ist das für ein Friedhof?" wollten wir wissen und taten so, als ob wir keine Ahnung hätten.

„Ein jüdischer Friedhof! Unser Heimweg ist in dieser Richtung viel kürzer, deshalb erlauben uns unsere Eltern über den Friedhof zu gehen, aber nur, wenn wir keinen Krach machen und den Frieden der Toten nicht stören. Wir wundern uns, daß Sie als Erwachsene sich nicht ehrerbietiger verhalten."

Wir standen mit offenem Munde da. Das lehrten Bremer Deutsche ihren Kindern? „Danke für die Auskunft!" sagte eine von uns. „Ihr seid brave Kinder." Vorsichtig gingen wir weiter und stießen auf ein kleines Gebäude. Es war ganz unversehrt, weder von Bomben noch vom Luftdruck beschädigt. War es ein Bethaus oder eine Leichenhalle? Ich sah einen Schrank, der voller Gebetbücher war!

Keine von denen, die an diesem Erlebnis teilhaben durften, haben es jemals vergessen, wie auch ich es nie vergessen werde. Wir nahmen einige Gebetbücher heraus, öffneten und küßten sie, drückten sie ans Herz und weinten vor Freude. Jede wollte ein Buch zum Andenken mitnehmen, aber dann fiel uns ein, daß wir es wahrscheinlich nicht behalten könnten. Außerdem war es nicht richtig, den Schrank zu plündern. Wenn ihm bis jetzt nichts geschehen war, warum sollte ihm denn in Zukunft etwas zustoßen. Wir legten alles so zurück, wie wir es vorgefunden hatten und schlossen den Schrank wieder, als ob wir uns von der Bundeslade verabschiedet hätten.

Die Kälte wurde von Tag zu Tag stärker. In unserer unvollkommenen Kleidung wurde das Leben fast unaushaltbar. In dieser Zeit gelangte ich körperlich, aber eher noch nervlich – in eine Sackgasse. Ich verbrauchte meine letzte Kraft. Mit Ica sprach ich nicht darüber, schämte mich und sehnte ich mich danach, mich auf den Boden zu legen und zu schreien.

Ich empfand, daß mich das Brüllen erleichtern würde. Ich wußte, daß es Hysterie war, und kämpfte mit meiner ganzen Kraft dagegen, die körperliche Erschöpfung aber wuchs, und mit ihr bemächtigte sich meiner die Panik. Meine Hände, meine Füße und mein Rücken waren aus Blei, ich empfand die Ziegelsteine tonnenschwer, und sie fielen mir immer wieder aus der Hand. Ich konnte mich nicht umdrehen, nicht gehen, ich war stehend eingeschlafen, und da erschien mir der Teufel. „Brüll!" redete er mir zu. Es klang sehr freundlich, und ich fühlte einen unwiderstehlichen Drang, ihm zu folgen. „Brüll, daß du es nicht schaffst, nicht willst. Mal sehen, ob du den Mut dazu hast?"

„Andere schaffen es auch nicht", wehrte ich ab. „Ich versuche, mich auf die Ziegelsteine zu konzentrieren: Ziegel, Ziegel, Ziegel, die ganze Welt besteht aus Ziegeln."

Ich kämpfte noch eine Woche, dann ging ich ins Revier. Ich war überrascht, mich dort zu finden. Warum war ich hier? Was sollte ich sagen? Mir fehlte nichts anderes, als allen anderen bei der Arbeit draußen, und sie kamen doch auch nicht her. Ich wollte gerade flüchten, als man mich auf einen Stuhl drückte und meine Temperatur maß: 36,5 Grad.

„Tut dir etwas weh?" fragte Aliz.

„Nichts, eigentlich nichts", stotterte ich. Ich traute mich nicht zu sagen: „Nur das Leben". Sie hätte mich nicht nur sofort hinausgeworfen, sondern auch noch ausgelacht.

Aliz schaute mir in die Augen. Sie beobachtete mich eine Zeit lang – dann legte sie mich in das eine Bett. Ich schlief zwei Tage lang. Am dritten Tag war Sonntag, arbeitsfrei, also hatte ich noch einen Tag gewonnen. Am Montag ging ich wieder zur Arbeit. Ich fühlte mich gestärkt, konnte das Joch weiter ertragen und meldete mich auch nicht mehr im Revier.

Aliz war damals noch keine fertige Ärztin, aber der Fall bewies, daß Gott sie für diese Berufung erschaffen hatte. Denn der gute Arzt wird nicht nur aufgrund der Beschwerden, sondern auch aufgrund des Gesamteindrucks des Patienten die richtige Diagnose stellen. Im Lager konnten das Ausspannen, die Ruhe von zwei, drei Tagen und das Gefühl verstanden zu werden, lebensrettend sein. Mich zum Beispiel hat sie aus einer Krise befreit, die sonst hätte tragisch enden können.

Mitte Januar 1945 wurde darüber geredet, daß wir vielleicht Mäntel bekommen würden. Wir glaubten es, und glaubten es auch wieder nicht. An einem Samstag, als wir von der Arbeit zurückkehrten, empfingen uns die Kameradinnen ganz euphorisch: „Die Mäntel sind angekommen! Sie werden schon morgen verteilt!"

Aufgeregt warteten wir auf das große Ereignis. Die Mäntel stammten aus der Kleidermenge, die man den Deportierten in Auschwitz geraubt hatte. Die Verteilung erfolgte wahllos. Ich erhielt einen warmen Wintermantel. Er war weder schön noch modern, es war ein einfacher Konfektionsmantel, aber gefüttert und weich. Er entsprach dem Zweck eines Häftlings am besten. Ich war sehr zufrieden. Alle waren an diesem Sonntag gut gelaunt.

Abends saß ich auf meinem Bett und nähte irgend etwas, als die Kapo-Frau X hereinkam. Sie brachte uns eine Nachricht für den nächsten Tag. Ich schaute vom Nähen auf und traute meinen Augen nicht: Mutter stand vor mir! Besser gesagt ihr Mantel. Die Kapo-Frau trug ihn. Ich sprang vom Bett herunter und warf mich auf sie. Ich umarmte und küßte – den Mantel. Sie versuchte mich abzuschütteln. Auch meine Zimmerkameradinnen dachten, ich sei verrückt geworden. Endlich beruhigte ich mich, so daß ich mein sonderbares Benehmen erklären konnte, aber ich weinte und meine Stimme zitterte; es war eher ein Stottern als ein Sprechen.

„Das ist der Mantel meiner Mutter! Ist es nicht ein Wunder, daß man gerade ihn nach Bremen geschickt hat?" Währenddessen streichelte ich den Stoff des Mantels und ging hinter X her, die erschrocken und verärgert zurückwich. „Sei nicht hysterisch!" sagte sie hart. „Erstens ist es sehr unwahrscheinlich, daß es der Mantel deiner Mutter ist. Tweedmäntel mit Fischgrätenmuster sind sehr verbreitet. Einer ist wie der andere. Du hast den Verstand verloren, wenn du einen solch schmutzigen Mantelstoff liebkost, als ob es ein Mensch wäre? Warum regst du dich so auf?"

„Hast du keine Mutter?" fragte ich sie. „Dich hat man in Auschwitz offenbar nicht von deiner Mutter getrennt? Wenn du etwas von ihr finden würdest, das ihr persönlich gehört hat, würdest du mit den Achseln zucken und weitergehen?"

X wurde ernst. Ich hielt ihr meinen Mantel entgegen. „Komm, laß uns tauschen, bitte!"

„Was sollen wir tauschen?"

„Die Mäntel! Schau, was für einen warmen, gefütterten Mantel ich habe. Der von meiner Mutter ist doch nur ein Übergangs-, ein Frühjahrsmantel. Du hast einen warmen Mantel viel nötiger als wir. Du bist keiner schweren körperlichen Arbeit ausgesetzt. Du gehst nur umher und paßt auf. Dir wird bei der Arbeit nicht warm. Für mich aber ist es wichtig, daß ich den Mantel fühle, den schon meine Mutter getragen hat. Ich könnte ihn ihr mit nach Hause nehmen. Wie sie überrascht sein wird!"

„Schlag dir aus dem Kopf, daß es ihr Mantel ist", sagte X ärgerlich. „Möglich, daß er ähnlich ist, aber nur ähnlich! Hör schon auf! Getauscht wird nicht!" fügte sie ungeduldig hinzu.

„Ist jemand hier, der sich an den Mantel meiner Mutter erinnert?" wandte ich mich an meine Kameradinnen. Tante Ella stand mir bei und ging auf X zu. Sie drehte und öffnete den Mantel, dann erklärte sie mit leiser, aber klarer Stimme: „Das ist der Mantel von Marget. Ob ihr tauscht oder nicht, ist eure Angelegenheit, eines aber weiß ich genau: das ist ihr Mantel. Ich war dabei, als sie in Eger zum Schneider Hortobagyi zur Anprobe gegangen ist. Warte mal, es war voriges Jahr im Herbst." Tante Ella hatte etwas Bestimmendes an sich. Mit ihr stritt niemand, nicht einmal die X. „Ich werde darüber nachdenken, morgen sage ich dir Bescheid", erklärte sie und ging aus dem Zimmer.

Der nächste Tag war trocken und kalt. Ich hielt Ausschau nach Mutters Mantel und stellte mir vor, daß sie ihn anhatte. Heimlich beobachtete mich auch die Kapo-Frau. Es verging ein Tag, sogar eine Woche, sie äußerte sich nicht. Ich entschloß mich, nicht länger zu warten, und fragte sie, wie sie sich entschieden hatte.

„Ich denke, es ist besser, der Mantel bleibt bei mir bis zur Befreiung", sagte sie. „Bei dir würde er nur schmutzig und bald kaputtgehen. Der Mantel, den du jetzt trägst, ist doch gut für die Arbeit, nicht wahr? Er ist auch warm? Na, siehst du! Ich werde schon auf den Mantel deiner Mutter aufpassen."

Ich war enttäuscht, sagte aber nichts. In den nächsten Monaten achtete ich immer weniger auf den Mantel. Denn sein Anblick tat mir noch immer weh.

Die Kälte nahm weiter zu. Dennoch verbrachten wir 15 bis 16 Stunden im Freien. Die Arbeit fiel uns von Tag zu Tag schwerer, gleichzeitig verminderte sich die „Sore-Möglichkeit". Wir litten höllisch unter der Kälte und dem Hunger. Wir fürchteten, den Winter nicht zu überstehen. Längst gehörten die Bombenangriffe zum Alltag. Bremen sah immer mehr wie ein großer Trümmerhaufen aus. „Der Krieg kann nicht mehr lange dauern", trösteten wir einander. Aber wir kannten die wirkliche Lage nicht, waren von der Realität abgeschnitten. Nur eines war uns klar: die Qualen würden erst einmal nicht abnehmen. Aber es gab auch ermutigende Zeichen, z.B. das nervöse Benehmen der Bevölkerung, das uns viel über die wirkliche Kriegslage verriet.

Nach einem Bombenangriff brachte eine Familie aus ihrer halb eingestürzten Wohnung fleißig in Sicherheit, was noch zu retten war. Als ein eingerahmtes Hitlerbild der einen Frau in die Hand geriet, schaute sie es einige Sekunden lang an, dann warf sie es auf den Boden und zertrat es. Sie zerstampfte das Glas in tausend Stücke. Auch der schöne Rahmen zerbrach. Den Rest stieß sie zum übrigen Müll. Dabei hatte das Bild vor kurzem noch einen Ehrenplatz gehabt. Was war mit der Frau passiert? War sie vom Führer enttäuscht oder von sich selbst, daß sie ihm vertraut hatte? Mußte ihr kleines Heim erst einstürzen, damit ihr Verstand Klarheit in ihr schaffte?

Nicht bei jedem Fliegeralarm fielen Bomben, aber die Leute verbrachten oft Stunden im Luftschutzkeller, bis zur Entwarnung. Deshalb nahmen sich viele belegte Brote mit. Man wollte etwas zu essen haben, falls man länger im Bunker bleiben mußte. In letzter Zeit war es immer öfter vorgekommen, daß jemand bei unserem Arbeitsplatz stehenblieb, mal ein Alter, mal ein Junger, ein Zeichen gab, belegte Brote niederlegte und davon eilte. Es war uns schwer nachvollziehbar, daß jemand, der gerade selbst in Not war, plötzlich die Hilfsbereitschaft für jene entdeckte, deren Not noch größer war. Oder fühlte man, daß die Schlinge um den eigenen Hals enger geworden war? Wollte man Punkte sammeln für die Zeit nach dem Krieg? Wir freuten uns, wenn es auch nur Almosen waren. Wir waren längst so weit, daß wir überall nach Eßbarem suchten, waren glücklich, wenn wir weggeworfene Kartoffelschalen oder irgend etwas anderes fanden.

Ende Januar, Anfang Februar trafen aus Neuengamme Leute ein, die das Lager kontrollierten. Sie fanden die beiden Säuglinge – der eine war vier, der andere fünf Wochen alt –, was deren Ende bedeutete. Man ordnete den Transport der Kleinen nach Bergen-Belsen an: „Säuglinge gehören nicht in ein Arbeitslager!" Lagerführer Hille wollte sie nicht mit den Müttern schicken, weil man sonst auch sie dortbehalten hätte. Kati D. und Magda T. waren bereit, als Pflegerinnen mit den Kindern zu fahren. Später berichtete Magda T. von ihrer Reise:

„Es war schrecklich kalt. Wir packten die beiden Kleinen warm ein, für den Weg erhielten wir für sie Saugflaschen mit Milch. Im Lastauto fuhren wir zum Bremer Bahnhof. Fast einen Tag lang waren wir mit der Bahn unterwegs, weil wir in Soltau erst nach mehreren Stunden Anschluß nach Bergen-Belsen bekamen. Unsere Begleiterin Hedwig, eine gutaussehende sudetendeutsche Soldatin, eine unserer Wächterinnen, erzählte uns, daß in Bergen-Belsen eine schreckliche Situation herrsche. Beim Warten in Soltau ertönten die Sirenen. Alle rannten in den Luftschutzkeller. Wir Häftlinge aber sollten draußen bleiben. Hedwig war außer sich. Sie durfte uns nicht allein lassen, hatte aber Angst und wollte in den Schutzraum. Man konnte ihrem charmanten Lächeln nicht widerstehen, so daß man uns am Ende alle hineinließ.

Gegen Abend sind wir in Bergen-Belsen eingetroffen. Im Tor übergab uns Hedwig der örtlichen Aufseherin, sie selbst spazierte in ihr Quartier, um sich von den 'Strapazen der Reise' auszuruhen.

Die Aufseherin begleitete uns bis zum 'Kinderblock'. Kinder sahen und hörten wir nicht. Schon am Eingang nahm man uns die beiden Kleinen ab.

Kati beschloß, ihre Kusine zu suchen, von der sie wußte, daß sie in Bergen-Belsen war. Die Gefangenen waren in unterschiedlicher körperlicher Verfassung. Der Ausdruck ihrer Gesichter aber ähnelte sich. Das kam uns bekannt vor, nicht aus Bremen, sondern aus Auschwitz-Birkenau, wo jeder dieses typische Häftlingsgesicht hatte: ausdruckslos, kaum Empfindungen widerspiegelnd, apathisch – Folge unvorstellbarer Not und psychischen Elends.

Nach langer Fragerei fanden wir Katis Kusine. Das Weinen und die Freude waren groß. Wir gaben ihr alle unsere für den Weg erhaltenen Lebensmittel. Von ihr hörten wir schreckliche Dinge über das berüchtigte Lager.

'Die Menschen sterben wie die Fliegen – an Infektionen, Krankheit und Unterernährung', erzählte sie.

'Was geschieht mit den Säuglingen, die wir hergebracht haben?' fragten wir.

'Sie kommen um', war die kurze Antwort. 'Sie werden nicht getötet', erläuterte Katis Kusine, 'sie werden einfach nicht gepflegt, erhalten kaum etwas zu essen, lediglich einen dünnen Brei ohne Vitamine und Nährstoffe.'

Wir erschauerten: 'Wie kann man so unschuldige Kleine zu einem langsamen Martertod verurteilten? Wie ist das möglich?! Großer Gott, warum? Warum?!'

Wir konnten es kaum erwarten, das Lager wieder zu verlassen. Es war ein trauriger, schrecklicher Ort. Die Nacht aber mußten wir noch hier verbringen. Wir hatten keine Ahnung, wo Hedwig war. Am Morgen erkundigten wir uns bei einer deutschen Aufseherin, die uns jedoch aufforderte wieder in den Block zurückzugehen. Wir würden in Bergen-Belsen bleiben! Wir waren also in eine Falle gegangen!

Wir entfernten uns aber nicht allzusehr vom Tor und hofften auf Hedwig. Endlich erblickten wir sie, in der Gesellschaft von zwei SS-Männern. Plaudernd und gutgelaunt bewegten sie sich auf das Tor zu. Wir meldeten uns bei ihr und begleiteten sie zum Tor.

'Die beiden Häftlingsfrauen dürfen Bergen-Belsen nicht verlassen', empfing die Aufseherin Hedwig.

'Es tut mir leid, sie sind die Pflegerinnen in unserem Lager, ich kann ohne sie nicht zurückkehren', sagte Hedwig.

'Auch mir tut es leid, wir haben eine Typhusepidemie, niemand darf das Lager verlassen', war die Antwort.

Hedwig wurde zornig, schrie, die beiden SS-Männer unterstützten sie. Wir zitterten vor Angst.

Gott sei Dank setzte sich Hedwig durch", beendete Magda ihren Bericht über die Fahrt nach Bergen-Belsen.

7. Februar 1945. Hundert unserer Kameradinnen mußten heute nach Uphusen umziehen, zwanzig Kilometer von Bremen entfernt. In den Betonsteinwerken Rodieck brauchte man Leute. Von Anfang an waren Frauen von uns bei Rodieck tätig. Fünfzehn Kilometer entfernt, in Bremen-Hemelingen, arbeiteten fünfzig Frauen bei den Betonsteinwerken Lüning & Sohn, in der schon erwähnten Fabrik Rodieck durchschnittlich achtzig Personen. Anfangs transportierte man sie mit Lastautos, später, als der Treibstoffmangel größer geworden war, zwang man sie, den weiten Weg zu Fuß zurückzulegen. Viele waren bereits bei der Ankunft so erschöpft, daß ihre Arbeitsleistung offenbar mehr als zu wünschen übrig ließ. Um Abhilfe zu schaffen, richtete man in Uphusen ein kleines Lager ein. Rodieck verlangte zweihundert Arbeiter, erhielt aber nur hundert. Als Lagerälteste ging Eva Landsmann mit ihnen. Das Lager Uphusen wurde von insgesamt fünf SS-Mannschaften bewacht. Die Arbeit war schwer, aber die Verpflegung besser als in Obernheide.

Am 8. März starb Eva Cederbaum im Revier, sie war einundzwanzig Jahre alt und so schwach geworden, daß sie nicht mehr arbeiten konnte und ins Krankenrevier mußte. Am 9. März starben die vierzigjährige Fagja Lesman und einen Tag darauf Bluma Leszczynska; sie war gerade einundzwanzig geworden.

20. März 1945. Es war Nacht. Ich lag auf meinem Strohsack und weinte. Morgen würde ich Geburtstag haben. Ich starrte in die Dunkelheit und dachte an zu Hause, an meinen Geburtstag vor einem Jahr. Gyuri hatte versprochen, daß es nur einige Tage dauern und alles wie ein schlechter Traum vorübergehen würde. Ich wußte nicht, wo er war, und welches Schicksal ihm auferlegt worden war. Wie hatte er mich behüten und verwöhnen wollen? Man hatte aus mir ein mit Stoffetzen umwickeltes, barfüßiges und kahlgeschorenes Phantomwesen gemacht und mich zu einem Leben gezwungen, das uns zu Tieren machte. Was würde er sagen, wenn er mich so sehen könnte? Er weiß doch, daß unter dem widerlichen Äußeren dasselbe Herz klopft, mit den gleichen Gefühlen und Sehnsüchten wie im Augenblick des Abschieds vor einem Jahr. Ich bin so jung. Unter anderen Bedingungen wird mein Äußeres wieder seine alte Gestalt erhalten. Das will ich sehr, das ist meine Pflicht gegenüber ihm und der Familie. Bis dahin ist es besser, wenn er von nichts weiß. Er hat es ja auch nicht leichter, egal wo er ist. Die Verbitterung und Sorge um uns sollte seine Kraft nicht noch weiter verringern, er hat sie selbst bitter nötig im schweren Kampf um das Überleben. Ich bete dafür, daß er von unserem Schicksal erst erfährt, wenn er schon zu Hause ist. Dann sind wir zusammen und schöpfen gemeinsam Kraft für eine Zukunft, die aber nicht mehr ein schmutziger Kampf gegen die Vernichtung und das Morden sein wird, sondern sich am Leben und der Freude am Leben orientieren wird.

Es war Vollmond und der Himmel klar. Ich sah den Großen Bären, und ich sah Gyuri. Wo immer er war, er konnte denselben Mond und den Großen Bären sehen. Sie hielten unsere beiden Blicke fest und verbanden sie. Ich fühlte, wie unsere Seelen sich trafen, hörte seine Stimme, wie er mir alles Gute zum Geburtstag wünschte.

Ich schlief mit der Erinnerung an Gyuri ein. So feierte ich, zusammengekauert auf einem alten Strohsack – allein in einer Stadt, die Bremen heißt. Es war mein 21. Geburtstag.

In den letzten Märztagen herrschte eine angespannte Atmosphäre. Der „Alte" war nervös. Die Wächter und Aufseher liefen mit düsteren Mienen umher.

Die Engländer waren Bremen schon ganz nahe. Die Bewohner flüchteten. Wer blieb, wirkte niedergeschlagen und unruhig. Nur wir freuten uns, aber unsere Freude war von Ungewißheit überschattet. Was hatten die Deutschen mit uns vor? Warteten sie die Ankunft der Engländer mit uns zusammen ab? Oder flüchteten sie und ließen uns zurück? Oder würden sie uns und das Lager in die Luft sprengen oder auf andere Weise vernichten?

30. März 1945. Früher als sonst brachte man uns von der Arbeit zurück, es war noch nicht dunkel. Man empfing uns in großer Erregung: „Wir verlassen Obernheide! Die Engländer kommen, es ist nur noch eine Frage von Tagen."

Einige meinten, wir würden nach Uphusen verschleppt. Als man die Vorräte des Lebensmittelmagazins verteilte, waren wir sicher, daß uns keine kurze Reise bevorstand. Wir erhielten Brot, Marmelade, Margarine und Konserven, mindestens für drei Tage reichende Versorgung.

Es erschien mir paradox, daß wir vor unseren Befreiern flohen. Es war uns wie jemandem zumute, der sich endlich vor eine große gefüllte Schüssel setzten konnte und dem das Wasser im Munde zusammen lief, dem dann aber die Schüssel weggezogen wurde. Wir verbrachten den Abend sehr still. Wohin werden wir gebracht?! Es war eine schreckliche Vorstellung, die Engländer würden in ein, zwei Tagen hier sein, und wir mußten morgen in die entgegengesetzte Richtung gehen!

Ich kletterte auf meine Pritsche, und nach kurzer Zeit war ich eingeschlafen. Es war eine unruhige Nacht, ich träumte viel, aber einen Traum sollte ich nie wieder vergessen. Die Decke unserer Baracke war aus Asbestplatten zusammengefügt. Man konnte die Platten anheben. Wir versteckten hinter ihnen „Sore", in den Betten konnte man wegen der Kontrollen nichts lassen. Von unserem Bett aus konnten wir sogar in die Decke hineinkriechen. Ich setzte mich auf und weckte Ica.

„Ich habe eine gewagte Idee", flüsterte ich ihr zu.

„Was meinst du?"

„Was würdest du sagen, wenn wir uns im Plafond verkriechen würden? Unser Vorrat, gut eingeteilt, reicht für mehrere Tage, wir könnten hier auf die Engländer warten."

Ich dachte, Ica würde erfreut sein, aber ich wurde schnell eines besseren belehrt.

„Das ist nicht gut", meinte sie und drehte sich auf die andere Seite.

Ich schüttelte sie erneut. „Was ist los mit dir? Du bist doch immer so praktisch und mutig, und nun verläßt dich dein Mut?"

Ica schwieg. „Hältst du meinen Plan nicht für einleuchtend?" fragte ich. „Was ist falsch daran?"

Jetzt setzte sich auch Ica auf: „Nichts, aber ich handle nach meinem Gefühl. Glaubst du, anderen ist das nicht eingefallen? Die Decke ist in jedem Zimmer gleich, aber niemand wird morgen früh fehlen."

Ich verstand sie nicht. Wie immer ich es auch drehte, ich konnte in meinem Plan keinen Fehler entdecken, und der Gedanke, daß ich in einigen Tagen frei sein könnte, brachte mein Blut in Wallung. Ich wußte, daß ich Ica nicht überzeugen konnte, wenn sie sich für etwas entschieden hatte. Es war mir nicht schwer vorstellbar, wie wir uns trennten. Ich wälzte mich noch lange hin und her, bis ich mich ihr endlich, meine Tränen hinunterschluckend, zuwandte: "Dann verabschieden wir uns, meine Liebe."

Die Luft unter dem Dach war dick. Ich lag auf dem Bauch. Zum Herumdrehen war wenig Platz, sechzig bis siebzig Zentimeter, über mir war schon das Dach. Ich hörte, wie die anderen aus den Betten stiegen, miteinander plauderten und sich zum Abmarsch vorbereiteten. Sie verließen das Zimmer. Die Stimmen verklangen, die Baracke war leer.

Ich zitterte am ganzen Körper. Es war kalt unter dem dünnen Dach. Die Sekunden kamen mir wie Stunden vor. Ich fragte mich, wie ich das alles allein durchstehen sollte. Ich hatte spontan und planlos gehandelt. Ich war waghalsig, aber nicht mutig. Ich konnte Icas Blick nicht vergessen, wie sie mir geholfen hatte hinaufzukommen. Panische Angst ergriff mich. Vielleicht war es noch nicht zu spät, ich konnte hinunterspringen, zum Appell laufen und so tun, als ob ich vom Abort käme. Die Eingangstür des Flurs wurde aufgerissen, man hörte das Schlagen von Türen.

„Sie ist nicht hier ... ist nicht hier ... ist nicht hier."

Es schien, als wüßten sie nicht genau, wer fehlte. Das war ein gutes Zeichen. Der Lärm entfernte sich, sie setzten die Suche in den anderen

Baracken fort. Mich beunruhigte die Frage, wie lange sie noch nach mir suchen würden, und daß ich nicht wußte, was draußen vorging. Waren sie schon weg? Wieviel Zeit ist überhaupt verstrichen? Ich konnte nichts anderes mehr tun als warten.

Ich lag auf dem Bauch, und obwohl ich nicht einschlafen wollte, schlummerte ich doch ein.

„Hinaus!" Eine Tür knallte. Ich hörte wieder die Stimme von vorhin, jetzt schon viel näher. „Hinaus!!"

„Das ist also das Ende", dachte ich. Sie werden dich sofort erschießen, und dann ist alles vorbei. Ich bedauerte, daß ich nichts mehr gegessen hatte. Ich hätte meinen Vorrat lieber Ica geben sollen. Jetzt sah ich wieder ihre Augen, aber ihr Blick war nicht mehr traurig. Sie schaute mich lächelnd an, in ihrem Gesicht die beiden Grübchen, wie immer, wenn sie lächelte.

„Wach auf, du Schlafmütze!" schüttelte sie mich.

Ich erwachte aus meinem Traum, auf meinem Bett liegend mit geballten Fäusten. „Hinaus!" brüllte ein Soldat vom Flur aus.

„Schnell, nur du liegst noch im Bett. Ich hoffe, du bist gut ausgeschlafen, wer weiß, was uns heute erwartet", sagte Ica.

Ich seufzte und lief Ica nach. Im Hof blieb ich einen Augenblick stehen und holte tief Luft. Es wurde schon hell. Ich betastete mein Vorratspaket und dachte, daß es gut ist zu leben! Solange wir leben, gibt es eine Hoffnung. Irgendwann werden uns die Engländer einholen, egal, wohin man uns jetzt bringt.

Wohin ich auch immer blickte, ich sah enttäuschte Gesichter, vor Angst zusammengepreßte Münder, verweinte Augen. Offenbar war ich heute morgen die einzige, die Freude an ihrem elenden Leben hatte. Niemand konnte ahnen, daß ich mich im Traum schon auf die andere Seite begeben hatte. Ich war froh, wieder unter meinen Kameradinnen zu sein. Appell war keiner, wir stiegen sofort auf die Lastwagen.

31. März 1945. Am Samstag morgen verließen wir endgültig Obernheide. Wir fuhren über eine der schönen Alleen, aber ich hoffte, sie nie wiederzusehen! Vor der Weser-Brücke blieben die Wagen stehen. Die gesamte Umgebung war zerbombt, mit Autos gab es kein Weiterkom-

men. Wir mußten zu Fuß weiterlaufen. In Uphusen schlossen sich uns die hundert Kameradinnen an.

Anfangs marschierten wir auf der Landstraße. Sie war voll von flüchtenden Deutschen. Vollbepackte Pferdewagen, von Menschen gezogene Wägelchen, Karren, Kinderwagen und viele Fahrräder. Autos und Motorräder sah man nur selten, außer militärischen Fahrzeuge, die mehr vorbeirasten, als daß sie fuhren. Später setzten wir unseren Weg im Wald fort, die erste Nacht verbrachten wir unter Bäumen.

Am Morgen waren wir schon früh auf den Beinen, obwohl noch kein Abmarsch befohlen war. Die Sonne machte sich auf ihren Rundgang, färbte den grauen Morgen gelb-rot und erwärmte unsere steif gewordenen Glieder. Wir waren froh, noch rasten zu können. Plötzlich hieß es, daß wir nicht weitergehen und auf die Engländer warten würden. Die Angst und Verbitterung wich der Hoffnung. Oh, Gott! Wie einfach und wunderbar es wäre!

„Der 'Alte' verhandelt mit seinen Kameraden", erklärte Eva. "Er empfiehlt, hierzubleiben und sich zu verschanzen. Es scheint, daß sie seine Meinung teilten."

Wir beobachteten das etwas entfernter stehende Zelt des Alten. Hille erklärte einigen Soldaten etwas. Wir kannten sie, es waren die freundlicheren. Auf der anderen Seite steckten junge SS-Leute ihre Köpfe zusammen. Sie waren in der Minderheit, aber sie hatten die Macht.

Wir hielten den Atem an und warteten auf den Zusammenstoß der beiden Gruppen. Die SS-Leute gingen auf das Zelt zu. Erst verhandelten sie leise, aber ihre Gesten und die immer lauter werdenden Worten signalisierten, daß die Meinungen sich immer weiter voneinander entfernten. Hille brüllte, aber die beiden, im Range unter ihm stehenden SS-Leute brüllten zurück, dann ließen sie Hille einfach stehen. Das war ein schlechtes Zeichen. Eva erzählte uns später, daß die jungen SS-Leute dem Alten drohten, das Kommando zu übernehmen. Sie nannten ihn einen Deserteur und Verräter, er bezeichnete sie als blind und verrückt. Schließlich mußten wir antreten und weiter marschieren.

Zwischendurch fuhren wir wieder mit Lastautos, dann auf offenen Güterwaggons. Aber der Zug wurde von Flugzeugen angegriffen, also ging es wieder zu Fuß weiter. Am Samstag hatten wir Oberheide verlassen, inzwischen war es Donnerstag oder Freitag. Zu essen hatten wir schon lange nichts mehr. Unsere Schuhe waren von den schlechten Waldwegen aufgeweicht und zerrissen. Wer ohne Schuhe losgegangen war, mußte zusehen, ob er etwas fand, das sich um die Füße binden ließ. Stoffetzen, Papier oder Blätter?

Wir hatten nicht einmal mehr die Kraft zum Sprechen. Jede hatte mit sich selbst genug zu tun. Wenn wir eine Pause machten, achteten wir nicht darauf, wohin wir uns legten, sondern schliefen sofort ein, auch wenn es nur für wenige Minuten war. Auch das hatten wir dem „Alten" zu verdanken. Die SS-Leute trieben uns erbarmungslos an. Sie kümmerten sich nicht darum, wie es uns ging. Sie fürchteten sich vor den Engländern und wollten sich so schnell wie möglich aus dem Staube machen. Meine Füße waren voller Wunden, und womit ich sie auch umwickelte, nach einigen Minuten sickerte das Blut durch. Jeder Schritt war qualvoll. Am schwersten war es morgens. Von der nächtlichen Ruhe angeschwollen, konnte ich kaum aufstehen. Die ersten Schritte schienen eine unlösbare Aufgabe zu sein. Aber ich ging weiter.

7. April 1945. Samstag. Unsere Augen flimmerten, der Kopf schmerzte, die Zunge war geschwollen und klebte am Gaumen. Hunger und Durst plagten uns. Meine blutigen Füße wollten mich nicht weiter tragen. Warum quälte ich mich? Wohin führte man uns? In den Tod? Wer konnte uns sagen, wohin wir gingen und was uns erwartete? War es nicht besser, mich einfach erschießen zu lassen? Was fühlten die anderen? Die eine stöhnte, die andere atmete rasselnd. Einige weinten, aber die meisten schleppten sich still weiter. Wohin? Und warum?

Nein, so dürfen wir nicht denken! Der morgige Tag zählt nicht, mit dem befassen wir uns erst, wenn er da ist. Nicht unnötig Kraft für das Erforschen der unbekannten Zukunft verschwenden. Wir müssen uns um den heutigen Tag kümmern, um die Stunde, in der wir leben. Laß uns auf jeden unserer Schritte konzentrieren und weiter gehen ... Schritt für Schritt ... noch einen, noch einen ... Ich muß nur wollen und nicht über das „Wohin?" nachdenken. Links, rechts, noch einmal links, rechts ... Und ich glaubte schon, es ginge nicht mehr weiter.

In der Nacht wütete ein furchtbarer Sturm. Es blitzte und donnerte. Wir aber schleppten uns voran, bis auf die Haut durchnäßt. Endlich öffnete sich das Tor eines Lagers. Wir dachten, es geschafft zu haben, und ahnten nicht, daß das Lager, das uns verschluckte, die Hölle war: Bergen-Belsen!

# Bergen-Belsen

Wie eine Schafherde wurden wir in den Saal getrieben. Es war stock-finster. Das Licht eines aufflammenden Blitzes half uns, die Situation zu begreifen: die deutschen Soldaten drückten uns in eine überfüllte Ba-racke. Am Boden lagen Menschen, die tief schliefen, als wir über sie hinwegstiegen. Es waren keine Juden, sondern russische Frauen. Als sie hörten, daß wir ungarisch sprachen, schrien sie: „Ungarische Juden!" und stürzten sich auf uns. Es kam zu einer wüsten Schlägerei. SS-Leute mit Gewehrkolben trieben immer mehr Menschen in die Baracke. Zum frühmorgendlichen Appell taumelten wir mit geschundenen Köpfen.

Nach dem schweren Weg von Bremen bis Bergen-Belsen und dieser Nacht waren wir verbittert und erschöpft. Ein sonderbarer, schwerer, un-bekannter Geruch, der Brechreiz und Kopfschmerz verursachte, lag in der Luft. Die Kameradin neben mir wollte mir etwas sagen. Ihr Gesicht war kreidebleich. Es sah aus, als würde sie gleich ohnmächtig. „Was fehlt dir?" flüsterte ich. Ihre Augen sagten mir, daß ich nach hinten schauen sollte. Langsam drehte ich den Kopf. Instinktiv stellte ich mich auf einen schrecklichen Anblick ein.

Selbst mit viel Phantasie kann man kein so grauenvolles Bild herauf-beschwören, wie es sich mir bot. Im ersten Augenblick konnte ich gar nicht fassen, was hinter meinem Rücken geschah!

Ich sah bis auf die Knochen abgemagerte Männer, die nur noch ent-fernt an Menschen erinnerten. An ihren Skelettkörpern hingen schmut-zige Fetzen. Sie gingen mit gesenktem Kopf hintereinander her. Mit ih-ren fetzenumwickelten Händen zogen sie irgend etwas mit sich. Als ich die rätselhaften Pakete genauer betrachtete, wurde mir noch elender: Es waren Menschen.

Sie lagen mit dem Rücken auf dem Boden, ihr Kopf bewegte sich hin und her, hüpfte auf und nieder, die ausgebreiteten Arme schaukelten. Lebende Skelette zogen Tote. Sie bewegten ihre stockdünnen Beine wie bei einem Totentanz, teilnahmslos und offensichtlich mit dem letzten

Rest ihrer Kraft. Einer hob seinen Kopf langsam und schaute sich verwundert um, als ob er das Lager zum ersten Mal sähe.

„Los!" brüllte ihn ein SS-Mann an, aber er blieb einfach stehen, schwer atmend, und starrte vor sich hin. Der Gewehrkolben hob sich und der Häftling fiel hin, genau auf die Leiche, die er gerade noch hinter sich her geschleppt hatte. Der SS-Mann trat ihn sicherheitshalber noch zweimal, aber er bewegte sich nicht mehr. Binnen weniger Minuten erschienen zwei neue Gestreifte. Sie ergriffen die Beine der Leichen und schleiften sie fort.

Woher kamen und wohin gingen sie? Als mein Blick dem Weg der Männer folgte, entdeckte ich weiter weg von uns hohe, aus nackten Leichen bestehende Pyramiden. Von da also kam der widerliche Geruch!

Der Appell war beendet. Noch wußten wir nicht einmal, wo wir waren. Auf meine Frage erhielt ich die Auskunft: Bergen-Belsen, eines der größten Sammellager. Wir befanden uns am Rand des Lagers. Hier waren die Massengräber, lange Gräben, schon planiert. Die übrigen Gruben wurden immer weiter aufgefüllt. Die Toten lagen einfach so herum, die Häftlinge starben wie Fliegen. Ihre Kameraden sammelten sie, bis neue Gräben fertig waren. Tage, Wochen vergingen, bis die verwesenden Körper in die Kalkgrube gelangten.

Je höher die Sonne am Himmel stand, desto unerträglicher wurde der Leichengeruch. Die Alten waren schon daran gewöhnt. Wem es einigermaßen gutging, lief auf und ab, ließ sich lausen. Einige saßen stumm an die Baracke gelehnt und blickten apathisch vor sich hin. Manche hatten brennende offene Augen. Vor Fieber? Vor Schmerz? Andere schliefen am Boden. Was trieb sie in den Schlaf? Totale Erschöpfung oder die Flucht vor der Wirklichkeit? Manche standen nie wieder auf.

Auf der Suche nach der Latrine entdeckte ich einige Baracken, die sich von den anderen unterschieden. Ihre Seiten waren nicht aus Stein oder Holz, sondern bestanden aus einer Plane. Ich hob sie an, um hineinzugehen, blieb aber stehen, zur Salzsäule erstarrt. Die Baracke war fast einen Meter hoch voll mit aufeinandergeworfenen, nackten Frauenleichen! Schockiert ließ ich die Plane fallen. Ich lief zur nächsten Baracke. Mit Herzklopfen riß ich die Plane zurück. Derselbe, schreckliche Gestank, derselbe gräßliche Anblick, ineinander geflochtene, graue Rümpfe, Beine und Arme, offene oder trotzig geschlossene Kiefer, aufgerissene Augen.

Ich versuchte, Herr über meine Gefühle zu werden, trat ein und ließ die Plane hinter mir herab. Ich hielt mir Mund und Nase zu, atmete nur kurz und wartete, bis das Zittern in meinen Knien und das Panikgefühl nachließen. Die Angst wich langsam. Dabei mußte ich nicht hier, in der düsteren Baracke der Toten, sondern draußen, vor den im Sonnenlicht umhergehenden Menschen Angst haben. Es war furchterregend still. Kein Streit mehr um ein bißchen Platz, um das Essen, kein Hunger. Sie prügeln sich nicht mehr um Wasser. Bewegungslose Hände, Füße, Rümpfe, Köpfe, ausgeblichene Haare, gelbe Fingernägel in unordentlichem Durcheinander. Waren das einmal Menschen? Ich konnte es mir nur schwer vorstellen. Ich glaubte, schon alles Grauen zu kennen, und dachte, wer in Auschwitz gewesen war, in der Nähe des Krematoriums gelebt und zwei Monate dessen Rauch eingeatmet hatte, müßte gegen alles gefeit sein. Was für ein Ort war dieses Bergen-Belsen, das mich so tief erschütterte? Warum mußte ich in dieses Zelt gehen? Warum mußte ich mir das ansehen? Sollte mich der Anblick auf meine Aussichten in diesem gottverdammten Lager vorbereiten? Wie hieß es bei Dante? „Der du hier eintrittst, laß jede Hoffnung fahren!"

Ich taumelte an die frische Luft, dem Ersticken nahe. Meine Nase war auch außerhalb des Zeltes noch voll mit dem Geruch der verwesenden Leichen. Ich fror, obwohl die Sonne schien.

Jemand ergriff meinen Arm. Eine unbekannte Frau schüttelte mich. „Die dort ruft dich", sagte sie und zeigte auf vier abgemagerte Frauen, die auf dem Boden hockten. Ich kannte sie nicht. Eine ältere Frau winkte mir zu. Ich trat näher. „Sprichst du ungarisch?" fragte ich. „Natürlich", antwortete sie leise. „Kann ich dir helfen?" wollte ich wissen. „Wenn ich mich nicht irre, bist du die Lilly Weisz?" Ihre Stimme war heiser und schwach. „Ja, das bin ich", antwortete ich, überrascht, woher mich die fremde Frau kannte.

„Kein Wunder, daß du mich nicht erkennst. Ich vergesse dich nie. Einmal habe ich von dir eine Portion Brot bekommen. Ich bin Gizi. Wir waren zusammen in Birkenau. Bei einer der Selektionen kam ich in die Gruppe deiner Mutter und deiner Schwester. Die nächste Nacht verbrachten wir schon auf der anderen Seite des Zaunes. Du batest mich, sie zu holen und hast mir für diesen kleinen Gefallen eine ganze Tagesration Brot gegeben."

„Gizi? Aber…"

„Ich weiß", unterbrach sie mich, „wir sind gleich alt, wolltest du sagen. So ist es, ich werde einundzwanzig, am 12., in vier Tagen."

Vor Bestürzung fand ich keine Worte. Nichts erinnerte mehr an das Mädchen aus Birkenau. Gizi sah aus wie eine von denen, die ich im Zelt gesehen hatte. Als hätte sie meine Gedanken gelesen, sagte sie leise: „Bedauere mich nicht. Wir werden bald befreit und die Engländer päppeln mich schon auf. Ich komme wieder zu Kräften und gehe nach Hause. Du wirst schon sehen." Sie machte eine Pause. „Ich wollte aber nicht von mir sprechen", fuhr Gizi schwer atmend fort. „Hast du etwas über deine Mutter und deine Schwester gehört?"

„Nichts. Ich weiß nicht einmal, wohin sie gekommen sind. Ich weiß überhaupt nichts."

„Ich kann es dir erzählen. Man fuhr uns nach Lichtenau", begann Gizi ihren Bericht. „Wir arbeiteten, aber man konnte einigermaßen überleben. Der Skorbut, den deine Schwester in Auschwitz bekommen hatte, wurde im Revier behandelt. Jutka – ein liebenswertes Mädchen, gescheit und gutherzig. Deine Mutter lief täglich ins Revier und saß so lange bei ihr, bis sie hinausgeworfen wurde. Aber sie ließ sich nicht entmutigen, half in der Krankenabteilung aus, bis man sie schließlich im Revier behielt. Als Jutka genesen war, blieb auch sie als Arbeiterin im Revier. So konnten sie den Winter einigermaßen gut überstehen."

Gizi hustete und erzählte nach einem kleinen Moment weiter: „Ich war nur vier Monate in Lichtenau. Wir mußten im Steinbruch arbeiten und Loren schieben. Es gab ständig Tote. Nach drei Monaten waren wir so geschwächt, daß sie uns nicht mehr brauchen konnten. Sie transportierten uns nach Bergen-Belsen. Vor drei Wochen waren wir acht, jetzt sind wir noch vier. Wir müssen zwar nicht arbeiten, dafür kriegen wir aber nur wenig zu essen. Seit wann bist du hier? Du bist noch so kräftig?"

141

„Wir sind seit gestern hier. Rede jetzt nicht mehr weiter, ich sehe, es fällt dir schwer. Du hast mir eine große Freude mit den Nachrichten über Mutter und Jutka gemacht. Seit fast neun Monaten wußte ich überhaupt nichts von ihnen. Es scheint beiden gutzugehen, und das ist das Wesentliche."

„Warte, ich bin noch nicht fertig. Weißt du, hierher kommen ständig Neue. Ich hörte, daß Lichtenau schon befreit sein soll. Paß auf, daß dir nichts zustößt, und wenn auch wir befreit sind, flieh nach Hause. Sie warten auf dich."

Mit kamen die Tränen. „Der liebe Gott segne dich", sagte ich leise und streichelte ihre knochigen Hände. Gizi begann wieder zu husten. Auf dem Stoffetzen, den sie an ihren Mund drückte, bildete sich ein roter Fleck. Müde legte sie sich auf den Boden und schloß ihre Augen. „Ich komme wieder", murmelte ich noch, aber Gizi antwortete nicht.

Der Abendappell näherte sich, wir hatten den ganzen Tag über nicht einen einzigen Schluck Wasser bekommen. An die Alten wurde etwas Essen ausgeteilt, aber uns achthundert vergaßen sie einfach. Nach dem Appell wurden wir in die Kleidermagzine befohlen. Man bürdete uns Riesenpakete auf, unter denen wir kaum noch zu sehen waren. Bewaffnete Wächter führten uns durch das gesamte Lager. Es war riesengroß.

Aus dem Lager ging es auf die Landstraße. Inzwischen war es dunkel. Wir schleppten uns geradezu vorwärts, kraftlos vor Hunger. Heimlich warfen wir einzelne Teile aus dem Paket in den Graben neben der Straße. Am Bahnhof befahl man uns, die Pakete auf einen Haufen zu legen, fünfzehn Minuten auszuruhen und dann zurückzumarschieren. Ica verschwand, um den Bahnhof zu untersuchen. Nach einigen Minuten kehrte sie aufgeregt zurück. „Komm rasch und nimm deine Decke ab."

Ich hatte eine dünne, sehr feine Wolldecke, die ich tagsüber ständig um den Körper gewickelt unter meinem Kleid trug. So konnte sie mir nicht gestohlen werden. Ich tat, was sie sagte, und lief hinter ihr her. Plötzlich blieb sie stehen: „Hier ist es." Ich konnte nichts erkennen. „Was?" fragte ich.

„Ich weiß es selbst noch nicht, aber es ist sicher eßbar. Futterrüben, Kohlrüben oder Zuckerrüben. Etwas Rundes. Das liegt hier sicher zum

Abtransport." Ohne weitere Umschweife hockten wir uns hin und sammelten die runden Dinger ein. Rasch hatten wir die Decke so vollgepackt, daß wir sie auch zu zweit nicht anheben konnten. Schweren Herzens legten wir einen Teil zurück. Während der folgenden Woche waren die unangenehm schmeckenden, rohen Zuckerrüben unsere einzige Nahrung.

Die Lagerbewohner schliefen schon, als wir zurückkehrten. Nach den Erfahrungen der ersten Nacht beschlossen wir, uns im Freien niederzulegen. In Decken gewickelt, in Gruppen von acht oder zehn Personen, drängten wir uns aneinander, um uns gegenseitig zu wärmen.

Der zweite Tag brachte eine Sensation. Wir waren schon darauf aufmerksam geworden, daß auf der anderen Seite des Drahtzaunes neben den Männern und Frauen Kinder waren. Ihr Köpfe waren nicht kahlrasiert, die Kleidung zwar verschlissen, aber ordentlich. Doch auch sie waren Gefangene.

Hinter dem Rücken der Aufseher begann ein aufgeregtes Tuscheln. Jeder versuchte, etwas über seine Angehörigen zu erfahren, und in einigen Fällen gelang es sogar. Plötzlich schrie jemand: „Emma! Emmike!" Die Hände durch den Zaun gesteckt, weinte ein junger Mann. In diesem Moment ertönte ein Pfeifsignal, das uns aus der Nähe des Zaunes vertrieb.

Emma war ein zwanzigjähriges, blondes, schönes Mädchen. Verwundert blickte sie auf die andere Seite und erkannte ihren Verlobten. Sie lief auf den Zaun zu. Wir hatten Mühe, sie zurückzuhalten, so daß sie den Kapos nicht auffiel. Emma weinte und war nicht zu beruhigen. Vergeblich zerbrachen wir uns den Kopf, doch wir konnten nichts für sie tun. Beim Appell sahen wir, wie sich der Hof des benachbarten Lagers langsam leerte. Alle gingen in die Baracken, Türen und Fenster wurden geschlossen. In der Nacht hörte ich, daß der Verlobte Emmas herübergekrochen war. Er hatte ihr Brot gebracht und wollte sie mitnehmen, aber sie hatte Angst und konnte sich nicht entscheiden. Schließlich wurde es hell. Nach dem Morgenappell sahen wir bestürzt, daß der Hof des Nachbarlagers leer war. Emmas Verlobter Jani war als einziger zurückgeblieben – mitten im Frauenlager. Wir verbanden sein Kinn, um sein stoppeliges Gesicht zu verdecken, als litte er an Zahnweh. Auf den Kopf bekam er ein Tuch. Wir rieten ihm, nur zu flüstern, und auch das ausschließlich in unserer Gruppe.

Ich wollte zu Gizi, konnte sie aber nicht finden. Als ich mich nach ihr erkundigte, schien niemand sie zu kennen. „Ich muß sie unbedingt finden", jammerte ich Ica vor und fahndete weiter nach ihr. Müde sah ich mir jede an, die auf dem Boden kauerte. Auch wir wurden vor Hunger von Tag zu Tag schwächer. Ich wollte gerade zu meiner Gruppe zurückkehren, als eine Kapo-Frau mich am Arm ergriff und mir befahl mitzukommen. Daß ich nicht zu ihrer Baracke gehörte, interessierte sie überhaupt nicht. Wir hielten vor meterhohen Hügeln aus Leichen. Es stank bestialisch. Häftlinge zogen die Leichen in verschiedene Richtungen. Die Kapo-Frau übergab mich einem SS-Mann, dessen Nase und Mund mit weißem Mull verdeckt waren. Er gab mir einen gewaltigen Schlag auf den Rücken. „Was stehst du herum?" schrie er und zeigte auf einen Haufen Stoff. Wie betäubt wickelte ich meine Hände ein und ergriff das Bein einer Leiche. „Du wirst hier nicht das Bewußtsein verlieren", sagte ich zu mir, „sonst wirst du selbst weggeschleift." Die Leiche, die ich ergriffen hatte, klebte förmlich am Boden. Jetzt traf mich der Stock des SS-Mannes am Schenkel. „Los!" Ich zerrte und zerrte, bis sich die Leiche endlich bewegte. Mit aller Kraft zog ich sie hinter mir her, Kopf und Arme umherschleudernd. Weil ich nicht wußte wohin, folgte ich den anderen. Nach einigen Schritten konnte ich nicht mehr. Die knochige Leiche kam mir zentnerschwer vor. Mein Rücken und die Schultern taten bei jedem Schritt weh. Dabei hatte ich in Bremen Eisentraverse und Balken gehoben und Schutt auf Lastautos geschaufelt. Die Toten sollten in tiefe, breite Gräben geworfen werden. War ein Graben voll, schüttete man ihn zu. Auch diese Arbeit wurde von völlig geschwächten Häftlingen verrichtet. Als man mir die Leiche entriß, wandte ich mich ab, um nicht sehen zu müssen, wie sie in die Grube fiel und schlich zurück. Selbst ohne Last konnte ich mich kaum noch vorwärtsbewegen. Mutter und Jutka fielen mir ein. Ich mußte durchhalten, weil sie zu Hause auf mich warteten. Dann dachte ich an Gyuri und wie stolz er sein würde, daß ich nicht aufgegeben hatte.

Stolpernd machte ich mich mit dem zweiten Toten auf den Weg. Ich sah nichts und achtete auf nichts, außer auf die Spitzen meiner Holzschuhe, die auf der harten Erde klapperten. Als ich zurückkehrte, um die vierte Leiche zu holen, war ich nicht mehr auf dieser Welt. Mit steifem Kreuz bückte ich mich. Ich verlor meine Stoffetzen und hob sie auf. In diesem Augenblick traf mich ein Schlag. Ich fiel auf die Knie und blickte entsetzt in die offenen Augen von Gizi. Nun hatte ich sie gefunden. Einundzwanzig Jahre war sie heute geworden, und zur Feier des Tages schmiß man sie in eine Grube wie stinkenden Müll. Ein Stockschlag auf meinen Rücken holte mich zurück. Schnell ergriff ich die Hände von Gizi. So war sie zwar schwerer, aber ihr Kopf schlug wenigstens nicht dauernd auf den Boden. Das war alles für sie gewesen, ein Ende zu finden, hier im Lager. Was war das für ein Leben?

Als ich an den Gräben war, legte ich Gizi auf den Boden und streichelte sie zum Abschied. Tränen fielen auf den nackten Körper. „Das ist meine Schwester", sagte ich zu dem Mann neben mir. „Ich bitte dich, wenn du ein Jude bist, wirf sie nicht hinunter, sondern sei vorsichtig mit ihr und sag ein Kaddisch, bitte." Der Mann starrte mich an, hob Gizi auf und ließ sie auf die übrigen Leichname gleiten. Seine Lippen bewegten sich. Ich warf eine Handvoll Erde, und er flüsterte: „Geh um die Gräber herum, dahinter kannst du verschwinden." Ich weinte, dankte ihm und folgte seinem Rat. Niemand hielt mich auf. Rechtzeitig zum Appell war ich wieder in unserem Teil, obwohl ich mich einige Male verlief. Als ich in der Reihe stand, glaubte ich mehrmals umzufallen. Mir tat fast jeder Knochen weh, am quälendsten waren die schrecklichen Kopfschmerzen.

Nach dem Appell erhielten wir zum ersten Mal, seit wir im Lager waren, Essen. Ich bekam aber nichts hinunter und wollte nur Wasser, doch das gab es nicht. Ica fragte, ob ich Gizi gefunden hätte, und ich antwortete: ja. Mehr erzählte ich nicht. Ich hoffte, der Schlaf würde meine Schmerzen vertreiben.

Die Zeit verging, und die Front rückte immer näher. Wir hörten die Kanonen, deren Donnern uns wie Musik erschien. Uns war schon aufgefallen, daß unter den Soldaten im Lager große Unruhe herrschte. Als wir an einem Freitag auf den Wachturm schauten, bot sich uns ein ungewohntes Bild: Statt der deutschen Soldaten standen dort ungarische Soldaten mit Gewehren auf den Schultern. Seitdem gingen die deutschen Soldaten nur mit dem Gummiknüppel in der Hand herum.

All diese Zeichen ließen uns erneut darauf hoffen, daß wir vielleicht doch noch befreit würden. Aber sicher waren wir nicht. Die deutschen Wächter verhielten sich so ruhig, daß wir mit einer Überraschung rechneten. Außerdem konnten wir uns nicht vorstellen, daß sie sich den Engländern kampflos ergeben würden.

Ermutigt durch die neue Situation, brachen einige Häftlinge ein Kleidermagazin auf. Auch Ica und ich machten uns mit ein paar anderen auf den Weg zum Magazin. Häftlinge mit neuer Kleidung kamen uns entgegen. In dem Magazin waren die Räume vom Boden bis zur Decke mit verschiedenen Kleidungsstücken vollgepackt. Es roch nach deutscher Gründlichkeit; fein säuberlich sortiert, lagerten hier neue, warme Flanellkleider, die niemals an die Häftlinge verteilt worden waren.

Lange Unterhosen und -hemden, außerdem Strümpfe und Mäntel. In einem anderen Raum gab es Zivilkleidung, in einem dritten SS-Uniformen für Frauen und Männer. In Regalen befanden sich verschiedenfarbige Knöpfe, Zwirnsfäden, packweise Näh-, Steck- und Sicherheitsnadeln, Gummibänder, der Größe nach sortiert. Nebenan fanden wir feine, warme Decken. Manche nahmen mit, soviel sie tragen konnten, auch für ihre Freunde. Ich wählte einen warmen Pullover, den ich unter meinem Kleid anzog.

Am nächsten Morgen waren wir so mutig, daß wir einfach liegenblieben, als die Kapo-Frauen zum Appell pfiffen. Die anderen standen bereits in Reih und Glied, als wir uns aufrappelten. Zur Strafe wurden wir in ein anderes Lager gebracht. Drei Kapo-Frauen und eine deutsche Soldatin begleiteten uns. Wo immer wir hinkamen, empfing uns das gleiche Bild: Von Drahtzaun umgebene Baracken, überall Häftlinge in gestreifter Kleidung oder wie wir in zerschlissenen Zivilkleidern. Auf einem offenen Platz mußten wir stehenbleiben. Die deutsche Soldatin nannte uns Störenfriede und Diebe. Sie würde nun feststellen, wer etwas von den Sachen an sich genommen hatte. „Jede zieht sich aus! Die

Untersuchten treten in einer Extragruppe an. Los!" befahl das Soldatenmädel. Die „Sünder" bekamen Ohrfeigen, und die neuen Kleider wurden beschlagnahmt. Wir hatten eine schlimmere Strafe erwartet.

Ein viel größeres Problem war Jani. Er war auch in unserer Strafgruppe. Was würde geschehen, wenn sie herausfanden, daß unter uns ein Mann war? Wir rückten nach hinten, um Zeit zu gewinnen und eine Lösung zu finden. Zwar hielten sich die Untersuchten nur wenige Schritte von uns entfernt auf, eine Möglichkeit für Jani, zu ihnen hinüberzuflüchten, gab es jedoch nicht. Schließlich kamen wir auf die Idee, eine Prügelei zu inszenieren. Wir schlugen aufeinander los, zerrten uns an den Haaren und schrien. Die Kapo-Frauen und die Deutsche warfen sich zwischen uns, um uns zu trennen. Das Ganze dauerte nur einige Sekunden, erfüllte aber seinen Zweck: Jani war bei der anderen Gruppe.

Die „Untersuchung" ging weiter. Innerlich bereitete ich mich auf die Ohrfeige vor und versuchte, die Kraft der Deutschen einzuschätzen. Sie war klein und dünn, ihre Haare ungepflegt, ihre Gesichtshaut war blaß und voller Pickel. Unter farblosen Wimpern wässerigblaue Augen. Sie schien mir nicht allzu gefährlich. Als sie den Pullover erblickte, verzog sich ihr Mund zu einem höhnischen Lächeln, ich sah noch, daß ihr ein Schneidezahn fehlte. Im selben Moment flog ich nach rechts und dann nach links. Sie hatte also doch Kraft! Oder war ich schon so schwach? Es tat weh, aber viel mehr schmerzte das Gefühl der Erniedrigung. Vor Wut müssen meine Augen gefunkelt haben. Ich schaute sie an: Wir treffen uns noch! Als erste senkte sie den Blick und schrie: „Weg!" Als wollte sie sagen, ich sollte zum Teufel gehen. Nach der Untersuchung brachte man unsere Gruppe in einen Bereich des Lagers, der mehrfach mit dichtem Drahtzaun umgeben war. Unsere Begleiter gingen nicht durch das Tor. Nachdem sie uns in das Lager getrieben hatten, schlossen sie das schmale Tor hinter uns und machten mit den uns abgenommenen „Sore"-Paketen kehrt.

Wir befanden uns auf einer Fläche mit grünen Bäumen. Hier und dort schleppten sich Häftlinge mit gelben, eingefallenen Gesichtern und fiebrigen Augen vorwärts. Sie wirkten geistesabwesend. Einige saßen unter den Bäumen oder neben den Baracken. Es war ruhig, kein Streit, keine lärmende Menge. Bald merkten wir, wo wir waren – zwischen Typhuskranken, Sterbenden und Toten! Das also war unsere Strafe.

Wann konnten wir mit den Engländern rechnen? Es war der 15. April. Vielleicht in einer Woche? Vielleicht aber auch erst in zwei oder drei Wochen?

Wenn uns auch der Hunger immer wieder zu schaffen machte und wir unter einem ständigen Seelenschmerz litten, so waren wir bislang doch physisch gesund geblieben. Wir versuchten, so weit es ging, auf uns zu achten, wuschen uns täglich von Kopf bis Fuß mit Wasser oder Schnee. Wir aßen, was uns an Eßbarem in die Finger kam. Futterrüben galten als Delikatesse, aber wir griffen auch nach rohen Kartoffelschalen und Zukkerrüben, die widerlich bittersüß schmeckten. Und jetzt – kurz vor der Befreiung – hatte man uns gesunde Frauen an diesen verseuchten Ort gebracht. Wir standen zusammengedrängt wie erschrockene Schafe und fühlten uns, wie lebendig auf den Scheiterhaufen geworfen.

Nicht weit von uns lehnte ein Mädchen an einer Barackenwand. Sie war etwa so alt wie ich. Zerzaustes Haar hing ihr ins Gesicht. Ihr Oberkörper wiegte sich vor und zurück, als ob sie betete. Sie hielt ein Mädchen von vielleicht vierzehn Jahren im Schoß. Es war tot. Die Ältere schien es nicht zu bemerken. Plötzlich schrie sie auf und schaute wie irre um sich. „Helft mir", flehte sie auf jiddisch. „Kann niemand meiner Schwester helfen? Wenn sie stirbt, kann ich nicht nach Hause gehen. Was würde meine Mutter sagen? Wasser! Wasser!" Sie wollte ihrer Schwester zu trinken geben. Wir sollten ihr die Wahrheit sagen, aber sie würde sie nicht glauben.

In diesem Moment riefen die Kapo-Frauen: „Blocksperre! Blocksperre!" und trieben die Häftlinge in die Baracken. Wir landeten in einem großen Zimmer mit dreistöckigen Betten. Der Raum war so vollgestopft, daß wir fast zu Tode gedrückt wurden. Die Luft war dick, man konnte kaum atmen. Die unteren Betten waren alle schon belegt. Viele mußten sich eine dreckige Matratze teilen. Ich hangelte mich nach oben. Als ich auf das Bett faßte, spürte ich unter meiner Hand etwas Sonderbares, Kaltes. Ich zog mich hinauf und sah, daß ich einer Toten meine Hand auf das Gesicht gedrückt hatte. Offenbar war sie vergessen worden, denn man hatte uns in einem leergeräumten Krankensaal untergebracht. Erschrocken ließ ich mich fallen. Ica drängelte sich zu mir. „Ich bleibe nicht hier", sagte ich, „komm, kriechen wir aus dem Fenster."

„Es ist Blocksperre! Sie erschießen uns."

„Sollen sie schießen! Hier bleibe ich keinen Augenblick länger!"

Wir sprangen aus dem Fenster. Plötzlich hörten wir Schritte. Eine Kapo-Frau näherte sich. Ica entdeckte einen Besen und begann, den Hof zu fegen. Ich half ihr dabei. Als die Kapo-Frau uns erreichte, „arbeiteten" wir fleißig. Sie redete kurz mit Ica und ging hinter die Baracke.

„Was hast du ihr erzählt?" wollte ich wissen.

„Ich sagte ihr, daß wir den Hof auf Befehl einer anderen Kapo-Frau fegen," kicherte Ica. „Sie fand das in Ordnung. Mittags will sie uns einen Teller Suppe bringen." Wir lachten und freuten uns auf die Suppe.

Inzwischen waren auch andere Häftlinge auf den Hof gekommen. Die Blockältesten und die Kapo-Frauen bestanden nicht mehr auf der Blocksperre und gingen umher, ohne uns zu beachten. Aufgeregt sprachen sie miteinander. Es hatte sich das Gerücht verbreitet, daß sich kein deutscher Soldat mehr im Lager aufhalten würde. Keiner wußte, was los war. Unsere Nerven waren aufs äußerste gespannt. Plötzlich ertönten Lautsprecher: „Hier sind die Soldaten der Britischen Armee! Ihr seid frei!"

Wie aus tiefem Schlaf kehrte ich in die Wirklichkeit zurück. Ica und ich standen neben dem Drahtzaun. Wie betäubt nahm ich die schreienden Menschen um mich herum wahr, konnte weder weinen, noch lachen. Mein Kopf war leer. Wir sind befreit, dachte ich, die Engländer sind hier! Aber ich empfand nichts. Auch Ica stand gedankenverloren neben mir. Wie oft haben wir uns diesen Augenblick gewünscht und vorgestellt. Wenn wir abends miteinander plauderten, war die Befreiung unser Lieblingsthema.

„Was spürst du?" flüsterte ich Ica ins Ohr.

Sie zuckte mit den Schultern und sagte nur: „Ich bin hungrig."

Wir drehten uns um und wanderten herum. Die Zeit verstrich, aber nichts geschah. Tausende elende, hungrige, frierende Gefangenen warteten auf Hilfe. Jede Minute zählte. Am Nachmittag fuhren die Engländer durchs Lager, aber die erhoffte Hilfe blieb aus. Die große Begeisterung ebbte ab. Dieser Abend unterschied sich nur dadurch von den anderen, daß wir nicht Appell stehen mußten und keine Deutschen sahen – aber auch keine Engländer. Als es dunkel wurde, hörten wir vereinzelt Schüsse. Kämpften die Deutschen mit den Engländern?

Wir berieten, wo wir die Nacht verbringen sollten. Wir mieden die Baracken mit den Typhuskranken. Endlich befreit, wollten wir nicht noch an Typhus sterben. Im Freien war es unheimlich. Es fielen Schüsse. Wir fürchteten uns draußen, deshalb zogen wir uns doch in die nächste Baracke zurück. Sie war so vollgestopft mit Menschen, daß wir nirgends einen freien Platz fanden. Selbst unter den Betten lagen Leute. Wir flüchteten uns auf den Flur. Dort schliefen die Häftlinge dichtgedrängt wie Ölsardinen. Also gingen wir wieder hinaus auf den Hof. Es war dunkel und kalt. Wieder hörten wir Schüsse. Offenbar waren es die ungarischen Soldaten auf den Wachtürmen. Dann ein Schreien und Jammern. Zwei Mädchen waren hinausgegangen, um ihre Notdurft zu verrichten. Die Ungarn hatten eine von ihnen getroffen. Erschrocken flüchteten wir zurück in die Baracke. „So habe ich mir die Befreiung nicht vorgestellt", sagte Ica. Wir stellten uns an die Wand und verbrachten die Nacht stehend. Manchmal schlummerten wir für einige Minuten ein. Gegen Morgen, als die Kälte stärker wurde, drängten sich die Schlafenden noch enger zusammen. So konnten wir uns, mit dem Rücken an die Wand gelehnt, auf den Boden setzen.

Montag, der 16. April, ein klarer Frühlingsmorgen. Das Mädchen hatte einen Lungenschuß abbekommen. Sie war gestorben. Wir überlegten, was zu tun war, und entschieden uns, zu unserer Gruppe zurückzukehren. Nur weg aus diesem Lager! Um einander nicht zu verlieren, machten wir uns mit mehreren auf den Rückweg. Wir irrten lange umher. Unterwegs entdeckten wir ein Kartoffelfeld. Wir stürzten uns auf die Kartoffeln und gruben die kostbare Delikatesse aus. Endlich im alten Lager angekommen, begrüßten unsere Kameradinnen uns erleichtert. Wir sammelten Holz für kleine Lagerfeuer im Hof. Darauf brieten wir die Kartoffeln. Heiß und verkohlt verspeisten wir sie und lachten: Kein Appell, kein Zapfenstreich. Wir sangen, und die gutgelaunte Feier dauerte bis in die späte Nacht. Es war die erste, freie, glückliche Nacht für uns. Viele aber nahmen das Ende gar nicht mehr wahr und starben in den Tagen und Wochen nach der Befreiung.

17. April 1945. Anstatt des verhaßten schrillen Pfeifens weckte uns die warme Sonne. Faul streckten wir unsere steifen Glieder. Wir hatten Hunger, doch eine andere Sache sorgte für Aufregung und lenkte uns ab. Auf dem Weg zu den Massengräbern standen große, offene Lastwagen. Sie waren voller Leichen, und zwischen den nackten Toten standen deutsche Soldaten. An den Uniformen hatte sich einiges geändert: Es fehlten die Mützen, Knöpfe und Orden. Die Engländer ließen die Deutschen Leichen einsammeln und aufladen. Wir begleiteten die Wagen bis zu der Stelle, wo sie neue, tiefe Gräben ausheben mußten. Wo war ihr Hochmut? Sie arbeiteten mit gesenkten Köpfen, ängstlich auf die Waffen der englischen Soldaten schielend. Demütig und eilfertig folgten sie jedem Befehl. Trotz meines Hasses und Vergeltungswunsches befriedigte der Anblick mich nicht. Ich empfand nur Ekel.

Plötzlich sprang Ica auf: „Es gibt Essen! Endlich!" In nur wenigen Minuten hatten sich alle angestellt. Geduldig warteten wir auf Brot, vielleicht gab es auch eine warme Suppe. Ein Wagen erschien, von dem die Engländer Pakete abluden. Wir warteten weiter. Auch die Soldaten warteten, wir wußten nicht, worauf? Kurz darauf kam ein zweiter Wagen mit einer Filmausrüstung. Die Soldaten begannen, den Inhalt der Pakete zu verteilen: Echte amerikanische Zigaretten! Kameramänner traten in Aktion. Wer später den Film gesehen hat, war gewiß zu Tränen gerührt. Wir aber waren enttäuscht.

Nach einer Stunde traf wieder ein Wagen ein; er brachte Konserven mit Schinken. Jeder erhielt eine Dose mit der Mahnung, sie ja nicht zu öffnen und nicht ohne Brot zu essen. Das Brot aber kam und kam nicht. Schließlich öffnete jemand seine Dose und nahm mit den Fingern ein kleines Stück heraus. Erst sah er es an, dann roch er daran. Uns fielen fast die Augen aus dem Kopf. Er nahm es in den Mund und stöhnte lustvoll auf. Eine Viertelstunde später waren alle Dosen leer. Das Brot war erst abends da. Wir kriegten, soviel wir wollten, aber es wurde nicht viel gegessen, weil der fette Schinken bereits das seinige getan hatte. Viele jammerten und litten unter Magenkrämpfen. Ica und mir hatte es nicht geschadet.

Mit ein paar Freunden beschlossen wir, aus Decken ein Pfadfinder-zelt zu bauen. Durst plagte uns. Die wenigen Wasserhähne funktionierten nicht. Manche gingen zu den Latrinen. Mit dem an der Seite der Latrine fließenden Wasser löschten sie ihren quälenden Durst. Auch wir wollten es versuchen, ganz am oberen Rand, weit entfernt vom Dreck. Doch es war zu eklig. Wir legten uns lieber durstig in das neue Zelt.

Am nächsten Morgen genoß ich es, nichts tun zu müssen. Als ich aufstand, wurde mir schwindelig. Ich machte einige Atemübungen, und das Schwindelgefühl verging. Ich wurde aber so müde, daß ich ins Zelt zurückkehrte und sofort wieder einschlief. Ica weckte mich: „Kriech endlich heraus, es gibt Milch! Wann hast du zuletzt Milch gesehen? Die Engländer haben die Bauern um das Lager herum angewiesen, jedem von uns, Milch zu geben. Los, es ist nicht weit! Wir haben wunderbares Wetter, und ein kleiner Spaziergang tut auch dir gut."

Ich setzte mich auf, aber mein Kopf war schwer wie ein Stein. „Ica, ich bin so müde, ich habe weder Hunger noch Durst."

Gegen Mittag weckte mich Ica erneut: „Du hast genug geschlafen, am Ende bekommen wir am Bauernhof nichts mehr. Es gibt sogar Eier und Quark!"

Wir machten uns auf den Weg. Aber ich wurde bald wieder müde, und wir legten eine kleine Rast ein. Die Luft roch nach Frühling. Rundherum war es still, nur die Grillen zirpten. „Wer nie unter unbegrabenen Toten lebte, weiß nicht, was es bedeutet, die frische, reine Luft einer Wiese einzuatmen", flüsterte ich, als ob wir in einer Kirche wären. „Ica, wir sind keine Häftlinge mehr, wir sind freie Menschen!"

„Ich werde erst dann sagen, daß ich ein freier Mensch bin, wenn ich nicht mehr bei deutschen Bauern um Milch betteln muß. Wenn ich täglich baden und frische Wäsche anziehen kann. Wenn ich in einem Bett schlafen und mit Besteck essen kann." Sie stand auf. Der Bauernhof war nicht mehr weit entfernt, aber ich war erschöpft und blieb zurück. Ica trieb mich zur Eile.

„Um ehrlich zu sein, möchte ich mich lieber wieder setzen", keuchte ich, „ich weiß nicht, was mit mir los ist. Warum bin ich so schrecklich müde?" Während ich sprach, setzte ich mich hin. Ica zog mich energisch hoch. „Nimm dich zusammen. Das Schwerste haben wir hinter uns. Wir gehören zu den Glücklichen, die einigermaßen auf den Beinen sind. Wir müssen möglichst bald von hier wegkommen!" Sie zog mich hinter sich her.

Unsere Welt war die innerhalb des Zaunes gewesen. Um so mehr mutete mich der Anblick des ersten, weiß getünchten Hauses mit dem Blumengarten merkwürdig an. Offenbar war die Umgebung von Bombenangriffen verschont geblieben. Auf einer Gartenbank streckte sich eine grau-weiße Katze im Sonnenschein und gähnte. Ich streichelte ihr weiches Fell, und sie schmiegte sich schnurrend an mich. Familie, Glück, Frieden, seit langer Zeit zurückgehaltene Erinnerungen wurden wach. In diesem Moment wäre ich gern nach Hause gelaufen. Dann verlor ich das Bewußtsein. Als ich wieder zu mir kam, lag mein Kopf in Icas Schoß, und sie gab mir Milch aus einem Blechgefäß. „Trink, es wird dir guttun." Langsam schluckte ich die wunderbare, frische Milch. Nie im Leben habe ich ein Getränk so genossen wie diese Milch.

Hinter dem Haus saßen und standen etwa zwanzig Befreite. Der Bauer melkte die Kühe. Da erschien ein etwa zwanzigjähriges Mädchen mit blonden Zöpfen. Über ihrem sauberen Kleid trug sie eine gebügelte Schürze. Mit einem zurückhaltenden Lächeln auf dem pausbäckigen Gesicht zeigte sie zu einem Fenster und sagte leise: „Hier verteilen wir die Milch."

Jeder wollte der erste sein. Zu zweit schenkten sie die warme, schäumende Flüssigkeit aus großen Milchkannen in die Gefäße. Im Gedränge ging viel Milch verloren. Ich sah gelangweilt zu. Wenn ich gesund und hungrig gewesen wäre, hätte ich mich auch angestellt. Aber ich hatte schon getrunken und fühlte mich nicht wohl. Statt dessen betrachtete ich die beiden deutschen Frauen. Mit ihren Kleidern und Kopftüchern sahen sie aus, als ob sie von einem anderen Planeten stammten. Wahrscheinlich dachten sie dasselbe von uns. Im Gesicht der Frau spiegelte sich Ekel, als sie ihrer Tochter zurief: „Das sind Tiere!"

Ich schaute mir die Gruppe an. Es waren in bunte Fetzen gewickelte Wesen. Ihren Anblick und ihr Benehmen war ich gewohnt. Ich war eine von ihnen. Vor der Deportation waren wir kultivierte Menschen. Das

Lagerleben hatte uns zu dem gemacht, was wir jetzt waren. Wir waren ein Spiegelbild der uns zugefügten Grausamkeit. Es war nicht unsere Schande, sondern die der Deutschen. Je abstoßender wir ihnen erschienen, um so größer war ihre Sünde und ihre Schande.

Ich beobachtete Klari und Zsuzsi, die, im schmutzigen Stroh sitzend, ihre Milch tranken. Klari war zwanzig, Zsuzsi achtzehn. Mädchen aus Oberungarn. Sie sprachen ungarisch, slowakisch, französisch, deutsch und englisch. Ihr Vater war ein bekannter Chirurg, ihre Mutter Sprachlehrerin. Die Mädchen hatten eine perfekte Erziehung erhalten. Zsuzsi sollte nach dem Abitur die Musikakademie besuchen, aber mit noch nicht siebzehn Jahren wurde sie mit ihrer Familie nach Auschwitz verschleppt. Ihre Schwester Klari interessierte sich für Mathematik, Physik und Chemie.

Gerade in Auschwitz angekommen, standen die beiden Mädchen allein da. Vater, Mutter, Großmutter und ihr zwölfjähriger Bruder Zolika waren plötzlich weg. Als ihre bis an den Gürtel reichenden Zöpfe auf den Boden fielen und der Kopf kurzrasiert war, schrie Zsuzsi auf. Sie hob ihre Zöpfe auf und drückte sie an die nackte Brust. Jemand entriß sie ihr und warf sie auf einen Berg von Haaren. Zsuzsi weinte. Klari nicht. Sie ertrug die Prozedur mit ausdruckslosem Gesicht. Auch als die Rasiermaschine ihr ins Fleisch schnitt und das Blut über den Innenschenkel lief, verzog sie keine Miene. Klari wußte, daß ihr bisheriges Leben abgeschlossen war. Ihre Seele wurde hart. Sie fühlte sich für ihre weinende Schwester verantwortlich. Klari hatte immer Seife. Sie verschaffte sich Decken. Jeden Morgen hatte sie schwarzen Kaffee für sich und ihre Schwester. Konnte sie nur eine Portion herbeischaffen, verzichtete sie. Klari setzte sich durch. Sie übernahm jede Arbeit. Sie sprach mit keinem ein Wort, sie schien alle zu hassen. Sie ärgerte sich aber auch nicht, wenn Zsuzsi etwas verschenkte, was sie besorgt hatte.

Jetzt kam mir eine junge Frau entgegen. Vor einigen Minuten hatte sie bei der Milchverteilung heftig gedrängelt. Ihre Konservendose war voll mit Milch. Um nichts zu verschütten, trank sie ein wenig ab. Sie stammte aus Siebenbürgen. Ich hatte sie in Bergen-Belsen kennengelernt. Sie soll die schönste Frau ihrer Stadt gewesen sein und hatte vierjährige Zwillingstöchter. Der Sohn kam schon im Ghetto auf die Welt. Sein Vater hat ihn nicht gesehen, er war irgendwo im Arbeitsdienst. Das Baby war drei Wochen alt, als die Bewohner des Ghettos in Waggons gesperrt wurden. Die hygienischen Verhältnisse waren indiskutabel. Drei Tage lang soll sie das Baby nicht aus ihren Armen gegeben haben. Ihre Mutter und Schwiegermutter versuchten, die durstigen Zwillinge zu beruhigen. Die Tagesration Wasser war minimal. Die Ausdünstung der neunzig Menschen im Waggon machte die Luft unerträglich. Den Kübel für die Notdurft in einer Ecke des Waggons benutzten am ersten Tag fast nur kleine Kinder. Die Erwachsenen hielten sich zurück. Mit der Zeit schlich jeder zu dem Kübel. Am dritten Tag wurde beraten, was mit dem vollen stinkenden Kübel geschehen sollte? Es gab keine Möglichkeit, seinen Inhalt loszuwerden. Woher einen neuen Behälter nehmen? Wie lange würde die höllische Reise noch dauern? Würde das Trinkwasser reichen?

Am Morgen des vierten Tages fuhr der lange Zug mit den verängstigten und gequälten Menschen in Auschwitz ein. An der Rampe hielt die Schwiegermutter die Hände der Zwillinge. Die Mutter stützte ihre taumelnde Tochter, die drei Tage lang nicht geschlafen hatte, damit ihr das Baby nicht entglitt. Es trennten sie nur wenige Reihen von Mengele, als der Kleine laut aufschrie. Sie gab ihm die Brust, und der Junge wurde still. Da riß ihr ein Aufseher das Baby aus den Armen. Sie kämpfte, der Kleine schrie erneut, weil ihm die Brust weggerutscht war. Der Aufseher siegte. Er riß den Säugling an sich und warf ihn in die Arme der Großmutter. Inzwischen schritt die Kolonne weiter. Die gequälte Mutter sah Mengele gar nicht, auch nicht, daß er ihrer Schwiegermutter mit den Zwillingen und ihrer Mutter mit dem Baby winkte und sie nach rechts schickte. Die Kinder riefen nach ihrer Mutter. Sie machte zwei Schritte nach links, da stieß sie ein Aufseher zu Boden. Als sie sich aufrappelte, waren ihre Angehörigen verschwunden. Sie erholte sich von dieser seelischen Erschütterung nicht mehr. Tagelang war sie apathisch, ein anderes Mal wirkte sie fast normal. Zeitweise war sie aggressiv.

Jetzt roch sie an der frischen Milch. „Ich muß mir eine Flasche verschaffen, mit einem Korken, sonst verschütte ich alles, bevor ich nach

Hause komme." Ich versuchte sie zu überzeugen, die Milch selbst zu trinken. Zögernd und mit kleinen Pausen nahm sie Schluck für Schluck. Sie blickte mich mit großen Augen vertrauensvoll an. Sie waren grün mit goldenen Pünktchen. Ich habe noch nie so schöne Augen gesehen.

Am Fenster warteten nur noch wenige auf Milch. Der deutschen Frau und dem Mädchen sah man an, daß sie das Ende der Ausgabe kaum erwarten konnten. Ich verstand es nicht. Waren wir weniger wert als Hühner oder Schweine? Vielleicht hatten sie noch nie gesehen, daß sich Menschen wie Tiere benahmen. Wie aber würden sie reagieren, was würde aus ihnen werden, wenn sie all das erleben müßten, was den Frauen vor ihrem Fenster widerfahren war?

Ich hatte schon den ganzen Tag Kopfschmerzen. Meine Ohren, mein Hals, alles tat weh. Ließ ich mich gehen, weil ich nichts mehr zu befürchten hatte? Warum habe ich Ica nicht beim Schlangestehen abgelöst? Kaum saß sie neben mir, erzählte sie stolz: „Weißt du, was ich gemacht habe? Als ich an die Reihe kam und die Milch erhielt, trank ich sie sofort aus – und hielt meinen Becher wieder hin. Das war ich dem polnischen Mädchen schuldig, die mir ihren für dich gab, als du ohnmächtig geworden warst. Sie stand ziemlich weit hinter mir. Wir vertauschten unsere Gefäße, und ich hielt den leeren Becher zum dritten Mal unter die Kanne. Wir trinken das gemeinsam."

Sie gab mir den Becher. Ich trank ein bißchen und reichte ihn ihr zurück. „Du hast nichts getrunken!" bemerkte Ica tadelnd. Ich traute mich nicht, ihr mein Befinden zu gestehen. Schon von den beiden Schluck Milch verspürte ich einen üblen Brechreiz. Ich war sicher, daß mir der Schinken nicht bekommen war, und in dem Augenblick, als ich an ihn dachte, wurde mir schlecht. Mit zugepreßtem Mund lief ich zum Acker. Nachdem ich mich übergeben hatte, fühlte ich mich besser, bedauerte aber die Milchverschwendung.

Ica sah mich prüfend an. „Also bist du wirklich krank. Ich dachte, Milch würde dir nicht schaden. Wir gehen zum Zelt, und du legst dich hin. Wie lange dauert eine Magenverstimmung? Wenn du wieder gesund bist, lassen wir uns untersuchen und kommen in Quarantäne, dort müssen wir keine Angst vor Infektionen haben; da sind nur Gesunde. Es dauert vielleicht noch zwei Wochen, und dann schicken sie uns nach Hause!"

„Woher weißt du das alles?" fragte ich und erlitt im gleichen Moment einen heftigen Bauchkrampf. Ich schlug mich in die Büsche. Bis zum Lager wiederholte sich die Übelkeit noch dreimal. Sie war von großen Schmerzen begleitet, und meine Beine trugen mich kaum noch. Ica schimpfte mit sich, weil sie mich überredet hatte mitzugehen. Sie versuchte, mich mit der Aussicht auf baldige Heimkehr aufzumuntern. Wir ahnten nicht, daß meine Übelkeit nicht auf einen verdorbenen Magen zurückzuführen war. Die Diagnose lautete: Typhus.

Im Lager zurück, waren unser Zelt und die Decken gestohlen worden. Noch nie hatte ich Ica so wütend gesehen. Ich fröstelte und nahm kaum noch etwas wahr. Bauchschmerzen quälten mich. Ica ging weg. Als ich wieder aufwachte, war es schon dunkel. Es regnete. Ich lag in Decken gewickelt, doch Ica zog mich hoch, um mit mir in eine Baracke zu gehen. Wie wir dort hingelangten, weiß ich nicht mehr. Irgendwann kam ich zu mir, unter mir eine Decke, unter meinem Kopf ein strohgefülltes Kissen. Über mir noch eine Decke. Ich setzte mich auf. Mir war ein wenig schwindelig, aber ich sah und hörte alles ganz deutlich. Der Boden um mich war trocken.

„Guten Morgen! Bist du endlich aufgewacht?" begrüßte mich Eva freudig.

„Weißt du, wo Ica ist?" fragte ich.

„Sie holt Essen. Ich soll auf dich aufpassen."

„Warum denn das?" fragte ich verwundert.

„Ica paßt schon seit drei Tagen auf dich auf."

„Seit drei Tagen?"

„Ja, wir meinten, daß du Typhus hast, aber Ica streitet das ab. Du wirst schon bald wieder auf den Beinen sein." Sie lächelte mich an, wurde aber sofort wieder ernst. „So habe ich mir die Befreiung nicht vorgestellt", sagte sie nach einer Weile. „Ich dachte, wenn wir es bis zur Befreiung aushalten, sind alle gerettet. Und jetzt geht es vielen schlecht und viele sterben." Sie schwieg eine Weile, knabberte an ihren Fingernägeln, man sah ihr an, daß sie grübelte, dann setzte sie düster fort: „Keine von uns ist gegen ansteckende Krankheiten geschützt. Eine Typhusepidemie hat uns gerade noch gefehlt. Die Engländer haben sofort mit dem Begraben der Toten begonnen. Das ist fast eine Woche her, aber es gibt seither nicht weniger herumliegende Tote. Können unsere Befreier nicht mehr tun?" Man merkte ihrer Stimme an, daß sie verzweifelt war und ein Weinen unterdrückte. „Warum hat man die Gesunden nicht von den Kranken getrennt? Irgendwann wird man es tun müssen, aber wieviele Opfer wird die Verzögerung noch kosten? Wollen sie solange warten, bis auch die Gesunden angesteckt sind? Viele fragen sich das, aber wir sind hilflos und können nichts tun. Wer weiß, ob es darauf jemals eine Antwort geben wird."

Ihre Worte wogen schwer und ihr Zorn ließ mich erschauern. Was aber hätte ich sagen können? Wir müssen in Ruhe abwarten, was der Morgen bringt? Ich fror und fühlte noch, daß Eva die Decke unter mir richtete, dann schlief ich ein. Ich erwachte, als Ica mein Gesicht mit einem feuchten Lappen abtupfte. „Woher hast du so viel Wasser?" wunderte ich mich. „Ich sterbe vor Durst, und du verschwendest es für meine Hände und meinen Hals. Gib mir lieber zu trinken."

„Das Trinkwasser ist in diesem Napf, ich habe es abgekocht. Zwei Wasserhähne sind repariert." Sie setzte sich neben mich und fuhr fort: „Du glaubst gar nicht, was draußen los ist! Ein Mann, der nur noch Haut und Knochen war, fiel im Gedränge einfach um und starb. Wie er es überhaupt bis zum Wasserhahn geschafft hat, weiß ich nicht. Getrunken hat er jedenfalls nichts mehr. Als sie ihm halfen, und ihm etwas Wasser geben wollten, lebte er schon nicht mehr. Er sah hundert Jahre alt aus. Jemand fragte, ob auch so alte Menschen unter uns seien? Da erzählte einer: 'Ich kenne ihn, er war nicht so alt, wie ihr denkt. Wir waren Arbeitsdienstler. Ich bin geflüchtet und habe mich den Partisanen angeschlossen. Vor zwei Monaten fingen mich die Deutschen. Mir ist es noch gelungen, meine Waffe zu verbergen. Mein Haar war lang, ich war unrasiert. Ich zerriß meine Kleidung und tat, als könnte ich vor Hunger nicht mehr gehen. Ich gab vor, meine Einheit verloren zu haben. So kam ich hierher. Ich weiß, ich sehe auch aus wie fünfzig, bin aber erst achtunddreißig.' Er setzte sich neben den Toten, wusch ihm Gesicht und

Hände und legte ihm seine gestreifte Mütze auf das Gesicht: 'Den Kameraden habe ich bis hierher begleitet. Nirgends gibt es Wasser. Ich wußte, daß er es nicht aushält, aber er beharrte darauf. Er wollte sich waschen, bevor er starb. Er war noch nicht dreißig.'"

Ica hielt inne und stand auf. „Ich will nicht herumjammern. Draußen brennen viele kleine Lagerfeuer, da habe ich das Trinkwasser für dich abgekocht."

„Dir schadet es nicht?" wollte ich wissen.

„Ich habe keinen verdorbenen Magen. Hier hast du eine Suppe. Ich habe schon Besseres gegessen, aber was soll's. Iß langsam, mit Pausen."

„Ich bin gar nicht hungrig", wandte ich ein.

„Das ist unmöglich."

„Ich bin nur durstig, schrecklich durstig", beschwerte ich mich.

„Das macht das Fieber, deswegen hast du auch keinen Appetit. Die Suppe wird dir guttun, du mußt etwas zu dir nehmen. Du siehst ziemlich schlecht aus. Ich kann mir nicht erklären, warum du noch immer Fieber hast? Ich möchte nicht, daß du in den letzten Tagen noch richtig krank wirst. Man kann sich im Lager schnell anstecken. Manche reden von Dysenterie, andere von Typhus."

Schluckweise nahm ich die Suppe zu mir; es war mühsam, als ob mein Hals geschwollen wäre, aber nach jeder Pause ging es besser. Ich beschloß, mich zusammenzunehmen. Ich wollte Ica nicht wegen jeder Kleinigkeit behelligen. Vorsichtig stand ich auf und bewegte mich ein wenig. Plötzlich peinigten mich Darmkrämpfe, ich rannte zur Latrine. Was ich dort sah, ist sehr schwer zu beschreiben. Eine Woche nach der Befreiung herrschten in Bergen-Belsen nicht mehr die Deutschen über uns, sondern es herrschte der Typhus. Wen die Krankheit nicht sofort umbrachte, den quälte sie und nahm ihm früher oder später sein Selbstwertgefühl. Auf dem Weg zur Latrine wurde der Boden immer matschiger, ich lief im Kot. Ich fühlte mich so schlecht, daß ich alles nur noch oberflächlich wahrnahm, aber der sich intensivierende Geruch hätte auch einen gesunden Magen in Aufruhr gebracht. In der Luft lag der unerträglich penetrante Gestank von fauligen Durchfallexkrementen. Unbeirrt rannte ich weiter. Es gab kleinere und größere Latrinen. Wie Vögel auf Telegraphendrähten sahen die Frauen aus, die ihre Notdurft verrichteten. So hatten viele gleichzeitig Platz, aber als ich eintraf, war nichts mehr frei. Ich stellte mich in die Schlange der Wartenden. Sowie jemand aufstand, ging das Gedrängel los. Man stieß sich fast gegenseitig in die Fäkaliengrube. Manche jammerten auf den Sitzplätzen, rauften sich die Haare vor Schmerz, andere krümmten sich stöhnend, weil sie zum Schreien keine Kraft mehr hatten. Endlich kriegte ich einen Platz. Die Frau neben mir schlug mit der Faust auf ihren Bauch. Vor Qual traten ihr die Augen fast aus den Höhlen. Irgendwie verließ ich die Latrine wieder. Erschöpft lehnte ich mich an die Außenwand der Baracke und wollte nach Luft schnappen. Aber vergebens – auch hier entkam ich dem widerlichen Geruch nicht. Dann sah ich, daß auch im Umkreis der Latrine stöhnende, jammernde Kranke hockten. Die ganze Umgebung schwamm vor Kot, in dem ich bis zu den Knöcheln versank. Ich suchte ein grasbewachsenes Stück Erde, um meine Holzschuhe zu reinigen. Fleißig putzte ich meine Pantoffeln, als mir eine Frau entgegentorkelte. Neben mir brach sie zusammen und hielt mir mit zitternder Hand ein Gefäß entgegen. Sie öffnete den Mund, aber ihre Stimme versagte. Im nächsten Moment starb sie. Der Becher fiel herunter, das Wasser floß auf die Erde. Ich schloß ihre Augen, deckte sie zu und rappelte mich wieder auf. Meine Schritte waren unsicher, ich schwankte. Plötzlich wurde mir klar, daß ich wohl nicht nur einen verdorbenen Magen hatte. Es schüttelte mich. Erneut attackierte mich ein Darmkrampf. Der Schmerz, der Brechreiz, der Schwindel, die Schwäche warfen mich regelrecht um – undenkbar, noch zur Latrine zu gelangen. Zusammengekauert hockte ich da und zog an meinen kurzen Haaren. Das Gefühl der Übelkeit ließ ein wenig nach. Von Zeit zu Zeit quälte mich ein Krampf, aber mein Kopf blieb klar. Es war noch keine halbe Stunde her, daß ich die Suppe gegessen und mir vorgenommen hatte, gesund zu sein und Ica nicht länger zu belasten.

Jetzt traf mich die Erkenntnis, daß es für mich vielleicht nie eine Quarantäne geben würde. Tränen rannen mir über das Gesicht, aber ich raffte mich auf. Ich wollte nicht in Selbstmitleid versinken, sondern gegen Krankheit und Tod ankämpfen. Nicht jeder muß bei einer Epidemie sterben, vielleicht hatte ich Glück. Ich versuchte, mein Panikgefühl wegzudrücken.

Eine knochige, magere Frau beugte sich über die Tote neben mir. Sie hob die Decke an, nahm das Kopftuch und bückte sich erneut nach der zerrissenen Decke. Sie atmete schwer und konnte kaum auf ihren spindeldürren Beinen stehen. Im ersten Augenblick verspürte ich Widerwillen gegen ihr Tun, aber dann dachte ich, daß die Sachen der Toten jetzt einer Lebenden zugutekamen. So war die Lagermoral. Nicht sentimental, sondern zweckmäßig. Ich wollte zurück zu Ica, die sich bestimmt schon Sorgen machte. Die beiden Anfälle hatten mich derart erschöpft, daß der Weg immer länger wurde. Vorsichtig versuchte ich, mein Gleichgewicht zu halten und kämpfte gegen Brechreiz und Schwindel. Um mich herum waren lauter schwankende Gestalten. Die Seuche wütete im ganzen Lager. Einmal schrie ich auf, als ich Magda mit ausgebreiteten Armen tot auf dem Boden liegen sah! Wir hatten gedacht, sie würde hundertzwanzig Jahre alt, nachdem sie innerhalb von zwei Wochen dem Tod gleich zweimal entronnen war. Am Neujahrstag hatte sie einen schweren Autounfall mit einem gebrochenen Fuß überstanden, und eine Woche später, als unser Lager in Bremen bombardiert worden war, gelang es ihr, im letzten Augenblick aus der Baracke zu entkommen, ehe diese zusammenstürzte und völlig niederbrannte.

In meinen Ohren begann es zu trommeln, erst leise, dann immer stärker, meine Halsschlagader pulsierte so stark, daß ich glaubte, sie würde platzen. Ich durfte nicht das Bewußtsein verlieren! Ich schaute mich um, wollte mich ablenken. Ein junges Mädchen huschte vorbei. Sie war noch kein Skelett, nicht schmutzig, etwa siebzehn Jahre alt, sie war schön. Bis sie die Übelkeit überfiel! Ihr Gesicht verzerrte sich, sie begann zu laufen, hockte sich aber nach einigen Schritten hin. Besorgt sah sie sich nach den beiden englischen Soldaten um, die hinter ihr gingen. Ein letztes Aufbäumen des Schamgefühls. Verzweifelt wandte sie sich ab, der Schmerz übermannte sie und verdrängte alles andere. Bestürzt blieben die Soldaten einen Augenblick lang stehen und sahen einander an. Dann wandten sie sich voller Verachtung ab. Einer schaute noch einmal auf das gequälte und stöhnende Mädchen. Wie konnten die gesunden Soldaten soviel Hochmut an den Tag legen? Als ich darüber nachdachte, schien mir ihre Reaktion nicht mehr so unverständlich. Denn was sie sahen, war wirklich ekelhaft.

„Wir haben eine Wohnung", empfing mich Ica. Die Baracken der deutschen Soldaten waren unter Zustimmung der Engländer von den Häftlingen besetzt worden. Es waren Holzbaracken mit Innenklos! Die Zimmer hatten Holzböden. Für jede war genug Platz da. Nicht alle kamen zu solch einer Unterkunft. Ica hatte wieder einmal schlau ausgekundschaftet. Wir hatten ein Dach über dem Kopf und einen funktionierenden Wasserhahn. Ich erhielt einen Eckplatz. Zur Wand gedreht, kauerte ich mich zusammen und genoß die Illusion des Alleinseins. Nebenan feierten die englischen Soldaten ihren Sieg. Um die Stimmung aufzuheizen, hatten sich mollige deutsche Mädchen gemeldet – in der Hoffnung auf Schokolade und Zigaretten. Die dröhnende Tanzmusik, das kreischende Lachen und der trunkene Gesang waren im ganzen Lager zu hören, während die Hälfte der Bewohner im Sterben lag. Trotz ständigen Brechreizes und entsetzlicher Kopfschmerzen verließ ich die Baracke nicht.

Als wir einzogen, war das WC verstopft. Der verantwortliche englische Unteroffizier versprach, es reparieren zu lassen und „Arbeiter" zu schicken. Da ich die Baracke nicht verließ, beauftragten mich die Frauen, den Arbeitern das Werkzeug zu geben und ihnen ihre Aufgabe zu erklären. Zwei deutsche Soldatinnen traten nach einiger Zeit ein und „meldeten sich zur Arbeit". Gekrümmt ging ich los, das Werkzeug zu holen. Eine der beiden Frauen kam mir bekannt vor. Ich sah sie an, und sie erblaßte. Jetzt wußte ich, wen ich vor mir hatte. Sie hatte vielen Kameradinnen und mir vor neun Tagen Ohrfeigen verpaßt. Da stand sie nun, feige, erschrocken, in ihrer ganzen Erscheinung erbärmlich. Ihr zitterten die Knie. Mich ekelte. Ich schmiß den Frauen das Werkzeug hin, befahl ihnen, die Klos zu putzen und wandte mich ab. Noch am selben Tag hatten wir ein sauberes WC. Meine Kameradinnen entrüsteten sich, als ich ihnen die Geschichte berichtete. „Du hättest ihr das Gesicht in das verstopfte Klo drücken sollen", schimpfte eine. Auch Ica schüttelte den Kopf. „Du hättest sie mit bloßen Händen das Klo schrubben lassen sollen." Mich interessierte ihr Ärger nicht. Die Krankheit schwächte mich immer mehr. Tagelang stand ich nicht auf. Mich beherrschte völlige Müdigkeit, eine große Leere, in der es weder Gutes noch Böses und keinen Willen mehr gab. Manchmal wurde mir der Schmerz bewußt, die Krämpfe, danach fiel ich wieder in einen Dämmerzustand. Ich wollte mich nicht mehr wehren, nicht mehr zurückkehren. Ich nahm eine entfernte Stimme wahr. Verzweifelt klammerte ich mich an das dunkle Nichts, aber die Stimme kam immer näher. Es war Ica: „Bitte sag' doch etwas!" Eine warme Flüssigkeit floß mir durch die Kehle. Mühsam brachte ich zwei Schluck hinunter. „Du mußt nicht antworten, aber paß gut auf." Ica sprach langsam. „Morgen oder übermorgen fahren wir. Man bringt uns nach Bergen. Endlich kommen wir aus diesem Misthaufen 'raus. Was hier los ist, ist nicht mit Worten zu beschreiben. Ich glaube, jeder Zweite ist krank, Tote liegen herum, man muß aufpassen, nicht auf jemanden zu treten." Erneut gab sie mir zu trinken und fuhr fort: „Hör zu, ich will nicht, daß man dich ins Krankenhaus bringt. Wer weiß, wie sie dort mit den Kranken umgehen. Du mußt mit uns Gesunden fahren. Ich werde dir helfen. Nur auf das Lastauto mußt du allein steigen, damit niemand merkt, daß du krank bist. Also versuche bitte, zu dir zu kommen." Zweieinhalb Tage später saß ich neben Ica im Lastwagen.

Das alte Dorf Bergen liegt nur wenige Kilometer von dem berüchtigten Konzentrationslager entfernt. Dazwischen wurde die zum Lager gehörende „Kasernenstadt" erbaut, die mit ihren zweigeschossigen Häusern Wohnsitz für die im Lager dienenden deutschen Soldaten war. Hierhin wurden wir gebracht. Die Kranken und Sterbenden kamen ins Krankenhaus. Die Typhus- und Tbc-Epidemie setzte die Vernichtung unter denen fort, die bislang überlebt hatten.

Die Toten waren im Lager zurückgelassen worden. Gefangene deutsche Soldaten mußten sie begraben. Als es wärmer geworden war, zerfielen die unbegrabenen Leichen. Sie wurden zusammengeschoben und in einem etwa zwanzig Meter breiten, tiefen Graben bestattet. Am Ende brannte man die Baracken und alles um sie herum nieder.

Wer Bergen-Belsen heute besucht, sieht nichts von dem alten Konzentrationslager. Nur einige Denkmäler, eine Gedenkstätte und Mas-

163

sengräber von bestürzender Größe erinnern an das Grauen. Aber das verlassene Gebiet birgt in jedem Stück Erde Geschichten, die Dantes Hölle übertreffen. Die „Kasernenstadt" und der Friedhof, in dem die nach der Befreiung gestorbenen Menschen ruhen, sind nur wenig im Bewußtsein der Öffentlichkeit. Bescheidene Denkmäler bewahren ihr Andenken und erinnern in verschiedenen Sprachen an die Folgen des Antisemitismus und die Greuel des menschenverachtenden nationalsozialistischen Hasses.

Ica verbarg mich eine Woche lang bei den Gesunden, bis ich eines Tages im Fiebertraum von der Pritsche fiel und meine Zimmergenossen mich als eine Typhuskranke meldeten. Ich wurde abgeholt, habe aber nur wenige Bilder in meinem Gedächtnis. Ich weiß nicht, wie ich auf die Trage gekommen bin, sehe die laut weinende Ica neben mir hergehen. Dann liege ich in einem Lastwagen, Ica darf mich nicht zum Abschied küssen. Ich empfinde denselben Schrecken wie in Auschwitz, als ich von meiner Mutter und meiner Schwester getrennt wurde. Vor dem Krankenhaus werde ich aus der Decke gewickelt. Ich bin völlig nackt, Körper und Kopf sind mit einem Pulver (DDT) bestreut, dessen Geruch mir bis heute präsent ist. Zwei Soldaten greifen mich und werfen mich auf eine andere Trage. Schamgefühl habe ich nicht mehr. Dann glaube ich Ungarisch zu hören und ziehe das Laken mit einer raschen Bewegung über mich.

Als ich aufwachte, lag ich auf einem Strohsack, bedeckt mit weißen Laken und angenehm weichen Wolldecken. Ich befand mich in einem hellen Saal, in dem außer mir weitere Kranke untergebracht waren. Manche schliefen, andere jammerten, stöhnten oder redeten im Schlaf, jeder in einer anderen Sprache. Zwei Mädchen unterhielten sich quer durch den Raum auf Französisch. Ein magerer ungarischer Soldat servierte Tee und brachte einen kleinen Teller mit Keksen. Er spürte, daß ich ihn beobachtete. Sein Mund verzog sich zu einem Lächeln. „Guten Morgen!" begrüßte er mich auf Ungarisch. „Endlich aufgewacht. Man hat Sie vor drei Tagen eingeliefert. Wir haben Ihnen mehrmals täglich zu trinken gegeben. Im Fiebertraum haben sie ungarisch gesprochen. Wir wollten unbedingt etwas für Sie tun, Tantchen. Unsere Aufgabe ist es zu putzen, das Essen zu verteilen und in der Küche zu helfen. Hier wird niemand gefüttert. Wer ißt, ißt, wer nicht, muß hungrig bleiben. Dabei stirbt, wer nicht ißt. Wir werden kaum fertig mit all den Toten. Wie dumm von mir, so zu reden", sagte er plötzlich verlegen.

„Es ist schon gut", antwortete ich, „die Toten erschrecken mich nicht mehr. Mein Name ist übrigens Lilly, warum nennt ihr mich Tantchen, wir sind doch fast gleich alt?"

„Weil wir den richtigen Namen nicht wußten. Ich heiße Csöpi (Kleiner), das ist mein Kosename." Ein anderer ungarischer Soldat kam herein. „Ich habe dich gesucht, Csöpi, was machst du?"

Die beiden flüsterten. Der Unbekannte wandte sich mir zu: „Schön, daß Sie aufgewacht sind, ich bin Janos."

Unvermittelt kam mir ein Gedanke, und ich bat die beiden um einen Spiegel. Als ich nach langer Zeit in den Spiegel blickte, sah ich eine Fremde, ein winziges, runzeliges, gelbes Gesicht mit schmutziggrau umrandeten Augen und aufgeplatzten Lippen. Mein Haar war grau! Ich sah aus wie siebzig. „Einen Monat, bevor wir befreit wurden, war mein Haar doch noch dunkelbraun", stammelte ich erschrocken. Ich fragte mich, wie lange ich noch durchhalten würde.

Die beiden Jungen gingen hinaus und kehrten nach einigen Minuten mit Wasser, Seife und Handtüchern zurück und wuschen meine Haare. „Wo haben sie in Ungarn gewohnt?" fragte Csöpi.

„In Eger", antwortete ich.

„Da soll es sehr schön sein", sagte Janos, der meinen Kopf mit beiden Händen bearbeitete. „Das ist mir egal", sagte ich, „wenn ich am Leben bleibe, möchte ich nach Übersee!"

„Amerika!" lachte Csöpi.

„Nein, Palästina."

„Was gibt es dort?"

„Was es dort gibt? Bald wird es der Staat der Juden sein, und ich möchte dort leben."

„Aber Sie sind doch Ungarin, Ungarn ist Ihre Heimat!"

„Das Ungarische bleibt meine Muttersprache. Aber Heimat? Das Land hat mich verraten, nur weil ich Jüdin bin. Wie soll ich je vergessen, daß es mich an Mörder verkauft hat? Ungarn unterstützte den Abtransport der Juden, gleichgültig, welches Schicksal sie erwartete. Es waren Waggons der ungarischen Bahn, die uns nach Auschwitz transportiert haben. Es fehlte nur noch eine Schleife mit der Aufschrift: 'Ungarns Geschenk an Deutschland'. Die Fortsetzung kennen Sie. Glauben Sie nicht, daß den Juden ein Land zusteht, wo ihnen nichts mehr zuleide getan werden kann? Wo sie zu Hause sind und ihr Schicksal in die eigene Hand nehmen können?" „Sie haben recht", murmelte Janos, während er meine Haare trockenrieb. Das Sprechen hatte mich ermüdet. Die Jungen reichten mir Kamm und Spiegel. An meinem Gesicht hatte sich nichts geändert, aber es wurde wieder von dunkelbraunem, welligem Haar umrahmt. Die Jungen waren zufrieden. „Das DDT ist ausgewaschen! Jetzt trinken Sie ein wenig Tee und essen Kekse. Danach wird geschlafen."

Gerührt dankte ich den beiden. Ich schlief von morgens halbacht bis abends neun Uhr. Csöpi weckte mich und brachte mir Milchbrei mit Zucker. Begeistert setzte ich mich auf. Die Jungen hatten mich näher zur Tür gezogen. Der Weg zu den Klos und Waschräumen war von dort kürzer. Nach dem Essen half Csöpi mir in den Waschraum. Hinterher schlief ich sofort ein. Schreckliche Krämpfe weckten mich. Es war schon dunkel. Ich rollte vom Strohsack, kroch zur Tür, zog mich an der Klinke hoch und tastete mich an der Wand entlang zu den Klos. Dort saß ich, von Krämpfen geplagt, stöhnte und jammerte und wußte mir nicht zu helfen. Schließlich schleppte ich mich wieder ins Bett, konnte aber nicht schlafen. Zwar war der Durchfall vorüber, aber meine Gedärme und mein Kopf schmerzten entsetzlich.

„Nie wieder werde ich etwas essen oder trinken", verkündete ich, als Janos mir morgens Tee und Kekse servierte.

„Gut, dann bringe ich statt Tee einen Sack."

„Einen Sack?"

„Ja, wir binden die Toten in einen Sack und schleifen sie hinaus. Entweder Essen oder der Sack."

„Aber es kommt doch alles wieder raus", wehrte ich ab.

„Etwas bleibt schon drin, und das hält Sie am Leben."

Wahrscheinlich hatte er recht, ich mußte jede Chance nutzen. Wenn der Preis der Genesung die Qual war, mußte ich ihn zahlen! Von da an aß ich alles auf, was man mir gab.

Tag für Tag wurde ich kräftiger und ging, wenngleich noch immer schwindlig, allein auf das WC. Außerdem wusch ich mich täglich. Meine Zimmergenossen wechselten. Manche starben, andere wurden gesund. Die Rekonvaleszenten waren ständig hungrig. Wie Hyänen beobachteten sie, ob die Schwachen etwas übrigließen. Das Essen war dem Zustand der Kranken nicht angepaßt. Es gab keine Diät, sondern Bohnensuppe, Schweine- oder Rinderbraten mit Erbsengemüse. Medikamente waren auch nicht vorhanden, nicht einmal einfache Fiebermittel. Anderthalb Monate nach der Befreiung fielen immer noch Menschen der Epidemie zum Opfer.

Zwei weitere Wochen verstrichen. Ich litt unter den Schmerzen und war sehr geräuschempfindlich. Meine Nerven waren immer noch angegriffen. Die französischen Mädchen unterhielten sich ständig. Ich begann, ihre Sprache zu hassen.

Eines Tages besuchte mich Ica überraschend. „Ich muß mich von dir verabschieden. Deshalb bin ich zu dir gekommen. Sie bringen uns nach Celle." Wir waren sehr traurig, wußten nicht, ob wir uns jemals wiedersehen würden. Tapfer umarmten wir uns. Ich weinte erst, als sich die Tür hinter Ica schloß. Was hatte sie nicht alles für mich getan! Mich überkam das Gefühl großer Einsamkeit. Ich hatte davon geträumt, mit ihr gemeinsam nach Hause zu fahren. Ica wußte noch nichts von ihren verschleppten Familienmitgliedern, doch jede hielt es für selbstverständlich, nach Hause zurückzukehren.

Obwohl ich mich nicht mehr nach Ungarn sehnte, konnte ich es kaum erwarten, dort zu sein. Ein paradoxer Zustand. Mutter und Jutka waren sicher schon zu Hause. Gyuri, mein Verlobter, erwartete mich gewiß. Ich mußte den Typhus besiegen!

Csöpi brachte die Neuigkeit, daß richtige Krankenhausbetten geliefert würden. Meine Freude hielt sich in Grenzen. „Was ist denn?" fragte er.

„Mein Kopf schmerzt furchtbar, meine Augen brennen, meine Ohren dröhnen, jedes Geräusch tut mir weh." Draußen tönte ein Grammophon.

Einst liebte ich Musik! Jetzt nahm ich sie nur noch als Lärm wahr, der meine Kopfschmerzen verschlimmerte. Csöpi sagte plötzlich ganz leise: „Das Fräulein hat Heimweh. Ich kenne das Gefühl." Er wandte seine Augen zum Fenster, sein Blick schweifte in die Ferne. „Ich bin Kriegsgefangener. Wer weiß, wann ich nach Hause kann. Mein Vater hat kein Glück mit seinen Kindern in diesem Krieg. Zwei seiner Schwiegersöhne sind in russischer Kriegsgefangenschaft. Mein älterer Bruder ist vor zwei Jahren gefallen. Ich wurde vor anderthalb Jahren eingezogen und mußte an die Ostfront. Aber ich hatte Glück und kam nicht in die Feuerlinie. Jetzt bin ich in englischer Gefangenschaft. Die Engländer behandeln uns Ungarn zwar besser als die Deutschen, aber ich kann nicht nach Hause."

Am nächsten Tag schleppten ungarische Soldaten die Betten in die Zimmer. Als ich an die Reihe kam, war das Zimmer bereits voll, und ich landete samt Strohsack auf dem Flur. Später wollte man mich in ein anderes Zimmer legen. Wenigstens war das WC in der Nähe. Ich sah, daß ich nicht ich die einzige war, die sich mit Bauchkrämpfen quälte.

In der Nacht glaubte ich mich dem Tode nah. Verärgert brachte Janos mir das Frühstück. „Meine Freunde, die in anderen Zimmern arbeiten, behaupten, es gäbe genug leere Betten, aber die Engländer haben das Sagen. Es wäre kein Problem, in unserem Zimmer noch ein Bett unterzubringen, wenn wir die übrigen anders anordnen. Aber woher sollen wir das Bett nehmen?" Inzwischen aß ich mit gutem Appetit, worüber ich mich selber wunderte. Ich wartete auf die üblichen Bauchkrämpfe. Nichts geschah. Ich stand vorsichtig auf. Mir tat nichts weh, und mir wurde nicht schwindelig. Ich ging in den Waschraum, wusch mich, spülte den Mund und putzte meine Zähne. Müde, aber zufrieden, ließ ich mich wieder auf meinen Strohsack fallen.

Neben mir stand ein englischer Soldat. „What are you doing here?" schrie er und rannte davon. Kurz danach kehrte er mit einem zweiten Soldaten zurück, der ein frisch bezogenes Bett vor sich herschob. Er legte mich darauf. Auf dem Weg in ein anderes Zimmer entschuldigte er sich dafür, daß er mich vergessen hatte; als Wiedergutmachung versprach er mir einen „special place" in einem Vierbettzimmer, wo sich zur Zeit nur eine Kranke befände. Die Jalousie am Fenster des Zimmers war zur Hälfte heruntergelassen, und es war angenehm still. In der Ecke stand das Bett meiner neuen Zimmergenossin. Sie lag wach und lächelte mich an. Ich lächelte freundlich zurück, sagte aber nichts. Ich genoß die Ruhe, das frische Bett und schlief ein. „Was machen Sie hier?" weckte mich ein Arzt.

„Die englischen Soldaten haben mich hergebracht", antwortete ich. Der Arzt machte auf dem Absatz kehrt und kam mit einem ungarischen Soldaten zurück, der mich wortlos auf den Flur schob. „Was soll das?" fragte ich.

„Jemand hat Sie zu einer Leprakranken gelegt." Er schaute mich verwundert an: „Sie wußten das nicht? Man kann es am Gesicht sehen, sie hat keine Lippen mehr und keine Augenlider." Ich schüttelte mich. Daher also das Lächeln. Ich schlug dem Soldaten vor, mich zu Janos und Csöpi zu bringen, ein Bett hatte ich ja.

„So ergeht es einem, der herumstrolcht", begrüßte mich Csöpi, „noch dazu das Lepra-Zimmer. Der Engländer hat sich bestimmt nichts dabei gedacht." Ich erkundigte mich nach dem Mittagessen.

„Sie haben noch nichts bekommen?"

„Nein, nur Frühstück. Ich habe fürchterlichen Hunger."

„Das ist gut. Ich sehe, was ich auftreiben kann!"

Abends brachte Janos das Essen und fragte, wie es mir nach dem unfreiwilligen Ausflug ginge. „Eigentlich fühle ich mich trotz der Aufregung seit heute morgen besser."

„Dann ist das Schlimmste überstanden."

Am Morgen wachte ich durch Schritte im Zimmer auf. Das Geräusch kam vom Bett der einen Französin. Ich sah hinüber und glaubte zu träumen. Janos und Csöpi hoben einen Sack vom Bett der Französin und trugen ihn hinaus. Ich stierte das leere Bett an. Es gab keine Garantie für eine Genesung. Und ich hatte schon am Abend zuvor darüber nachgedacht, wann ich wohl entlassen würde. Ich fiel in einen unruhigen Schlaf. Eine neue Zimmerkameradin saß neben mir, als ich aufwachte. Sie lächelte freundlich. Auf der Stirn fühlte ich ein feuchtes Tuch. „Du hattest einen schlechten Traum. Ich heiße Szara", sagte sie in ungarischer Sprache. „Das dort ist meine Schwester Ruchele, die anderen nennen sie Rozsi. Wir sind seit drei Tagen hier. Meiner Schwester geht es ziemlich schlecht, aber ich glaube, es ist kein Typhus. Hoffentlich sind wir bald wieder gesund. Behandelt wird ja doch keiner. Die Leute liegen nur da und warten."

„Woher kommst du?" wechselte ich das Thema.

„Ich bin aus der Karpato-Ukraine. Und du?"

„Aus Eger. Gleich nach der Befreiung bin ich krank geworden. Ich hab' keine Ahnung, was alles passiert ist. Sind schon Leute nach Hause gefahren?"

„Soviel ich weiß, nicht. Vergiß, was die Engländer versprochen haben. Aber sie werden uns bestimmt nicht bis an unser Ende durchfüttern. Sieh zu, daß du gesund wirst und möglichst bald von hier wegkommst."

Szara und Rozsi waren auch zwei Wochen später noch im Krankenhaus. Sie litten an Dysenterie, sind aber gesund geworden. Auch ich wurde von Tag zu Tag kräftiger. Ich war ständig hungrig und konnte diejenigen verstehen, deren Gier mich anfangs entsetzt hatte. Ich wog nur noch achtundzwanzig Kilo, war nur noch Haut und Knochen. Mein Bett war voll mit abgeschuppter Haut. Ich duschte regelmäßig und ging vor dem Krankenhaus in der Sonne spazieren. Später traute ich mich hinter das Gebäude auf eine Wiese. Ich unternahm immer größere Spaziergänge. Manchmal hatte ich eine Decke dabei und legte mich stundenlang ins hohe Gras. Ich betrachtete den Himmel und die Wolken. Erst jetzt fühlte ich mich wieder als freier Mensch und begann, Zukunftspläne zu schmieden. Ich war für einen sechsmonatigen Erholungsaufenthalt in Schweden vorgesehen. Insgesamt wollte Schweden sechstausend Deportierte aufnehmen; es handelte sich um eine mit dem Namen des Grafen Bernadotte verbundene Aktion des Roten Kreuzes. Später konnten sie nach Hause oder erhielten die schwedische Staatsbürgerschaft.

Ich wollte aber nicht nach Schweden, sondern nach Eger. Der Arzt ließ sich aber nicht überzeugen und versuchte, mir den Erholungsaufenthalt schmackhaft machen. „Nach sechs Monaten bekommt ihre Familie einen seelisch und körperlich gestärkten Menschen wieder", erklärte er. „Sie haben gutes Essen und viel Ruhe nötig. Arbeiten sollten

Sie vorläufig nicht. In Schweden werden Sie gut versorgt. In Ungarn haben es nach dem Krieg selbst die schwer, die dageblieben sind und nicht wieder ganz von vorne anfangen müssen. Vertrauen Sie mir", schaute er über seine Brille hinweg und trug meinen Namen in die Liste ein.

Am Nachmittag kam Szara aufgeregt zu mir: „Bald geht der erste tschechoslowakische Transport ab", jubelte sie. „Wir haben uns schon am Vormittag eingeschrieben." Sie zeigte mir die Karte. „Sie fragten nur nach dem Namen und dem Geburtsort. Du bist in Rimaszombat geboren. Das gehört wieder zur Tschechoslowakei." Am nächsten Morgen brachte mir Szara ein Paket mit Kleidern und Schuhen von Rosza. Ich selbst hatte ja nur das Krankenhauskleid aus Leinen und die Pantoffeln. Ich zog mich um und ging mit ihr ins Büro, um mich registrieren zu lassen. Anstandslos erhielt ich die Karte. Es war das erste amtliche Dokument seit meiner Verschleppung, auf dem mein Name und nicht eine Zahl vermerkt war. Andächtig schaute ich auf das Stück Papier in meiner Hand.

Am folgenden Tag sollten uns Lastwagen zum Hafen bringen, wo das schwedische Schiff vor Anker lag. Ich stieg als letzte auf und blieb an der niedrigen Seitenwand stehen. Als der Wagen anfuhr, sprang ich ab und verschwand eilig im Gebäude. Das Motorengeräusch entfernte sich. Niemand suchte nach mir. Mir fiel Obernheide ein, wo ich mich ebenfalls hatte absetzen wollen. Jetzt tat ich es wirklich. Ich war vollkommen überzeugt von diesem Schritt. Ich gehörte nicht nach Schweden, sondern zu meiner Familie nach Ungarn, und ich hatte den Berechtigungsschein, der mich zu ihnen bringen sollte, in der Tasche.

Ein ungarischer Soldat kam die Stufen herunter und fragte, warum ich noch da sei. Ich erklärte, daß ich auf dem schnellsten Wege nach Ungarn wollte. Da nur noch das Personal im Haus war, nahm er mich mit in die Küche, wo ich freundlich empfangen wurde. „Jetzt wird das Gebäude geputzt und desinfiziert", berichtete man. Da ich der einzige „Gast" war, schlugen sie vor, ich sollte mir doch ein kleines Zimmer einrichten. Außer einem Bett brachten mir die Jungen einen Tisch mit Stühlen. Den Boden legte ich mit Decken aus. Die größte Überraschung war, daß ich mein Zimmer abschließen konnte. Ich fühlte mich wie in einem Palast.

Weit öffnete ich das Fenster, stellte einen Sessel neben das Bett und daneben einen Teller mit Schokolade, Keksen, Zigaretten und Streichhölzern. Außerdem pflückte ich mir einen großen Strauß Blumen. Der Länge nach streckte ich mich auf das Bett, die Arme unter den Kopf, und genoß meine Luxuswohnung.

Als es an der Tür klopfte, fiel mir ein, daß ich zugeschlossen hatte. „Wer ist da?" fragte ich, während ich vor Lachen fast platzte. Es war Csöpi. „Warum schließen Sie sich ein?" Ich erklärte es ihm, während er sich umschaute. „Das Zimmer ist wirklich schön geworden!"

„Ja!" sagte ich stolz.

„Wir werfen sämtliche Vorhänge weg. Holen Sie sich einen für Ihr Fenster", schlug er vor.

„Sie werfen sie weg? Warum? Sie sind doch schön und aus gutem Material."

„Es ist so angeordnet."

„Dann hole ich zwei. Einen als Vorhang, aus dem anderen nähe ich mir eine Bluse. Können Sie mir Nadel, Faden und eine Schere besorgen? Am besten noch heute."

„Warum so eilig?" wunderte sich Csöpi. Ich zeigte ihm meinen Zettel. „Ich will mit dem nächsten tschechischen Transport reisen."

„Dann sollten Sie sich auch einen Rock nähen. Es gibt hier feine, englische Decken."

„Csöpi, Sie sind ein Genie!" Er wurde rot. „Gehen wir essen", sagte er.

Ich nähte mir aus dem cremefarbenen Vorhangstoff eine Bluse und dazu aus einer hellgrauen dünnen Decke einen Glockenrock und eine kurze Jacke. Alle meinten, ich sähe eleganter aus als die englische Thronfolgerin. Schließlich löste sich auch das Schuhproblem. Ruchele holte mich ab. „Komm sofort! Mit dem Zettel gibt es Kleidung vom Joint, einer jüdischen Hilfsorganisation aus Amerika. Morgen fahren wir ab. Heute nacht schläfst du bei uns."

Ich suchte Csöpi und Janos, um mich zu verabschieden. Zu meinem Ärger fand ich die beiden nicht. Zum Glück hatte ich Csöpis Adresse. Die anderen wünschten mir alles Gute. Ruchele drängte zum Aufbruch.

Ich erhielt auf meine Karte ein Kleid, eine Garnitur Wäsche und ein Paar Schuhe. Alles durfte ich auswählen und anprobieren. Ich entschied mich für dunkelblaue Schuhe mit sportlichen Absätzen. Sie waren bequem und hübsch. Die Sohle war zwar schon dünn, aber das beachtete ich nicht. Mir fielen die Schuhsohlen ein, die meine Mutter auf dem Müllhaufen gefunden und die ich mit Draht an den Füßen befestigt hatte. Wie verbittert war ich gewesen, als mir von der Kapo-Frau meine Schuhe weggenommen worden waren und ich barfuß laufen mußte. Das Kleid, das ich bekam, war nicht so schön wie das von mir genähte, aber ich war damit zufrieden. Es war für die Reise gut genug. Zu Hause konnte ich mein Selbstgenähtes tragen. Früh am nächsten Morgen stiegen wir auf den Lastwagen, der uns zur Bahn brachte.

# Heimweg

Der Zug, der uns in Richtung Heimat bringen sollte, bestand zwar aus Viehwagen, aber als ich ihn erblickte, klopfte mir das Herz vor Freude. Die geöffneten Türen erschienen mir nicht furchterregend, sondern einladend. Der Boden der Waggons war sauber. Etwa dreißig Menschen stiegen in einen Wagen. Es gab Decken, so viel man haben wollte. Englische Soldaten brachten eine große Kiste mit Konserven und jede Menge trockene Kekse. Ich stand an der Waggontür und ließ meinen Blick über die Landschaft schweifen. Bergen-Belsen ade! Wir fahren nach Hause! Wie viele aber haben nicht überlebt?

„Das ist ein großer Augenblick", sagte Szara. Einige Lastautos aus Richtung des Lagers brachten weitere Fahrgäste und Kisten. Ungarische Soldaten luden die Kisten ab und halfen den Engländern, alles auf den Zug zu laden. Unter ihnen waren auch Janos und Csöpi. Szara rief nach ihnen. Sie winkten und kamen nach der Arbeit zu unserem Waggon. So konnten wir doch noch in Ruhe Abschied nehmen.

Als der Zug sich in Bewegung setzte, wurde laut gejubelt und gesungen. Wir verließen das Lager! Es war vorbei! Einigen von uns wurde die Bedeutung des Augenblickes erst jetzt bewußt. Die Engländer lächelten. Janos und Csöpi salutierten und sahen dem Zug ernst nach.

Die kaputten Bahnlinien waren so überfüllt, daß auch verhältnismäßig kurze Strecken Tage in Anspruch nahmen. Die Fahrt war ermüdend, obwohl jeder einen Liegeplatz und ausreichend Decken hatte. Es war genug zu essen und zu trinken da, mehrmals täglich konnten wir aussteigen und uns die Beine vertreten. Wie hatten wir die erste Waggonfahrt ertragen können? Sechsundneunzig Menschen eingesperrt, ohne Wasser und frische Luft. Jetzt waren wir zuversichtlich und erwartungsvoll. Jeder Kilometer brachte uns einem lange ersehnten Ziel näher.

Am dritten Tag unserer Reise kamen wir gegen acht Uhr morgens in Prag an. Die tschechische Hauptstadt war von den Zerstörungen des Krieges zu großen Teilen verschont geblieben. Unsere englischen Begleiter schlugen uns einen Ausflug in die Stadt vor. Abends sollte die Fahrt weitergehen. Ich zog mit meinen drei Freundinnen los. Am Bahnhof herrschte reges Treiben. Aufmerksam schauten wir uns um. Plötzlich schrien Szara und Ruchele auf und liefen auf einen gut aussehenden tschechischen Offizier zu. Er wollte die beiden abwehren, aber sie umarmten und küßten ihn, wobei sie ihn mit einem Schwall von Worten überschütteten. Aliz und ich blickten uns verständnislos an. Doch im nächsten Moment stürzte auch sie sich auf den jungen Mann: „Jankele!" Er fuhr zusammen und starrte die drei Frauen an. „Ich bin Szara, das ist Ruchele und das Aliz! Erkennst du uns denn nicht?"

Er schien seinen Augen nicht zu trauen und machte einen Schritt zurück, um sie genauer betrachten zu können. Doch – das waren seine Schwestern! Seit dreieinhalb Jahren hatte er seine Familie nicht gesehen. Ruchele war damals noch keine fünfzehn Jahre und viel kleiner gewesen, ein süßes molliges Mädchen, die jüngste von fünf Geschwistern. Sie stand lachend vor ihm, aber er fand ihre Grübchen in dem schmalgewordenen Gesicht nicht mehr. Ihr Haar, einst lang und blond, war kurz und braun. Auch Szara war viel größer geworden. Die schöne, ernste Szara mit den warmen Augen! Sie hatten Gespenster aus ihnen gemacht!

Szara schien seine Gedanken zu erraten und erläuterte: „Wir kommen gerade aus Bergen-Belsen. Wir waren in Auschwitz und in verschiedenen Arbeitslagern. Gleich in Auschwitz wurden wir von den Eltern getrennt. Wir drei blieben zum Glück zusammen. Boriska und Lea wurden mit ihren Kindern und unseren Eltern in eine andere Richtung geschickt. Lea hatte inzwischen vier Kinder."

„Vier Kinder?"

„Ja, das vierte hast du schon nicht gekannt. Acht Monate alt war er, ein niedlicher Junge."

Tränen liefen über Jankeles Gesicht, und er drückte die Mädchen an sich. Aus der Menge trat ein Offizier vor: „Jan?" Jankele hob seinen Kopf und lächelte. „Das ist Tomas", erklärte er. „Ich wollte ihn vom Bahnhof abholen. Und wen habe ich gefunden? Meine Schwestern! Woher wußtet ihr, daß ich in Prag bin?" fragte er plötzlich.

„Wir wußten es gar nicht,“ lachte Szara. „Wir sind auf dem Weg nach Hause. Der Zug macht hier Station, und wir wollen uns Prag ansehen. Was für ein Zufall, daß wir dich getroffen haben. Um neun Uhr fahren wir weiter.“

„Sicher nicht“, erklärte Jankele energisch. „Mein Urlaub ist längst fällig, und jetzt habe ich endlich einen Grund, nach Hause zu fahren. Unser Haus ist zwar geplündert worden, aber es steht noch. Sonst ist noch niemand zurückgekehrt. Aber wir fahren heim. Allerdings in einem schöneren Zug.“

Während ihm die Mädchen lachend versicherten, daß ihnen ihre Zugfahrt nicht besonders schlimm vorgekommen sei, verfinsterte sich Jankeles Gesicht. „Was habt ihr alles erdulden müssen.“

„Du hast noch gar nicht erzählt, wie es dir ergangen ist“, lenkte Ruchele ab.

„Ich flüchtete aus dem Arbeitsdienst, schlug mich zu den Partisanen durch und gelangte zur tschechischen Legion. Dort kämpfte ich bis zum Ende des Krieges. Danach bin ich Soldat geblieben. Das ist alles.“

Szara hängte sich bei mir ein: „Verzeih, wir haben dich ganz vergessen!“

„Das macht doch nichts“, lachte ich unter Tränen. „Ich freue mich, daß ihr glücklich seid. Was für eine wundervolle Begegnung. Ihr solltet wirklich bei eurem Bruder bleiben. Bevor wir uns trennen, müßt ihr mir aber eure Adresse geben, damit ich euch schreiben kann, wenn ich meine Familie gefunden habe.“

Szara stellte mich ihrem Bruder vor und berichtete von unseren Erlebnissen. „Lilly fährt nach Ungarn. Mir gefällt es nicht, daß sie die Reise alleine fortsetzt.“

„Du hast recht“, sagte Jankele ernst. „Es ist nicht sicher.“

„Aber warum nicht?“ protestierte ich.

„Bisher haben die Engländer den Zug begleitet“, mischte sich Tomas ein, „sie kümmerten sich um euch. Ab hier übernehmen die Russen den Zug. Ihnen ist es egal, wer mitfährt.“

Jankele schlug vor, daß auch ich bei ihm bleiben sollte: „Ich regele die Sache mit meinem Urlaub, und wir reisen zusammen in einem Offiziersabteil. Die Strecke geht über Budapest. Und dort werden auch wir nach Verwandten suchen. Von den Budapester Juden sollen viele überlebt haben. Danach fahren wir weiter. Und jetzt gehen wir in ein Heim", erklärte er, „das Nonnen für heimatlose Frauen, die aus der Deportation zurückkehren, eingerichtet haben."

An der Pforte zeigten wir das Papier aus Bergen vor. Es war unser einziger Ausweis. Die Tür öffnete sich. „Ich komme morgen vormittag!" rief Jankele uns nach.

Wir betraten einen kleinen Aufenthaltsraum mit großen Fenstern. „Bitte, nehmen Sie Platz!" forderte uns eine alte Nonne liebenswürdig auf. „Leider dürfen männliche Verwandte das Heim nicht betreten. Besucher können Briefe oder mündliche Nachrichten an der Pforte hinterlassen. Aber Sie können kommen und gehen, wann Sie wollen. Sie können kostenlos im Heim bleiben, so lange Sie möchten. Ich gebe Ihnen eine Adresse. Morgen gehen Sie mit Ihrem Bruder in dieses Amt. Dort erhalten Sie amtliche Ausweise. So, und jetzt zeige ich Ihnen Ihr Zimmer."

Die Nonne sprach tschechisch, und meine Freundinnen übersetzten für mich. Wir überquerten einen Flur. Die Nonne zeigte auf eine Treppe: „Das ist der Weg zum Speisesaal. Während des Krieges war es ein Luftschutzkeller. Um halb eins gibt es Mittagessen, vergessen Sie es nicht!"

„Essen vergessen wir nie", sagte Aliz.

Die Nonne blieb stehen. „Ich habe gar nicht gefragt, ob Sie Hunger haben?"

„Wir sind ständig hungrig", senkte Aliz ihren Kopf.

Die Nonne lächelte. „Ausnahmsweise schicke ich etwas aufs Zimmer, einverstanden?" Sie brachte uns zu zwei benachbarten Zimmern und ließ uns dann allein. Es war schön, wie sie sich auf zurückhaltende Weise um uns sorgte.

Die Zimmer waren mit je zwei Betten, einem Tisch mit zwei Stühlen und einem Schrank möbliert. Auf dem Tischchen standen Blumen und ein Tablett mit Gläsern. Am Fenster hingen Vorhänge. Alles war in weiß gehalten. „Wie in einer Arztpraxis", sagte Aliz.

Ich hängte meine selbstgenähten Sachen in den Schrank. Aliz war verschwunden, trat aber plötzlich aus dem Nebenraum herein. „Kommt.

schnell!" rief sie aufgeregt. Sie zeigte uns das Badezimmer: Schneeweiße Kacheln, ein Waschbecken, ein englisches WC und eine blitzsaubere Badewanne, versehen mit einem Vorhang und Wasserhähnen aus Nickel, flauschigen, frischen Handtüchern und mit Seife und Shampoo. Es war zwar nur ein gewöhnliches Badezimmer, aber sein Anblick versetzte uns in unser altes Leben zurück.

Da waren sie wieder: Die Schulbank, der Eislaufplatz, die Klavierstunden, die Ausflüge, das Strandbad und das Theater in Eger. Die Freitagabende im Hause der Großmama. Schwere Tischtücher und Servietten aus Damast, große, silberne Leuchter. Der Duft der Kerzen und der Kuchen, die wir freitags aßen. Literarische Debatten nach Tisch. Und dann kamen die Nazis und verkündeten, daß Juden keine Menschen seien.

„Wer badet als erste?" fragte Aliz unvermittelt.

Ich durfte anfangen. Als ich die Tür schloß, sah ich an ihrer Innenseite zwei Bademäntel. Darunter hing ein Leinensäckchen, in dem ich einen Kamm, Zahnpasta und eine neue Zahnbürste fand. Ich zeigte die Schätze Aliz, die in ihrer Hand ein knöchellanges, weißes Leinennachthemd hielt. Neben der Hausordnung war zu lesen, daß es einen Raum gab, in dem Sachen zum Nähen und Bügeln vorhanden waren. Die Nonnen hatten an alles gedacht. Ich ging zurück ins Bad und weihte, während das Wasser in die Wanne lief, meine neue Zahnbürste ein. Zum ersten Mal seit vierzehn Monaten putzte ich meine Zähne mit Zahnpasta und Zahnbürste. Ich stieg in die Wanne und genoß das warme Wasser. Aliz klopfte und brachte mir ein belegtes Brot und zwei Äpfel.

Nach dem Mittagessen suchten wir die Nonne auf, die uns vormittags empfangen hatte. Wir bedankten uns für die Fürsorge. Ihr Gesicht strahlte. Nachmittags badete Aliz und saß stundenlang im heißen Wasser.

In der ersten Nacht suchten uns böse Träume heim. Ich griff mit einer in Lumpen gewickelten Hand nach den Beinen einer Leiche, wurde verprügelt, konnte den Toten aber nicht bewegen. Die Leiche war angeschwollen und zentnerschwer. Der SS-Mann prügelte mich erneut. Ich hatte aufgehört zu schreien, spürte den Schmerz der Schläge nicht mehr und wußte, daß ich sterben würde. Dann umgaben mich Dunkelheit und

Stille. Schweißgebadet erwachte ich und hörte Aliz stöhnen. Ich stolperte zu ihr und rüttelte sie wach. Als sie die Augen öffnete, sah ich den Blick eines gejagten Tieres. Mir wurde klar, daß zwar unsere Körper befreit waren, aber nicht unsere Seelen. Aliz setzte sich auf und griff erschrocken nach meinem Arm. „Verlaß mich bitte nicht!" sagte sie.

Jede Nacht verfolgten uns diese Träume. Alles war wieder da: Die Belsener Latrinen, die stinkenden Tümpel und der Leichengeruch. Die Pyramiden aus nackten Leichen, der Schornstein von Auschwitz. Das erste Entkleiden in der „Häftlingsfabrik". Die Enthaarung. Die grölenden Soldaten, die Desinfektionsflüssigkeit auf unsere Gesäße spritzten. Die Appelle, die zähnefletschenden Hunde. Die halbverfaulten Kartoffelschalen aus dem Müllhaufen. Mengele, der meiner Mutter in den Bauch trat. Der Typhus, der vielen den letzten Rest Selbstachtung raubte. Wir hatten Angst vor der Nacht.

Die Tage hingegen verliefen heiter. Das Heim versorgte uns aufopfernd, nachmittags streiften wir mit Jankele durch die Stadt; er kaufte seinen Schwestern Schuhe, Kleider, Wäsche, sogar Pullover, Handschuhe und Schals für den Winter. „Ihr glaubt doch nicht, daß ihr aus Prag ohne Koffer nach Hause kommt? Bisher hatte ich keine Freude an meinem Gehalt. Ich wußte nicht, wofür ich es ausgeben sollte. Bei der Armee werde ich mit allem versorgt, das Gehalt spare ich jeden Monat. Ich freue mich, daß ich es jetzt für euch ausgeben kann."

Jankele wollte, daß auch ich etwas kaufte, aber ich blieb starrköpfig. „Ich brauche nichts. Wozu soll ich Pakete schleppen? Was ich habe, reicht vorläufig, zu Hause wird es schon alles geben. Ich weiß, wem meine Eltern die guten Sachen anvertraut haben."

Ein Geschenk nahm ich doch an. Ich hatte erzählt, daß meine Mutti am 13. August ihren Geburtstag hätte und ich glücklich wäre, bis dahin zu Hause zu sein. Eines Tages überraschte mich Jankele mit einem Dutzend schöner Damentaschentücher, die er meiner Mutter zum Geburtstag schenken wollte. „Und dies hier ist von uns", sagte Szara und gab mir ein Stück schön verpackter Lavendelseife. Ich weinte, umarmte alle und fühlte mich geborgen. Dennoch konnte ich es kaum erwarten, wieder zu Hause zu sein.

Nach einer Woche kam Jankele traurig zu uns. Er konnte seinen Urlaub erst in zwei Wochen antreten und mußte in einer dienstlichen Angelegenheit verreisen. Aber er ließ uns eine Menge Geld zurück: „Geht ins Theater, ins Kino, ins Restaurant! Gebt alles aus! Es ist doch nur Geld. In zwei Wochen bin ich zurück, und dann machen wir uns auf den Weg."

In der Stadt beobachteten wir, wie die Leute uns musterten und bemerkten, daß wir ehemalige Deportierte waren. Ihren mitleidvollen Blicken entnahmen wir, wie sehr sie die grausame Rassenverfolgung der Deutschen verurteilten. Weltweit war inzwischen bekannt geworden, was die Nationalsozialisten verbrochen hatten. Haarsträubende Berichte der befreienden Armeen über die Konzentrationslager ließen die Menschen erschauern. Wo immer wir hingingen, war man uns gegenüber freundlich und zuvorkommend, manchmal war es schon ein wenig unangenehm. Unser Geld wurden wir nicht los. Der Gemüsehändler am Markt nahm uns nichts für das Obst ab. Auch in einigen Geschäften und Restaurants mußten wir nichts bezahlen. Dabei wollten wir keine Geschenke, wir wollten nicht wieder „anders" sein.

Die vielen Spaziergänge, die reichhaltige Kost und die Fürsorge trugen Früchte. Als Jankele uns nach zwei Wochen wiedersah, war er überrascht. Wir waren glücklich – bis auf die Alpträume. Ich war wieder gesund, und der weiteren Reise stand nichts im Wege. „Ich komme höchstens ein, zwei Tage zu spät zu Muttis Geburtstag", rechnete ich.

Die Fahrt im Offiziersabteil war bequem, aber als es Nacht wurde, schauten wir sehnsüchtig auf den Boden, wo es so viel Platz gab. Da hätten wir uns gut ausstrecken können. Manchmal fällt es schwer, sich zivilisiert zu benehmen.

Am späten Nachmittag kamen wir am Budapester Westbahnhof an. „Wann fährt der nächste Zug nach Eger?" fragte ich einen Eisenbahner.

„Morgen nachmittag vom Ostbahnhof. In Hatvan und in Füzesabony muß man umsteigen. Wenn Sie Glück haben, kommen Sie am Tag darauf gegen Mittag an, wenn Sie keinen Anschluß erhalten, erst gegen Abend. Vielleicht auch erst am nächsten Tag. Es gibt keinen Fahrplan. Ich empfehle Ihnen, schon drei Stunden vor der Abfahrt auf dem Bahnsteig zu sein, damit Sie nicht auf dem Dach oder auf dem Trittbrett fahren müssen."

„Wo verbringst du die Nacht?" fragte Szara.

„Ich schlafe im Wartesaal auf dem Ostbahnhof. Dann verpasse ich den Zug bestimmt nicht."

„Ich schlage vor", unterbrach Jankele, „daß wir alle zu Tante Roza gehen. Wenn wir sie finden, lasse ich die Mädchen dort und begleite dich zum Ostbahnhof. Ist sie nicht da, fahren auch wir weiter nach Hause."

Wir gingen in die nahegelegene Vörösmarty-Gasse. Auf dem Türschild stand der Name der Verwandten. Eine ältere Frau öffnete. „Bitte?" Die Stimme der Frau klang ängstlich. Jankele breitete die Arme aus. „Tante Roza! Ich bin es, Jankele!"

„O Gott Jankele, in der Uniform habe ich dich gar nicht erkannt. Ari, Ari!" rief Tante Roza. Mit einer Hand hielt sie sich an der Tür fest, mit der anderen zog sie uns ins Vorzimmer.

„Das ist Szara, das ist Ruchele", stellte Jankele vor. „Hier ist unsere Kusine Aliz. Sie waren zusammen im Lager. Und das ist Lilly, ihre Freundin. Alle sind in Bergen-Belsen befreit worden."

Onkel Ari kam herein, ein dicklicher, rothaariger, sommersprossiger kleiner Mann. Er hatte seinen Hausrock übergeworfen. „Was ist geschehen?" fragte er aufgeregt.

„Ari, das sind die Kinder meiner Schwester aus Munkács!" freute Tante Roza sich.

„Warum bringt sie ein Mann vom Staatsschutz?"

„Sieh doch", erklärte sie ihrem Mann, „das ist Jankele. Er ist keiner vom Staatsschutz, sondern ein tschechischer Offizier. Kommt schon, setzt euch! Darf ich euch etwas zum Essen und Trinken bringen?"

„Warte, Tante Roza", hielt Jankele sie zurück. „Lilly geht zum Ostbahnhof, und ich möchte sie sicherheitshalber begleiten. Die Mädchen bleiben solange hier."

„Dieses Mädchen geht hier nicht weg, bevor es nicht etwas gegessen und getrunken hat!" sagte Tante Roza energisch, drückte mich in einen Armstuhl und eilte in die Küche. Bald zog der herrliche Duft einer Eierspeise durch die Wohnung. Dazu gab es saure Gurken, Brot, Quark und heiße, gezuckerte Milch. Zu Hause hatte ich heiße Milch nie gemocht, jetzt erschien sie mir himmlisch. Vielleicht hing es mit Tante Roza zusammen, die mir nach den langen entbehrungsreichen Monaten ein Gefühl von mütterlicher Geborgenheit gab.

„Wohin fährst du vom Ostbahnhof aus?" fragte Onkel Ari.

„Nach Eger", antwortete ich, „ich bin von dort."

„Warst du schon beim DEGOB, dem Komitee für Deportierte? Es wird vom Joint finanziert." Glücklich, etwas erklären zu können, fuhr der Onkel Ari fort: „Jeder Deportierte aus Ungarn oder jeder Arbeitsdienstler, der entkommen und heimgekehrt ist, meldet sich dort und wird in eine Liste eingetragen. Die Namen werden auf einer Tafel am Eingang notiert. So kann jeder sehen, wer von den Verwandten und Bekannten wieder da ist. Dieses Vorgehen erspart viele Nachforschungen. Außerdem", hob Onkel Ari den Zeigefinger, „spenden sie Kleider und Geld. Und du bekommst dort ein amtliches Schreiben, daß du aus der Deportation heimgekehrt bist."

„Also", übernahm Tante Roza das Kommando, „geht das Mädchen jetzt nirgendwo hin. Sie schläft hier, und morgen begleitest du sie auf den Bethlen-Platz zum DEGOB. Dein Zug fährt ohnedies erst nachmittags", wandte sie sich an mich. „Und Geld für eine Fahrkarte bekommst du dort auch." Ich wollte die Einladung abwehren, aber Tante Roza blieb hart. Sie erklärte, in ihrer Wohnung sei für alle genug Platz.

„Uns ist nicht so schnell etwas unbequem", lächelte Szara sie an. „Wir danken dir."

„Wenn ich es mir überlege", sprang Aliz auf, „hätte hier eine kleine Armee Platz, so wie in Auschwitz. In Bergen-Belsen war das ja kein Problem. Wir durften auf dem Lagerhof unter freiem Himmel schlafen. Zwischen den Leichen war immer noch ein Platz frei."

„Genug!" ermahnte ihre Schwester sie mit blitzenden Augen. Tante Roza und ihr Mann hielten sich an den Händen, Tante Roza war entsetzt, Onkel Ari, der seine Gefühle zu verbergen suchte, senkte den Kopf. Jankele rettete die Stimmung. Er öffnete seine Tasche und holte ein Paket hervor. „In der Tschechoslowakei galoppiert die Inflation nicht so wie in Ungarn", sagte er. „Bitte nehmt es!"

„Nein, das geht nicht, ihr braucht es doch selbst", stotterte Tante Roza, als Jankele den Tisch mit Schokolade, Kakao, Reis, Sardinen, Zucker und Mehl vollpackte. Hauchdünne Strümpfe und Wäsche für die Töchter kamen zum Vorschein.

Am nächsten Morgen verabschiedete ich mich. Besorgt sahen wir uns an, fürchteten, in Tränen auszubrechen und etwas zu sagen, daß die Trennung noch schmerzvoller machen könnte. Rasch tauschten wir die Adressen. Ich wußte nicht, was ich sagen sollte. Tante Roza küßte mich. „Ich habe dir zu essen eingepackt. Wer weiß, wann du in Eger ankommst! Wenn du wieder einmal in Budapest bist, besuche uns."

Ich bedankte mich. Onkel Ari brachte mich nach unten. Ich schaute zum dritten Stock hinauf. Die anderen blickten uns hinterher. Wir gingen durch das Tor. Onkel Ari zeigte auf den gegenüberliegenden Bürgersteig: „Das Gebäude mit dem Eisenzaun ist die jüdische Synagoge am Bethlen-Platz", sagte er. „Neben dem Hof ist das DEGOB-Büro." Er beschrieb mir noch den Weg zum Ostbahnhof und verabschiedete sich.

Der Synagogenhof war voller Menschen. Die meisten standen vor den Tafeln mit den Namenslisten. Ich setzte mich auf den Rand des Bürgersteigs und beobachtete die Leute. Schließlich stand ich auf und ging mit klopfendem Herzen durch das schmiedeeiserne Tor. Als ersten traf ich den Bruder meiner ehemaligen Mitschülerin Marika. Er war noch ohne Nachricht. Ich erzählte ihm, daß Marika ebenso wie ich befreit worden war. „Sobald sie Platz in einem Transport erhält, verläßt sie Bergen-Belsen."

Gyuri strahlte, und ich erkundigte mich nach meiner Familie. Vor Aufregung bekam ich einen trockenen Mund. „Ist schon jemand Zuhause?"

„Nein, niemand", antwortete er.

„Niemand?" wiederholte ich enttäuscht.

„Lilly", er umfaßte meine Schultern, „niemand ist bislang aus deiner Familie heimgekehrt." Ich sah ihn fassungslos an, ich hörte seine Worte, aber ich verstand sie nicht.

„Du mußt nicht verzweifeln, das bedeutet noch nichts. Jeden Tag kommt jemand. Vor zehn Minuten hatte auch ich noch keine Ahnung, daß meine Schwester lebt."

„Du verstehst nicht", sagte ich, „mir wurde zuverlässig berichtet, daß sie zu Hause sind. Vielleicht hast du sie nur nicht getroffen?"

„Versteh doch! Von den fast zweitausend Juden aus Eger sind bislang nicht mehr als vierzig nach Hause zurückgekehrt. Wir kennen sie alle. Noch etwas, Lilly. Besser, ich sage es dir gleich: Euer Haus liegt in Trümmern. Es wurde bei der Sprengung der Eger-Brücken zerstört. Wenigstens erzählt man es so." Gyuris sah traurig aus. „Ich hätte dir gern etwas Erfreulicheres berichtet."

„Warum hast du nicht damit begonnen? Das Haus ist unbewohnbar, deshalb sind sie nicht in Eger. Du wirst schon sehen, sie stehen auf der Tafel!"

Gyuri folgte mir. Ich fand die Namen meiner Familie nicht.

„Geh ins Büro. Dort werden alle Heimkommenden registriert. Und laß dich selbst aufschreiben," sagte er leise. „Geh noch nicht nach Eger. Der Joint unterhält Asyle. Es ist keine Gefälligkeit, eine solche Unterkunft steht dir zu. Auch in Eger gibt es ein solches Asyl. Im Büro wird man dich informieren. Aber besser ist, du bleibst in Budapest. Hier kannst du dich täglich nach deiner Familie erkundigen." Wir verabschiedeten uns, und ich ging ins Büro.

Weder meine Eltern noch meine Geschwister, meine Tante und mein Onkel oder andere aus der Familie hatten sich bisher gemeldet. Ich erhielt einen Ausweis, ein wenig Geld und wurde ins Bad geschickt. Meine Kleider erhielten Nummern. Es stellte sich heraus, daß das Bad eine Desinfizierungsmaßnahme war. Gemeinsam mit anderen stand ich da und wartete auf meine Sachen. Auch sie waren desinfiziert worden. Das kam mir bekannt vor. Meine Kleider dampften, als ich sie wiederbekam. Ein Haufen zerknüllter Fußlappen. Das hellgraue Kleid war eingelaufen, die cremefarbene Bluse zerrissen. Meine depressive Stimmung verstärkte sich. Ich zog den verknüllten, engen Fetzen an und verließ den Ort, so schnell ich konnte.

Am Ausgang saßen zwei Beamtinnen. Die eine fragte nach meinem Namen und schrieb ihn auf ein Formular. Sie reichte mir das lichtblaue Papier. Ich war entlaust worden! Die Demütigungen nahmen offenbar kein Ende. Die Hilfsbereitschaft des DEGOB wäre segensreicher gewesen, hätte man ein wenig auf die Empfindlichkeiten der ehemaligen Deportierten geachtet. Die Beamtin sah mich herablassend an. „Na, wird's bald?"

„Ich warte auf die Sicherheitsnadeln", sagte ich mit ruhiger Stimme.

„Was?"

„Die Sicherheitsnadeln", wiederholte ich, „um diesen Zettel auf mein verdorbenes Kleid heften zu können", erklärte ich. „In Auschwitz bekamen wir sogar vier Stück, um unsere Gefangenennummern befestigen zu können." Hinter mir hörte ich Gelächter.

„Wenn nicht alle Welt wissen soll, daß wir keine einzige Laus haben, für wen ist dann das Formular? Für uns? Soll ich es mir als Andenken einrahmen?"

„Noch eine Verrückte", wandte sich die Beamtin an ihre Kollegin.

Gefolgt von einigen anderen, ging ich zum Ausgang.

„Der Tag begann so schön", äußerte eine Frau neben mir. „Ich bin heute angekommen und war sicher, daß meine Tochter schon zu Hause ist, aber ihr Name steht nirgends. Dann die Desinfektion. Jetzt warte ich auf das Auto, mit dem der Joint mich zur Unterkunft bringt. Ich fahre erst nach Hause, wenn meine Tochter eingetroffen ist."

„Ich bleibe auch", sagte ich und folgte ihr.

Ein Lastwagen beförderte uns zum Hungaria-Ring. In der Erzsébet-Schule hatte der Joint für die Zeit der Sommerferien eine Zuflucht eingerichtet. Es gab warme Suppe und ein Bett, aber ich schlief die ganze Nacht über nicht. Ich war verstört. Was sollte ich tun? Zu Tante Roza? Nein, mein Kummer würde die anderen traurig stimmen, sie glaubten doch, daß ich meine Familie wiedertreffen würde. Ich hatte kein Recht, sie zu belasten. Nach dem Frühstück ging ich in das Büro, wo ich einige Fahrkarten für die Straßenbahn bekam und fuhr zum Bethlen-Platz. Hungrig schlenderte ich umher. Beim ersten Obsthändler kaufte ich Weintrauben und gab mein gesamtes Geld aus. Gestern hätte ich dafür fünfmal soviel erhalten, sagte der Händler.

Gegen Mittag sprach mich eine alte Frau an. „Haben Sie zufällig meine Tochter Magda gesehen? Sie stammt aus Miskolc. Man hat sie deportiert. Sie ist achtundzwanzig Jahre alt."

Ich starrte die alte Frau an. Nußbraune, große Augen – als sie noch lebte. Höflich schweigend ließ mich die Frau nachdenken. Weshalb mußte ich gerade diese Frau treffen? Was sollte ich tun? Sie weiter umherirren und fragen lassen? Oder war es meine Pflicht, ihr die Wahrheit zu sagen? Sie sah mich mit einem hoffnungsvollen Lächeln an. „Nein, ich kenne diesen Namen nicht. Es tut mir leid", hörte ich mich sagen. Mit einer raschen Bewegung beugte ich mich zu ihr und küßte sie auf die Wange. „Es tut mir leid!" hauchte ich und ging mit schnellen Schritten weiter. Als ich mich umdrehte, sprach sie gerade jemand anderen an. An einen Eisenzaun gelehnt, weinte ich.

Ein paar Tage später traf mein Cousin Sanyi ein. Ich erzählte ihm von meiner Befreiung.

„Ich komme auch von dort", sagte er. „Aber uns brachten sie schon eine Woche vor der Befreiung aus Bergen-Belsen weg." Sanyi erzählte, was ihm zuvor passiert war. „Aus Hangony hat man uns in die Ukraine gebracht, wo wir Schützengräben für die Armee ausheben mußten. Wir wohnten in Zelten, die in die Erde gegraben waren. In den Bergen verschlechterte sich mein Gesundheitszustand, und ich wurde in das Garnisonskrankenhaus in Kassa eingewiesen. Die Ärzte stellten eine starke, mit krampfhafter Atmung verbundene Bronchitis fest. Aber man schickte mich zu meinem Bataillon zurück. Von dort aus wurde ich zum József-Városi-Bahnhof gebracht und nach Bergen-Belsen verschleppt. Über die Einzelheiten später einmal mehr", fügte er hinzu, „jetzt haben wir keine Zeit, wir fahren nach Eger."

„Das hat keinen Sinn", unterbrach ich ihn. „Von unserer Familie ist niemand da, und das Haus liegt in Trümmern."

„Wir fahren trotzdem", erklärte Sanyi leise, aber bestimmt.

Die Septembersonne schien warm, als wir in Eger aus dem Zug stiegen. Die Reise war lang und beschwerlich gewesen. Obwohl es von Budapest aus nur einhundertzwanzig Kilometer sind, brauchten wir fast einen ganzen Tag. Bereits Stunden vor der Abfahrt war der Zug voll. Fast die Hälfte der Strecke standen wir auf den Trittbrettern, hielten uns an Eisenstangen oder den Armen anderer fest. Abends kamen wir müde und hungrig in Hatvan an. Weiter ging es am nächsten Morgen. Wir verbrachten die Nacht im völlig überfüllten Wartesaal. Die Leute holten ihren Proviant hervor, tranken Wein und rauchten. Bald war die Luft unerträglich. Vom Weingeruch wurde mir übel. Beim Anblick des Essens lief mir das Wasser im Mund zusammen, wir aber hatten weder Lebensmittel noch Geld.

Am nächsten Tag gelang es uns, in ein Abteil vorzudringen und Sitzplätze zu finden. Erschöpft versuchte ich zu schlafen, doch je mehr wir uns Eger näherten, desto unruhiger wurde ich.

Vor anderthalb Jahren, im März 1944, war ich ebenfalls nach Eger gefahren, mit einem falschen Ausweis in der Tasche und der ständigen Angst, entdeckt zu werden. Aber ich wußte, wohin ich wollte. Nun wußte ich es nicht mehr. Ich konnte nur auf meine Familie warten.

Mehr als ein Jahr lang hatte ich diesen Augenblick herbeigesehnt. Jetzt verspürte ich einen Druck im Magen und hatte Angst. Ich sah auf die Fahrbahn der Deak-Ferenc-Gasse, und vor meinen Augen tauchten Bilder auf: Wagen mit weinenden Kindern, zitternden Alten und verschiedenen Paketen. Hinter ihnen her trotten in langen Marschkolonnen die Jungen, von bewaffneten Gendarmen begleitet. Ein Gewitter geht nieder. Man bringt die Juden fort!

Ich sah Sanyi an. Er war blaß und schaute weder nach rechts noch nach links. Den Joint fanden wir in der Mitte der Deak-Ferenc-Gasse, an der Stelle des Sanatoriums Kun. Die gesamte Familie des Frauenarztes Dr. Bela Kun kam in Auschwitz ums Leben. Sein privates Sanatorium erbte die jüdische Gemeinde in Eger. Das Gebäude war gut zur Unterbringung der Heimkehrer geeignet. Wir wurden mit Freude aufgenommen und erhielten gleich einen Teller Bohnengemüse. Sanyi fuhr am nächsten Tag zurück nach Budapest. Ihm erschien Eger wie eine Gruft. Er hatte sich das zerstörte Elternhaus angesehen. Ohne Familie sei es kein Heim mehr, teilte er mir mit. Jahrelang kehrte er nicht mehr nach Eger zurück.

Ich blieb beim Joint und bekam ein Bett mit Nachttisch in einem Viererzimmer: mein neues Heim. Ich schrieb drei Briefe: einen an die Mutter von Csöpi, einen an Icas Schwester in Budapest, in der Hoffnung, daß sie noch die alte Adresse hatte. Ich informierte sie, daß es nur eine Frage der Zeit sei, bis Ica einträfe. Den dritten Brief schickte ich nach Losonc an Gyuri. Bei Szara wollte ich mich erst nach der Ankunft meiner Angehörigen melden.

Zu unserem früheren Haus ging ich nicht. Ich wartete. Gesundheitliche Probleme stellten sich ein. Ich bekam schmerzende, ekelhafte Furunkeln. Einige waren pflaumengroß. Außerdem litt ich wieder Hunger. Ich war mit vierundvierzig Kilo Gewicht nach Eger zurückgekehrt. Die Zweigstelle des hiesigen Joint erhielt nur einen geringen Betrag für unsere Versorgung. Tag für Tag gab es abwechselnd Bohnen und Kartoffeln, aber nicht genug. Fleisch, Eier oder Quark gab es nie. Wie sollte ich zunehmen? Im Joint wohnten zwölf Personen, aber zum Essen stellten sich stets mehr ein – diejenigen, die zwar in ihre alte Wohnung oder ihr Haus zurückgehen konnten, aber noch kein Auskommen hatten. Nach dem Essen bot ich meine Dienste an. Ich räumte die Tische ab. Wenn ich im Speiseraum allein war, leckte ich die Teller ab, bevor ich sie in die Küche brachte. Es war schlimm. Neben meinem Bett blätterte die Farbe von der Wand. Einmal probierte ich sie. Sie schmeckte. Mit der Zeit kratzte ich ein richtiges Loch heraus. Vielleicht litt ich an Kalkmangel, dem ich so instinktiv entgegenwirkte. Auch das Problem mit den Schuhen tauchte wieder auf. Die Sohlen waren voller Löcher. Ich hatte kein Geld, um sie reparieren zu lassen. Strümpfe besaß ich auch nicht. Ich schnitt Einlagen aus Pappdeckeln zurecht. Bei Regen blieb ich tunlichst im Zimmer. Und es war erst September, was würde im Winter sein?

Bevor Sanyi fortging, versprach ich ihm, zu den Bekannten zu gehen, die meinen Eltern angeboten hatten, einige wichtige Dinge für uns aufzubewahren. Zwei Koffer hatten wir zu der einen, zwei weitere zu einer anderen hilfsbereiten Familie getragen. Ich wußte, daß sie mir die Sachen anstandslos wiedergeben würden. Ich brauchte mich nicht zu schämen und nicht zu betteln, denn es waren ja auch meine Sachen. Ich beschloß, mir die nötigsten Kleidungsstücke zu holen. Tag für Tag verschob ich die Ausführung meines Planes. Mein Schicksal selbst in die Hand zu nehmen, fiel mir schwer. Seit ich vor einer Woche in Eger aus dem Zug gestiegen war, schien meine Seele erstarrt. Vergeblich stellte ich mir die zusammengezogenen grauen Augen meiner Mutter vor und ihre ironische Stimme: „So Tochter, du gibst am Ende auf? Wo ist dein Temperament? Du bist frei, also handele danach!"

Ich teilte das Zimmer mit der sechzehnjährigen Babo, die auch auf ihre Eltern wartete. Auf einem unserer Spaziergänge verirrten wir uns in einem Weingarten. Auf den Hügeln von Eger wächst sehr guter Wein. Im September sind die Weinstöcke voll mit duftenden Trauben. „Ich habe seit zwei Jahren keine Weintrauben gegessen", seufzte Babo.

„Worauf warten wir?" ermutigte ich sie. Wir aßen die reifen Trauben. „Es wäre gut, auch den anderen etwas mitzubringen, aber wir haben keinen Korb", wischte sich Babo satt den Mund ab.

„Wenn du nicht zu müde bist, holen wir uns einen", sagte ich. „Zu Mittag haben wir nach den Bohnen noch Weintrauben." Niemand fragte, wie die Weintrauben auf den Tisch gekommen waren. Jeder nahm begeistert davon. Auch am nächsten Tag aßen wir uns im Weingarten satt und füllten unseren Korb. Den Wächter sahen wir im letzten Augenblick. Seine lange, dünne Gestalt türmte sich plötzlich vor uns auf. Erschrocken warf ich einen Blick auf den Korb an meinem Arm. Dann sah ich den Wächter aus den Augenwinkeln an. Er war etwa siebzig Jahre alt. In seiner rechten Hand hielt er eine Hacke, seine Linke stemmte er drohend an die Hüfte. Sein schnauzbärtiger Mund hielt eine langstielige Pfeife. Er schaute erst auf den Korb und dann auf uns. „Habe ich euch also erwischt!" Wir antworteten nicht. „Die Fräulein sind verstummt", brummte er, „dabei hörte ich, daß Sie sprechen können." Seine Stimme klang gelangweilt, aber sein kalter Blick gefiel mir nicht. Babo klammerte sich an meinem Arm fest. „Donnerwetter!" schrie der Alte, die Pfeife aus dem Mund nehmend. „Was denken Sie denn, was das hier ist? Ein Markt? Aber auf dem Markt zahlt man für die Ware. Ich bringe die Fräulein jetzt zur Polizei. Mit den gestohlenen Weintrauben. Sie bleiben dort, bis Ihr Vater Sie abholt. Schande haben Sie über Ihre Familie gebracht. Ihre Mutter weiß gewiß nicht, wo sich ihre jungen Mädchen herumtreiben."

„Uns wird niemand abholen", bekannte ich. „Wir haben kein Zuhause."

Ich war nicht mehr erschrocken, sondern nur noch traurig. Der Wächter betrachtete uns. Ich streichelte Babos Hand. Die Tränen auf unseren

Gesichtern schienen ihn milder zu stimmen. Wir erzählten ihm, daß wir Jüdinnen seien und auf die Rückkehr unserer Eltern warteten.

„Wir wohnen im Joint, in der Deak-Ferenc-Gasse", fügte ich hinzu. „Haben Sie davon gehört?"

Der Alte nickte.

„Sie können uns im Joint nur wenig zu essen geben", fuhr ich fort. „Wir leben von Bohnen und Kartoffeln, und es reicht nie. Auch Maisbrot gibt es nur wenig. Eier, Zucker, Milch haben wir noch gar nicht gesehen! Wir haben kein Geld, um auf den Markt zu gehen. Wir sind zum zweiten Mal hier. Was wir mitnehmen, teilen wir mit den anderen im Joint. Sie wissen gar nicht, woher die Trauben sind."

Der Wächter hatte sich auf seine Hacke gestützt. Sein Gesicht war ausdruckslos, ohne jede Spur von Rührung. Er deutete auf den Korb. Ich gab ihn ihm. Er sah an mir vorbei. Ich war überzeugt, bei der Polizei zu landen. Endlich klemmte er sich seine Pfeife zwischen die Zähne, kippte den Inhalt des Korbes auf den Boden und schippte Erde auf die kleinen grünen Trauben. Plötzlich wandte er sich uns zu und reichte uns den leeren Korb. Er deutete nach rechts: „Dort sind die feinen süßen Delikateßweintrauben", sagte er. „Die hier sind für den Wein." Er ging, drehte sich aber nach drei Schritten um: „Vormittags bin ich hier der einzige Wächter." Dann verschwand er. Mit offenem Mund schauten wir ihm nach.

Auf dem Heimweg überraschte uns ein Platzregen, der meine Schuhe aufweichte. Ich nahm mir vor, die Kleiderangelegenheit möglichst bald hinter mich zu bringen. An einem heiteren Spätsommersonntag machte ich mich widerwillig auf den Weg. Die erste Erfahrung war niederschmetternd. In der Tür stehend, erklärte mir die Frau, daß sie mir nichts geben könne, weil die Russen alles geraubt hätten. Feindselig sah sie mich an und schlug mir die Tür vor der Nase zu. Wie ein hinausgeworfener Bettler schlich ich davon und schluckte die Tränen hinunter. Am liebsten hätte ich die zweite Familie gar nicht aufgesucht. Doch ich riß mich zusammen.

Die Frau empfing mich mit großer Freude. „Gott sei gedankt, daß Sie zurückgekehrt sind! Wo sind die anderen? Schau mal, Joska, das ältere Weisz-Mädchen ist wieder da! Kommen Sie herein! Ich habe Milchkuchen gebacken. Trinken Sie einen Kaffee? Ich bringe ihn gleich. Bitte setzen Sie sich doch! Unsere Tochter hat geheiratet. Sie wohnt in Budapest. Sehen Sie sich das Fotoalbum an, bis ich den Kaffee bringe. Meine Tochter war eine schöne Braut. Komm, Joska, hilf mir!" wandte sie sich an ihren Mann und zog ihn mit sich.

Ich hielt das Album in der Hand und betrachtete die Fotos. Ich sah das Datum auf dem Hochzeitsbild: 29. April 1944. Im selben Moment klappte ich das Album zu. Im April 1944 hätte auch meine Hochzeit sein sollen. Das Album glitt von meinen Knien auf den Boden. Einige Bilder rutschten heraus. Erschrocken hob ich sie auf und spähte zur Tür, ob mich niemand beobachtete. Das Zimmer war hübsch eingerichtet. An den Wänden hingen Bilder. Endlich öffnete sich die Tür, und die Frau stellte ein Tablett vor mich hin. Auf einem kleinen Teller lag eine Stück Milchkuchen, daneben stand eine Tasse Kaffee. Er war lauwarm. Die Frau erzählte ohne Pause und fragte schließlich, warum ich so mager sei. Ohne ein Antwort abzuwarten, schimpfte sie, daß ihre Tochter ausgerechnet nach Budapest gegangen sei, wo es nichts zu essen gäbe. Längst hatte ich den Kaffee ausgetrunken und die dünne Scheibe Kuchen gegessen. Ich stand auf.

„Sie gehen schon? Wie schade!"

„Ich möchte Sie bitten, mir die Sachen zu geben, die Sie freundlicherweise für meine Familie aufbewahrt haben", sagte ich.

„Es fällt mir sehr schwer, darüber zu sprechen", hob sie an, „Sie wissen nicht, was wir alles durchstehen mußten! Der Krieg ist eine schlimme Angelegenheit! Einmal plünderten die Deutschen, einmal die Russen. Sie gingen von Haus zu Haus und nahmen alles mit! Mein Herz blutete, als sie auch Ihre Sachen forttrugen, denn ich mochte Ihre Mutter sehr."

„Dann gehe ich also, danke für den Kaffee", verabschiedete ich mich.

Vor dem Nachbarhaus sprach mich eine Frau an: „Sie sind doch das Weisz-Mädchen, nicht wahr?"

„Ja", antwortete ich kurz und wollte weitergehen.

„Ich habe Ihre Mutter gut gekannt. Das ist mein Haus", erzählte sie und zeigte auf das Nachbarhaus. „Als ich mit der Frau von nebenan noch gesprochen habe, sagte sie einmal, daß Sie ihr Koffer zur Aufbewahrung gebracht hätten. Und nicht nur Sie. Auch andere." Sie blickte verächtlich. „Haben sie gesagt, die Russen hätten alles weggenommen? Dann gehen Sie zurück und sagen, ich könne bezeugen, daß ihre Tochter den Pelz von Frau Weisz trägt. Wenn sie den Pelz nicht freiwillig zurückgeben, zeigen Sie sie an. Gehen Sie nur hin! Die haben geprahlt, wieviel Glück sie gehabt hätten, es käme ohnehin kein Jude zurück."

„Ich werde darüber nachdenken. Danke!" antwortete ich und flüchtete, weil sich mein Magen vor Ekel umdrehte. Ziellos ging ich in der Stadt umher. Brechreiz quälte mich bei dem Gedanken an die Heuchelei der zweiten Familie. In dem Schaukasten des Kinos waren Bilder der aktuellen Vorstellung zu sehen. Ich tat, als ob ich sie betrachtete. Hinter mir stand ein sonntäglich elegantes Paar. „Willst du heute abend ins Kino gehen?" hörte ich die Stimme des Mannes.

„Bleiben wir lieber daheim", flötete die junge Frau. „Außerdem ist das Kino schon wieder voll mit Juden. Auch in der Konditorei habe ich einen gesehen. Man trifft sie überall. Es sind mehr, als man weggeschafft hat", quengelte sie.

Noch vor einem Jahr hätte ich der Frau das Hütchen vom Kopf gefegt. Seither waren hundert Jahre für mich vergangen. Ich empfand keine Wut mehr, nur noch Abscheu.

Im Joint empfing man mich mit der Mitteilung, daß mich jemand sprechen wollte. Er hatte darum gebeten, ihn unbedingt aufzusuchen. Auf dem Papier stand ein mir unbekannter Name. Wer konnte das sein? Nach dem Mittagessen ging ich zur angegebenen Adresse. Vielleicht erfuhr ich etwas über meine Familie?

Ein Ehepaar mittleren Alters empfing mich und bat mich herein. In der Küche befand sich ein großer Tisch mit einem weißen Wachstuch. Um den Tisch herum standen vier Hocker und ein Stuhl. Mir wurde der Stuhl angeboten.

„Man sagte uns, daß das Fräulein vor zwei Wochen in Eger angekommen ist?"

„Ja", antwortete ich. „Vorher war ich in Budapest. Ich warte auf meine Eltern und Geschwister, aber noch ist niemand da."

Mit ernsten Gesichtern folgten die beiden meinem Bericht. In der Küche war es warm, es roch nach Bratkartoffeln. Die Frau lud mich zum Essen ein. „Also, während ich anrichte, gehen Sie doch einmal in das Zimmer", zeigte sie auf eine geschlossene Tür. „Sie können auch hinter sich zumachen."

Ich war erstaunt, öffnete aber die Tür und trat in ein großes Zimmer, das mit den Schlafzimmermöbeln meiner Eltern eingerichtet war! Verstört blickte ich in den verstellbaren ovalen Spiegel. Die Schränke, die Betten mit den Nachttischen. Die dazu passenden Lampen. Vor dem Bett das Sofa mit der Plüschdecke, darauf die alten Zierkissen. In der Ecke der runde kleine Tisch meiner Mutter und die gobelinbezogenen Stühle. Die Teppiche, der Lüster mit der Glocke, es fehlte nichts, nur die Familienfotos an der Wand. Weinend ließ ich mich auf das Sofa fallen und stellte mir vor, wie froh meine Eltern sein würden, wenn sie wieder in Eger wären. Wenigstens diese Sachen waren noch da. Ein Zierkissen in der Hand, stolperte ich in die Küche. Die Frau zeigte auf eine Schüssel mit Wasser. Daneben lagen Seife und ein sauberes Handtuch. Auf dem Tisch türmten sich Kartoffeln mit knuspriger Schale. Zur Überraschung der Frau verschlang ich die Kartoffeln samt der Schale und erklärte, daß gerade sie sehr vitaminreich sei. Über das Schlafzimmer sprach ich nicht. Das persische Zierkissen hielt ich auf dem Schoß. Die Arbeit meiner Mutter.

Nach dem Abendbrot sahen die beiden alten Leute sich an. Der Mann räusperte sich und sagte: „Die Nachbarn kamen und erzählten, die Möbel von Juden würden verteilt. Wer selbst nicht genügend Möbel hatte, konnte welche anfordern. Wir mußten zu einer Wohnung in der Mecset-Gasse gehen. Ein Beamter öffnete die Tür und sagte: 'Sie können nehmen, was Sie wollen.' Mit schlechtem Gewissen liefen wir durch die Zimmer und fragten, was geschähe, wenn die Menschen aus dieser Wohnung heimkehrten. 'Hier haben keine Menschen gewohnt, sondern Juden. Die kommen nicht zurück', antwortete er mir." Der Mann stockte.

„Wir nahmen das Schlafzimmer mit, so wie es war", setzte die Frau den Bericht fort. „Aber ich hatte nie das Gefühl, daß es uns gehört. Wir haben es auch nicht benutzt. Seit wieder Juden nach Eger zurückkehren, erkundigt sich mein Mann nach der Familie Weisz. Gestern haben wir erfahren, daß Sie hier sind."

Ich dankte den beiden und bat sie, die Sachen zu behalten, bis meine Eltern sie abholen würden.

„Jetzt tut es mir richtig leid, daß wir nicht alles mitgenommen haben. Ihr Haus ist später zusammengestürzt. Alles wurde vernichtet. Und Sie stehen jetzt mit nichts da."

„Das Perserkissen nehme ich mit", sagte ich beim Abschied.

Es war die erste Nacht in Eger, in der ich ruhig schlief. Ich hielt das Kissen meiner Mutter im Arm und dachte, daß es auf der Welt nicht nur habgierige und berechnende Menschen gab, sondern auch solche wie den Weintraubenwächter und die anständigen Leute, bei denen ich am Nachmittag gewesen war. Aufrichtig hatten sie über ihren Fehler gesprochen.

Am nächsten Morgen machte ich mich auf, die Sache mit dem Pelzmantel meiner Mutter hinter mich zu bringen. Als ich am Tor war, hielt ein Wagen vor dem Joint. Der alte Mann von gestern, ich nannte ihn bereits Onkel Feri, stieg aus und grüßte.

„Meine Frau schickt dem Fräulein etwas." Er warf sich ein Paket über die Schulter, und wir gingen in mein Zimmer. In dem Paket war mein altes Federbett. Wie oft hatte ich davon im Lager geträumt. „Mit den Betten haben wir auch die Bettwäsche mitgenommen", erklärte Onkel Feri. „Am Morgen sagte meine Frau, ich solle die Decke zu Ihnen bringen." Ich wollte mich bedanken, doch er hielt mich zurück.

„Sie müssen sich nicht bedanken, sie gehört Ihnen. Wenn Sie noch etwas brauchen, sagen Sie es." Vorsichtig packte er fünf Eier aus. „Die soll ich Ihnen auch geben. Außerdem schickt meine Frau diesen Kartoffelfladen."

Ich brach den Fladen und gab Babo die Hälfte. Der Alte schaute zu, wie wir die großen Stücke im Nu verschlangen. Ich bat Babo, die Eier aufzuheben, bis ich wieder zurück sei, und versprach Onkel Feri, seine Frau bald zu besuchen. Gedankenverloren ging ich die Straße entlang. Der Himmel bewölkte sich. Hoffentlich schaffte ich es noch vor dem Regen. Plötzlich hörte ich meinen Namen. Ich drehte mich um und erkannte Pista Stern, einen Klassenkameraden meines Bruders. Er erzählte, daß er schon seit Monaten zu Hause sei, ebenso sein Bruder und Vater. Sie hatten sich, gemeinsam mit einigen anderen jungen Leuten aus Eger, während des Krieges in Budapest versteckt. Er hatte gehört, daß ich im Joint wohnte und wollte mich schon längst aufsuchen.

Ich erzählte ihm, was ich vor hatte, und er schlug vor, mir zu helfen und mich zu begleiten. „Hast du schon die Rozsa-Jungen getroffen?" fragte er unterwegs.

„Nein."

„Dann weißt du auch nichts über euren Pista?"

„Nur, daß er voriges Jahr im Mai in Kistarcsa interniert worden ist."

„Von dort ist er geflüchtet", sagte er.

„Woher weißt du das?" schaute ich ihn verwundert an.

„Wir haben uns zusammen versteckt."

„Was? Pista lebt?! Du wußtest, daß ich zurückgekommen bin und hast gewartet, bis wir uns zufällig treffen? Wo ist er?" zerrte ich ihn am Arm.

„Ich hoffte, daß du Pali Rozsa getroffen hast…"

„Was hat Pali Rozsa damit zu tun", regte ich mich auf. „Wo ist mein Bruder?"

„Pista ist tot."

„Tot?"

„Lilly, Pista wurde erschossen, in Budapest auf der Straße, von den Pfeilkreuzlern."

„Du machst Spaß!" sagte ich heiser.

Pista sah schweigend vor sich hin. Schließlich begann er zu erzählen: „Am Almassy-Platz. Er lag im Schnee, alles war rot um ihn herum. Er hatte nur etwas Brot besorgen wollen. Aus unserer Gruppe ging jedesmal ein anderer, um Lebensmittel aufzutreiben. An diesem Tag kam er nicht zurück. Pali und ich machten uns auf die Suche nach ihm."

„Wann war das?" fragte ich endlich mit schwacher Stimme.

„Fast vor einem Jahr. Im Oktober."

„Am wievielten Oktober?"

Pista senkte den Kopf. Plötzlich blieb er stehen und schaute mich an. „Einen Tag vor seinem Geburtstag. Deshalb war er auch losgegangen. An seinem Geburtstag wollte er nicht hungern."

„Er war doch erst neunzehn Jahre alt!" schrie ich. „Ich gehe nicht weiter, ich gehe nach Hause. Ich kann jetzt nicht zu diesen Menschen gehen."

„Das verstehe ich", sagte Pista. „Aber ich gehe zu ihnen. Ich erledige das für dich."

Babo empfing mich mit strahlendem Gesicht. „Wie soll ich die Eier zubereiten?" Ich schaute sie an. „Ich schenke sie dir."

„Was ist los? Bist du krank?"

„Ich fühle mich nicht gut, ich lege mich hin."

„Du bist ganz grau im Gesicht." Babo sah mich besorgt an und verschwand mit den Eiern in die Küche. Meine Zähne klapperten, ich fror selbst noch unter dem Federbett und verkroch mich ganz unter der Dekke, damit niemand mein Weinen hörte. Wie sollte ich das meinen Eltern sagen? Plötzlich zog mir jemand die Decke vom Kopf: „Du wirst gesucht."

„Sag bitte, daß ich krank bin."

„Gut."

Nach einigen Minuten kam das Mädchen wieder. „Ich will nicht, daß du mir später vorwirfst, ich hätte dir nicht gesagt, wer dich sucht. Die Frau heißt Hortobagyi, sie war mit deiner Mutti zusammen, ich glaube in Lichtenau."

Ich sprang aus dem Bett. Rozsika Hortobagyi war eine Verwandte meines Cousins Sanyi. Wir umarmten uns. „Seit wann bist du hier?" fragte ich.

„Schon seit Wochen. Hast du noch mit niemandem gesprochen, der aus Lichtenau zurückgekommen ist?"

„Nein. Ich habe mich hier ziemlich verkrochen und warte auf meine Familie."

„Warte nicht auf sie, Lilly! Fang an, dir dein eigenes Leben aufzubauen, so gut es geht."

„Ich will das aber mit ihnen zusammen tun."

„Hör mir zu, Lilly. Ich habe mit Dr. Preszler gesprochen, einem der wenigen Männer, die überlebt haben. In Auschwitz schickte man deinen Vater gleich nach links. Du weißt, was das heißt?"

Mein Magen rebellierte, als hätte ich Eiswürfel verschluckt. Wieder befand ich mich in Auschwitz, sah den Schornstein und den Rauch aufsteigen.

„Was deine Mutti und Jutka betrifft", setzte Rozsika fort, „sie waren mit mir zusammen. Jutka bekam infolge des Vitaminmangels Mundfäule. Lilly, sie kommen nicht mehr wieder."

„Ich verstehe nicht, was du sagst."

„Eines Tages", fuhr Rozsika fort, „wurde die Abteilung abgeholt. Marget und Jutka waren bei dem Transport."

„Das ist nicht wahr!" entfuhr es mir. Mitleidig sah Rozsika mich an. „Es darf nicht wahr sein, Rozsika", sagte ich tonlos. „Heute morgen habe ich Pista Stern in der Stadt getroffen. Er erzählte mir, daß die Pfeilkreuzler meinen Bruder erschossen haben. Einfach so, auf der Straße. Und nun kommst du und sagst, daß man Vater vergast hat, und auch meine Mutter und meine Schwester ermordet worden sind. Und jetzt soll ich mich bedanken und mit dem Aufbau meines eigenen Lebens beginnen?"

„Das wußte ich doch nicht." Rozsika begann zu weinen. „Ich habe gehört, daß du voller Hoffnung und Erwartung bist, aber nichts anfängst, nur wartest. Irgend jemand mußte dir doch die Wahrheit sagen. Lilly, hier trauert jeder. Ich weiß, daß es keine tröstenden Worte gibt, aber ich sage noch einmal, daß du an dich denken mußt, sonst gehst du zugrunde. Bald kommt dein Verlobter, und dann fängt ein neuer Teil deines Lebens an."

Rozsika ging, ich stolperte zurück ins Bett. Ein schrecklicher Magenkrampf quälte mich wie zu Zeiten meiner Typhuserkrankung. Ich wartete auf Tränen, aber meine Augen blieben trocken. Ich spürte nur den schweren, großen Stein in meinem Magen. Mein Kopf war leer. Vergeblich versuchte ich, mir das Gehörte ins Gedächtnis zurückzurufen.

Nach dem Abendbrot setzte sich Babo zu mir und streichelte meinen Arm: „Ich weiß, was passiert ist", sagte sie. „Aber du mußt etwas essen. Bald ist Jom Kippur, dann kannst du fasten."

Hinter ihrem Rücken zog Babo einen Teller mit drei gebackenen Kartoffeln, zweieinhalb harten Eiern und ein wenig braunem Salz hervor.

Ich schaute auf den Teller, mir wurde schlecht. „Bitte, bring das weg!"
Auf Zehenspitzen trug Babo das Essen hinaus.

Die Tage vergingen, aber ich erholte mich nicht. Mir fiel alles schwer.
Ich saß nur noch auf meinem Bett. Essen konnte ich so gut wie nichts.
Nur Babo brachte mich hin und wieder dazu, ein paar Bissen zu mir zu
nehmen. „Bis Gyuri ankommt, wirst du so mager und häßlich sein, daß
er dich nicht mehr ansehen mag", appellierte sie an meine Eitelkeit. „In
Losonc gibt es sicher auch einen Joint", fuhr sie fort. „Schreib doch mal
da hin? Vielleicht steht Gyuris Haus auch nicht mehr, und deine Briefe
können gar nicht ankommen."

Pista Stern besuchte mich und erzählte mir, daß seine Mutter zurück
war. Außerdem würde er mir in den kommenden Tagen den Pelzmantel
bringen.

„Ich brauche den Pelz nicht mehr", sagte ich rauh.

„Bist du verrückt geworden?"

„Sprechen wir nicht darüber. Ich freue mich von ganzem Herzen, daß
Tante Bözsi wieder da ist. Du gehörst zu den Glücklichen, deren ganze
Familie wieder zusammengefunden hat. Grüß deine Mutter von mir.
Wenn es mir besser geht, besuche ich sie."

„Bist du krank?"

„Ich habe einen verdorbenen Magen."

Pista ging, kehrte aber nach fünf Minuten zurück und setzte sich auf
den Bettrand.

„Warum hast du mir nicht die Wahrheit gesagt?"

„Ich kann darüber nicht sprechen!"

Eine Weile saß er still neben mir. Dann stand er auf. Ich merkte, daß
er noch etwas sagen wollte. „Nimm es mir nicht übel, Lilly, aber deine
Familie wird nicht mehr zurückkommen, auch nicht, wenn du dich von
allem fernhältst. Du darfst so nicht weitermachen. Wenn du schon am
Leben geblieben bist, dann ist es deine Pflicht, auf dich achtzugeben.
Und wegen des Pelzes mußt du selbst zu den Leuten gehen!"

„Nein!"

„Dann sage ich ihnen, daß du krank bist und sie ihn hierher bringen
sollen."

„Hast du nicht verstanden?" fuhr ich Pista an. „Ich brauche den Pelz nicht. Es gibt niemanden, der ihn tragen könnte! Ich brauche überhaupt nichts mehr. Als ich sicher war, daß meine Familie zurückkommt, war ich froh, etwas von unseren alten Sachen wiederzufinden, das Schlafzimmer, den Pelz. Aber jetzt wird nichts mehr gebraucht."

„Aber du selbst kannst den Mantel doch im Winter anziehen."

„Er gehört meiner Mutter!"

„Und jetzt gehört er dir. Du erbst ihn. Lilly, du mußt etwas mit dir anfangen! Willst du ewig hier im Joint wohnen?"

„Ich warte auf Gyuri", entgegnete ich trotzig. „Er wird schon kommen. Ich bin müde, Pista. Müde von dem, was ich durchmachen mußte im Lager, müde von dem, was hier ist. Allein mache ich nicht mehr weiter. Also laß mich bitte in Ruhe auf Gyuri warten."

Nach einigen Tagen suchte mich Tibi Fleischer auf und brachte mir die Nachricht von Gyuris Tod. Er war bereits im vergangenen Winter verhungert. Mein Leben war zerstört. Es gab nichts, an dem ich mich festhalten konnte, nichts, das mir Mut gab. Wie würde es weitergehen? Ich konnte nicht einmal mehr weinen, so sehr ich mich auch nach Erleichterung sehnte.

Eines Morgens beschloß ich, zu unserem zerstörten Haus zu gehen, um auch dieses Kapitel abzuschließen. Der Dobo-Platz war voller Händler, die den vielen Käufern ihre Ware anpriesen. Ich betrachtete die verschiedenen Früchte: Äpfel, gelbe Kaiserbirnen, mächtige Pflaumen, Pfirsiche, reife Aprikosen. Es war September, die Zeit der Herbstfeiertage. Zuhause war der Festtagstisch immer mit diesen Köstlichkeiten überhäuft gewesen. Ich suchte den Boden nach heruntergefallenem Obst ab. Plötzlich sprang mich ein kleiner Hund an; er rannte weg, drehte sich um und stürzte sich fröhlich auf mich. Ein wuscheliger, grauer Pudel. „Buksi!" rief ich. „Mein Kleiner, wenigstens du lebst noch." Er schaute mich aufmerksam an, hechelte vor Aufregung und leckte meine Hand. Ich streichelte den kleinen Kerl. „Wenigstens du bist zurückgekehrt!"

Aber ich konnte ihn nicht mitnehmen. Ins Joint durften keine Hunde. Außerdem konnte ich ihn nicht versorgen; ich hatte selbst immer Hunger. Die Obsthändlerin, vor deren Tisch sich die Szene abspielte, wollte wissen, ob Buksi mein Hund sei. Als ich nickte, erzählte sie, daß er sich krank und hungrig herumgetrieben hatte, bis sie ihn zu sich nahm. Sein neuer Name war Pajtas, was soviel wie Kamerad bedeutet. Als er „Pajtas" hörte, sprang Buksi an der Obsthändlerin hoch. „Wir haben ihn sehr gern. Er ist der Kamerad unserer Kinder, daher auch der Name. Aber wenn der Hund zu Ihnen möchte, müssen wir auf ihn verzichten."

„Vorläufig habe ich nichts dagegen, wenn er bei Ihnen bleibt. Ich habe noch keine Wohnung."

Wir verabschiedeten uns. Von meinem Elternhaus trennten mich nur noch wenige Meter, aber mein Mut hatte mich verlassen. Ich beschloß, zum Joint zurückzukehren. Buksi folgte mir. „Pajtas!" rief ihm die Frau nach. Er blieb stehen, schaute sich um, dann setzte er sich. Sein Blick wanderte zwischen mir und der Obsthändlerin her. Ich sprach ihn nicht an und drehte mich erst nach ihm um, als ich weit genug entfernt war. Buksi spielte selbstvergessen mit einem kleinen Jungen von etwa sieben Jahren neben dem Obststand.

An Schlaf war in der nächsten Nacht nicht zu denken. Ich wußte mir nicht zu helfen. In der Hoffnung, daß ein Wiedersehen mit dem alten Haus doch etwas in mir bewirken könnte, machte ich mich am frühen Morgen auf den Weg. Aus dem engen Meszes-Durchgang kam ich auf die neue schmale Brücke, die über die Eger führte. An der Ecke der Mecset- und Flußufer-Gasse lag das zertrümmerte Haus. Unter dem zusammengestürzten Dach ragten Wandteile hervor. In Bremen hatte ich viele ebenso zerstörte Häuser gesehen. Ich fühlte mich wie bei der Aufräumungsarbeit. Ich stützte die Ellenbogen auf die Brüstung der Brücke. Nichts regte sich in mir. Ich sagte mir, daß es sich hier nicht um irgendein Haus in Bremen, sondern um mein Elternhaus in Eger handelte. Das Heim meiner ganzen Familie. Sollte ich um ein Haus weinen? Warum sollte das Haus nicht zu Trümmern geworden sein wie mein Leben? Vielleicht wäre es schlimmer gewesen, das Haus wieder zu betreten und in den verlassenen Zimmern herumzugehen. Was hatte Sanyi behauptet: „Ohne die Familie ist das Haus kein Heim mehr." Wie recht er hatte. Mein Verstand sagte, daß ich hier nichts mehr zu suchen hatte. Dennoch zog es mich zu den Trümmern. Ich stieg über Schutthaufen. Die zerrissenen Schuhe schützten meine Füße nicht vor Verletzungen. Ich hob einen Dachziegel auf. Dann einen anderen. Unvermittelt begann ich, Steine zur Seite zu räumen, grub immer tiefer. Meine Hände bluteten, aber der Schmerz tat mir gut. Plötzlich hatte ich die Ecke eines Fotorahmens in der Hand. Vorsichtig buddelte ich weiter und fand ein Bild von Gyuri! Seine warmen, braunen Augen lächelten mich an. Mir schien es auf einmal, als hätte er bei unserem Abschied gewußt, daß wir uns nie mehr wiedersehen würden. Ich schaute das Bild an, der Schmerz überwältigte mich fast. Ich suchte weiter, fand noch mehr Fotos. Das Jugendbild meines Vaters kam unversehrt zum Vorschein, nicht einmal das Glas war gesprungen. Aber ich konnte nicht weinen. Ich grub bis zur Dunkelheit, raffte meine Schätze zusammen und ging müde und hungrig zum Joint.

Am nächsten Morgen nahm ich einen Spaten zum Haus mit. Mein Muskelkater erfüllte mich mit Genugtuung. Als erstes fand ich eine alte Handtasche. Darin hatte ich Gyuris Briefe gesammelt. Eine Tasche mit Fotos folgte. Auf den Trümmern sitzend, schaute ich sie der Reihe nach an. Mit Schrecken zog ich Jutkas abgeschnittenen Zopf aus dem Schutt hervor. Mir fielen die traurigen Augen Vaters ein, als er die zu Boden gefallenen Haarflechten sah. Jutkas Schrei tönte in meinem Ohr: „Ich habe meine Zöpfe in der Wohnung vergessen!" Ich hörte die beruhigende Stimme meiner Mutter: „Sie sind in der Wohnung gut aufgehoben." Jetzt waren sie zu mir zurückgekehrt.

Eine flache Holzdose geriet mir in die Hände. Ein hauchdünnes, zerbrechliches Ding. Erstaunlich, daß sie unversehrt geblieben war. Was mochte sie enthalten? Es waren Briefe aus der Verlobungszeit meiner Eltern. Mutter hatte sie aufbewahrt – wie ich die Briefe von Gyuri. Nie hatte sie die Briefe erwähnt. Ich beschloß, ihr Privatleben zu respektieren und verbrannte sie.

Am Boden sitzend, beobachtete ich den Qualm und wie die Flammen das Papier verzehrten. Ich erinnerte mich an Auschwitz. Ein stechender Schmerz durchfuhr mich, und endlich brachen die Tränen aus mir heraus! Ich weinte, jammerte, tobte. Im Rauch erschien mir das Gesicht meiner Großmutter. Das Bild war so lebensecht, als stünde ich vor ihr. Alles war wieder da: Großmutter im Bett, den Kopf auf einem Berg von Kissen, mein Onkel und meine Tante, die ihre Tränen zurückhielten, als wir uns verabschiedeten. Der winkende Gyuri am Ende des Tompa-Platzes. Die dankbaren Augen Vaters, als ich ihm in Auschwitz sein Rasierzeug reichte. Seine letzten besorgten Worte an Mutter: „Stell dich in die Mitte und halte die Mädchen fest an der Hand!" Pista mit seinem heiteren Gesicht, immer zu Späßen aufgelegt. Ich sehe eine stolpernde, bündeltragende Menge. Begleitet von bewaffneten Gendarmen, schleppen wir uns auf dem holprigen Weg zwischen Kerecsend und Maklar vorwärts. Tante Kata geht schwer bepackt, neben ihr Onkel Miklos, der sie stützt. In Maklar gelang es uns nicht, in denselben Waggon einzusteigen. In Auschwitz habe ich sie nicht mehr gesehen. Jetzt glaube ich, die Stimme meiner kleinen Schwester zu hören: „Schau, Mutti, dort ist Lilly! Dort oben!" Wir sind auf dem Weg von Birkenau nach Bremen und stehen an einer Böschung, unten auf den Schienen wartet der Zug. Die Gruppe meiner Mutter geht neben dem Waggon, als Jutka mich bemerkt. Sie zeigt lachend das Brot, das sie bekommen hat. Meine Mutter beruhigt mich, daß wir uns am Ende der Reise wieder treffen werden. Wir steigen ein.

Mit anhaltendem Atem ließ ich die Bilder auf mich wirken. Sie verschwanden und nahmen einen Teil meiner Seele mit. Weinend saß ich auf den Trümmern. Die Briefe meiner Eltern verglimmten. Ich war völlig erschöpft.

Ich war einundzwanzig Jahre alt, als sich mir die Vergangenheit so vergegenwärtigte, als sei alles gerade erst geschehen. Jetzt mußte ich mich allein auf den Weg in eine unbekannte Zukunft machen.

Dokumentation von Schülerinnen und Schülern
der Kooperativen Gesamtschule Stuhr-Brinkum
zu den Erinnerungen von Lilly Kertesz

Herausgegeben von Ilse Henneberg

Inhalt der Dokumentation

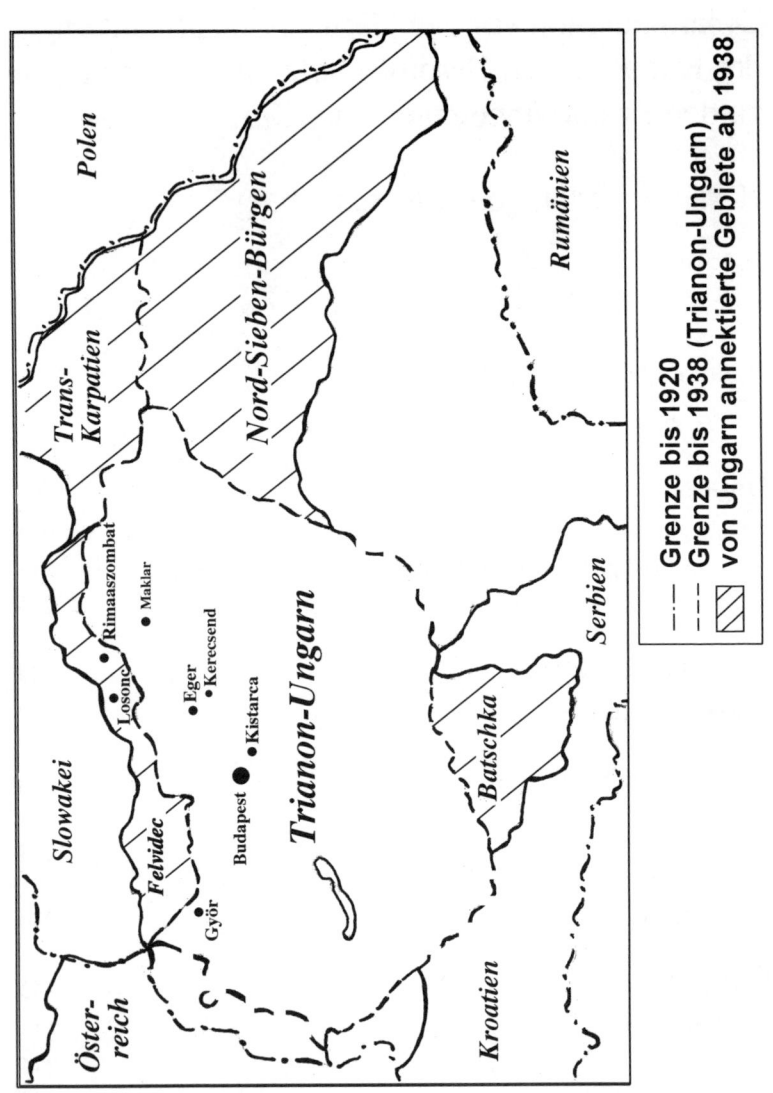

*Landkarte von Ungarn 1944*     *Christian Tümena, 13. Jg.*

# Ungarn

Am 19. März 1944 marschiert die Deutsche Wehrmacht in Ungarn ein. Zwei Tage später erreicht sie auch den Ort Rimaszombat. Lilly Agnes Weisz feiert gerade ihren 20. Geburtstag – zusammen mit ihren Verwandten und ihrem Verlobten Gyuri, der soeben aus dem jüdischen Arbeitsdienst der ungarischen Armee entlassen worden ist. Am 23. März fährt Lilly zu ihren Eltern nach Eger zurück. Inzwischen gilt ein striktes Reiseverbot für Juden. In allen öffentlichen Verkehrsmitteln und auf Bahnhöfen gibt es strenge Passkontrollen der ungarischen Gendarmerie. Man will die Flucht von Juden verhindern. Lilly bleibt auf dem Heimweg unentdeckt, wird aber Zeugin von Misshandlungen und Verhaftungen von Juden. Am selben Tag verhaftet man Lillys Bruder Pista auf dem Budapester Ostbahnhof und verschleppt ihn in das fünfzehn Kilometer von Budapest gelegene Internierungslager Kistarcsa. Die Angehörigen sind erschrocken, denn dorthin hat man während des Krieges nur politisch Oppositionelle, Kommunisten und illegale jüdische Emigranten aus Grenzbezirken gebracht. Jetzt aber haben SS-Obersturmbannführer Adolf Eichmann und sein Sondereinsatzkommando in dem Lager volle Machtbefugnis.

Längst ist die Niederlage der Achsenmächte absehbar. Um so zielstrebiger bereitet Eichmann die „Endlösung der Judenfrage" in Ungarn vor – in Abstimmung mit dem Reichssicherheitshauptamt (RSHA) in Berlin und dem ungarischen Innenminister Andor Jaross. Zahlreiche Verordnungen werden erlassen. Juden dürfen nicht mehr telefonieren oder Radio hören. Es ist ihnen verboten, Kinos, Theater, christliche Geschäfte oder öffentliche Einrichtungen zu betreten. Auf die Straße dürfen sie höchstens zu zweit gehen. Jüdische Geschäfte, Warenhäuser, Anwaltskanzleien, Büros und später auch Arztpraxen werden geschlossen, Gewerbescheine entzogen. Die ungarische Regierung enteignet Grund- und Hausbesitzer, sperrt jüdische Bankguthaben und beschlagnahmt Wertgegenstände wie Autos oder Schmuck. Erwachsenen ist es lediglich erlaubt, ihren Ehering und etwas Geld (1 000 Pengö, ca. 600,– RM) zu behalten. Lilly gelingt es, unter der Kleidung ihre Kette mit dem Davidstern, den „Magen David", zu verstecken. Ihre für den 4. April 1944 geplante Hochzeit mit Gyuri kann nicht stattfinden, Gyuri muss erneut zum Arbeitsdienst nach Jósrafö. Seit dem 5. April müssen alle Personen jüdischer Abstammung vom 6. Lebensjahr an den etwa 10 x 10 cm grossen, gelben Davidstern tragen.

Nach der Ausschaltung der Juden aus dem gesellschaftlichen und wirtschaftlichen Leben sowie ihrer Kennzeichnung folgt ihre Ghettoisierung. Ungarn wird in fünf Flächenzonen und die Stadtzone Budapest aufgeteilt. Über 700 000 Juden sollen in 55 Ghettos gezwängt werden. Die systematische Konzentration beginnt in den Karpathen, der Zone I. Obwohl Mitglieder des Zentralen Judenrates in Budapest über die streng geheimen Aktionen und das Vernichtungslager in Auschwitz informiert sind, sehen sie keine Möglichkeit, die jüdische Bevölkerung zu warnen. Stattdessen leisten sie den deutschen Befehlen Folge und fordern die jüdischen Repräsentanten auf, die Mitgliederlisten gewissenhaft auszufüllen. Sie dienen der Erfassung der Juden.

Lillys Heimatstadt Eger liegt in Nordungarn und gehört zum Gendarmerie-Distrikt VII der Deportationszone III. Die Details der Ghettoisierung in dieser Zone werden am 25. Mai 1944 im ungarischen Innenministerium unter der Leitung des Staatssekretärs Lazlo Baky festgelegt. An der Besprechung nehmen die regionalen Präfekten, Gendarmerie- und Polizeiführer teil; sie sind für die Internierung und den Abtransport zuständig. Auch Eichmann ist anwesend. Sein Sondereinsatzkommando soll möglichst wenig öffentlich in Erscheinung treten, sondern sich beratend im Hintergrund halten. Für den Distrikt VII mit dem Hauptsitz in Miskolc ist Jozsef Batky verantwortlich.

Um Unruhen zu vermeiden, fasst die Gendarmerie die Juden der Zone III in den Tagen vom 5. bis 10. Juni 1944 in elf Ghettos zusammen. 1 620 Juden aus der Stadt Eger und 352 aus der näheren Umgebung sind jedoch schon im Mai mit Zustimmung des lokalen Jüdischen Rates ins Ghetto getrieben worden. Die Verfolgten müssen ihre Hausschlüssel mit Namen und Adressen bei den Sammellagerleitern abgeben. Sie dürfen nur 50 kg Gepäck, Lebensmittel für 14 Tage und zwei Garnituren Unterwäsche mitnehmen. Das streng bewachte und abgeriegelte Stadtviertel in Eger umfasst sechs Straßen und zwei Marktplätze, die nahe der Synagoge liegen. Da das Haus der Familie Weisz im Ghettogebiet steht, werden andere jüdische Familien bei ihnen einquartiert. Das Ghetto ist überfüllt, manche müssen sogar im Freien schlafen. Die sanitären Anlagen sind überlastet. Das Ernährungsministerium schränkt die Lebensmittelrationen drastisch ein. Butter, Eier, Paprika und Reis gibt es gar nicht mehr. Eine christliche Freundin schmuggelt heimlich Eier für Jutka, Lillys Schwester, ins Ghetto, so dass die Mutter ihr zum 14. Geburtstag eine Biskuitrolle backen kann. Eine Woche später, am 1. Juni, bringen Gendarmen die arbeitsfähigen Frauen und die nicht zum Arbeitsdienst eingezogenen Männer, unter ihnen auch Lilly mit ihren Eltern, in das sechzehn Kilometer entfernte Kerecsend. Die Gendarmerie schikaniert und zwingt sie, in einer Ziegelei das Sammellager für die Juden des Komitats (ungarischer Verwaltungsbezirk) Heves einzurichten.

Jutka bleibt mit den anderen Kindern sowie den Alten und Kranken im Ghetto. Schon nach wenigen Tagen führt man die Juden aus Kerecsend wieder zurück nach Eger, um die Deportation der Ghettobewohner vorzubereiten. Den jüdischen Besitz beschlagnahmen die ungarischen Behörden; sie wollen die Beute nicht in deutsche Hände fallen lassen. Als die Juden das Ghetto verlassen, werden sie von ihren ehemaligen Nachbarn beschimpft.

Erneut treibt die ungarische Gendarmerie alle Juden nach Kerecsend. Inzwischen hat man hier auch die Juden aus dem Komitat Heves inhaftiert. Eng gedrängt warten die Menschen auf ihre Deportation. Es gibt nur wenig Wasser und kaum etwas zu essen. Einige begehen Selbstmord. Am 9. Juni marschiert die Gruppe erschöpft zur Bahnstation nach Maklar. Unter der Aufsicht von SS-Offizieren verfrachten die Gendarmen ca. 100 Menschen in jeden der dreißig Viehwaggons der Ungarischen Staatsbahn (MAV/Magyar Allamvasut). Eichmanns Anweisung lautet: „Packt die Juden hinein wie die Heringe!" Lediglich ein Eimer Wasser und ein Eimer für die Notdurft wird ihnen zugestanden, dann verriegelt man die Türen. Eine grausame Fahrt durch die Slowakei beginnt; sie endet nach dreieinhalb Tagen in Auschwitz. In 23 Zügen hat man vom 11. bis 16. Juni 1944 aus der Zone III 50 805 Juden nach Auschwitz deportiert – so nach Angaben Veesenmayers, des Bevollmächtigten des Deutschen Reiches in Ungarn.

Wenige Tage nach dem Abtransport plündert die Bevölkerung von Eger die Wohnungen und Häuser der Juden, obwohl sie von der Gendarmerie bewacht werden. In einem Telegramm vom 27. Juni 1944 aus Budapest berichtet Veesenmayer darüber nach Berlin: „Als der Oberstuhlrichter bekannt geben ließ, daß er gegen die Beteiligten wegen Plünderung vorgehen wird, wurden viele Gegenstände zurückgebracht." Auf Anweisung von Dr. Szabó, einem Vertreter der königlich-ungarischen Finanzdirektion, übergibt der Bürgermeister am 13. Oktober 1944 den größten Teil des beschlagnahmten jüdischen Vermögens dem deutschen Lazarett in Eger. Die als ungarisch-königliches Eigentum deklarierten Mobilien werden genau aufgelistet. Im Falle eines Abzugs der Deutschen ist der gekennzeichnete Bestand wieder der Finanzdirektion zur Verfügung zu stellen.

Doch es gibt auch Proteste. Gyula Czapik, katholischer Bischof von Eger, erhebt offiziell Einspruch beim Ministerpräsidenten gegen die „barbarischen Judendeportationen" und versteckt etwa vierzig Juden. In den Kirchen seiner Gemeinde lässt er noch am 1. Juli 1944 den Hirtenbrief Kardinal Seredis vom 29. Juni verlesen, obwohl ihn dieser gleich nach seiner Veröffentlichung wieder zurückgezogen hat: Justizminister Antal versprach ihm, die Deportation christlicher Juden einzustellen. Doch auch in Eger kommt der Protest der katholischen Kirche zu spät.

Am 30. Juni 1944 meldet Veesenmayer aus Budapest dem Auswärtigen Amt in Berlin, dass 340 162 Juden aus den Zonen I-III und 41 499 aus Zone IV planmäßig abtransportiert seien und die Ghettoisierung in Zone V am 29. Juni begonnen habe. Goebbels schreibt in seinem Bericht „Die Lage" – Folge 121 – vom 23. August 1944: „Eine wesentliche Voraussetzung für das Gelingen dieser Aktion war die Tatsache, daß die Judenmaßnahmen in der Mehrheit des ungarischen Volkes volle Zustimmung gefunden haben."

*Janine Hübner, 12. Jg.*

*Vor dem Abmarsch*
*Foto aus: Eugene Levai, Black Book on the Martyrdom*
*of Hungarian Jewry, Zürich 1948, S. 63*

*Warten auf die Deportation*
*Foto aus: Eugene Levai, Black Book on*
*the Martyrdom of Hungarian Jewry, S. 63*

*Ungarische Juden auf dem Weg nach Auschwitz*
*Foto aus: Eugene Levai, Black Book*
*on the Martyrdom of Hungarian Jewry, S. 89*

**Dokument: Geheime Verordnung über die „Säuberung":**
**„Königl. ung. Innenminister, Nr. 6163/1944. res.**
**Betrifft die Bestimmung des Wohnsitzes der Juden**

*Die königl. ung. Regierung wird das Land in Kürze von den Juden säubern.*
*Die Säuberung hat nach meiner Verordnung gebietsweise zu erfolgen, in-*
*folgedessen die Juden unbeachtet ihres Alters und Geschlechts in das im*
*voraus festgelegte Sammellager eingeliefert werden müssen. In Städten und*
*größeren Orten wird ein Teil des Judentums später in Judenhäusern bzw.*
*Ghettos, welche von den Polizeibehörden später bezeichnet werden, unter-*
*gebracht. Eine Ausnahme bilden jene Juden mit Fachbildung in den kriegs-*
*wichtigen Betrieben, deren sofortige Ablösung die Produktion des Betriebes*
*beeinträchtigen würde … Das Zusammentreiben der Juden wird von der zu-*
*ständigen Polizei und der königl. ung. Gendarmerie durchgeführt. Im Not-*
*fall leistet die Gendarmerie in den Städten der königl. ung. Polizei brachiale*
*Hilfe. Als Beratungsorgan wird die deutsche Sicherheitspolizei an Ort und*
*Stelle erscheinen; auf die Zusammenarbeit mit dieser Stelle muß besonde-*
*res Gewicht gelegt werden. Die Komitatsbehörden sollen entsprechend der*
*Anzahl der Juden an entsprechenden Orten und in entsprechender Menge*
*sofort Sammellager errichten. Ihre Lage soll dem Staatssekretär für öffent-*
*liche Sicherheit sofort gemeldet werden. In allen Städten und größeren Ort-*
*schaften, wo das Zahlenverhältnis der Juden die Einrichtung eigener Ju-*

*denhäuser notwendig macht, sollen die Polizeibehörden in eigenem Bereich bereits jetzt Maßnahmen ergreifen, denn in den Sammellagern bleiben nur die aus Staatssicherheitsgründen gefährlichen Juden zurück, während die übrigen in Judenhäusern untergebracht werden. Als Judenhäuser müssen solche Häuser ausgewählt werden, in welchen Juden in größerer Anzahl leben ... Zur gleichen Zeit mit dem Zusammentreiben und der Ablieferung der Juden bezeichnen die Lokalbehörden Kommissionen, welche die Häuser und die Geschäfte der Juden mit den Polizei- und Gendarmerieorganen abschließen und gesondert versiegeln. Die Schlüssel übergeben die Organe in einem Briefumschlag, versehen mit dem Namen und der genauen Anschrift des Juden dem Kommandanten des Sammellagers.*
*Der Abtransport der Gefangenen erfolgt durch die Bahn, im Notfall auf einem Fuhrwerk, gestellt durch den städtischen oder Gemeindevorstand. Die abzutransportierenden Juden dürfen nur das Kleid, das sie anhaben, höchstens 2 Paar Unterwäsche, pro Kopf mindestes für 14 Tage Lebensmittel, weiterhin 50 kg Gepäck mit sich nehmen. Geld, Schmuck- Gold- und Silberwaren nicht. Das Zusammenfangen der Juden muß in folgender Reihenfolge durchgeführt werden: XIII, IX, II, III, VI, V, IV, VII, und I Gendarmeriekreise. Ich mache die Behörden auch darauf aufmerksam, daß sämtliche Juden, die aus fremden Ländern hierher geflohen sind, ohne Ausnahme demselben Verfahren unterzogen werden wie die Kommunisten, sie werden also in Konzentrationslager gebracht. Im Zweifelsfalle werden die Juden bis zur Klärung ihrer Lage ebenfalls ins KZ eingeliefert.*
*Diese meine Verordnung ist streng vertraulich zu behandeln, und die Leiter der Behörden und Kommandostellen sind dafür verantwortlich, daß davon vor Beginn der Säuberungsaktionen niemand erfahre.*

*Budapest, den 7. April 1944*
*Ladislaus Baky m. p.*
*Staatssekretär*

*Quelle: Johann Weidlein (Hrsg.), Der ungarische Antisemitismus in Dokumenten, Schorndorf 1962, S. 168 f.*

## Antisemitische Gesetzgebung von 1938 bis 1944

1941 leben nach der Annexion rumänischer, jugoslawischer und tschechoslowakischer Gebiete 725 007 Juden in Ungarn. Das entspricht 4,94 % der Gesamtbevölkerung. Davon stammen 400 981 Juden aus Trianon-Ungarn.

Bis zum Einmarsch der deutschen Truppen im März 1944 gewährt Ungarn seinen Juden, aber auch jüdischen Emigranten, Schutz. Es ist das einzige Land im deutschen Machtbereich, in dem die jüdische Gemeinde intakt und von Deportationen verschont geblieben ist. Die antijüdischen Gesetze und Verordnungen ab 1938 sind eine Reaktion auf die Politik des Deutschen Reiches, aber auch auf den Antisemitismus in Ungarn, der besonders in der rechtsnationalen Hungaristischen Bewegung, den christlichen Kirchen sowie in der ungarischen Armee bedeutend ist.

Am 5. März 1938 kündigt Ministerpräsident Darányi in seiner umstrittenen Györ-Rede die Aufrüstung Ungarns, den Kampf gegen den Bolschewismus und die Klärung der Judenfrage an. Letztere führt zum 1. Judengesetz vom 28. Mai 1938. Es soll „einen effektiveren Schutz des sozialen und ökonomischen Gleichgewichts" ermöglichen und die „beste Garantie gegen Antisemitismus und Intoleranz" sein, heißt es darin. Jeder, der dem mosaischen Glauben angehört, gilt als Jude. Von dem Gesetz ausgenommen, sind Kriegsinvaliden, Witwen und Waisen gefallener Soldaten sowie Juden, die vor dem 1. August 1919 zum Christentum übergetreten sind.

In den dreißiger Jahren waren fast die Hälfte aller Ärzte und Anwälte sowie viele Wissenschaftler, Künstler, Journalisten, Bankiers und Bankangestellte Juden. In Berufszweigen und Betrieben mit mehr als zehn Angestellten soll der Judenanteil auf 20% limitiert werden.

Nach dem Novemberpogrom des Jahres 1938 und der Einführung der Judengesetze im Deutschen Reich verschärft auch die ungarische Regierung die antijüdischen Maßnahmen und verabschiedet am 5. Mai 1939 das 2. Judengesetz. Es senkt den jüdischen Anteil in den meisten Berufen auf 6%, bei Rechtsanwälten, Ärzten, Film, Presse und Theater auf 9%, schließt Juden von öffentlichen Ämtern, dem passiven sowie dem aktiven Wahlrecht aus und führt das Numerus-Clausus-Gesetz von 1920 für jüdische Studenten wieder ein. Eingewanderten Juden wird – auch bei Heirat – die Einbürgerung verweigert.

Nach dem Vorbild der Nürnberger Gesetze erlässt Ministerpräsident Bárdossy am 25. Juli 1941 das 3. Judengesetz. Es verbietet die Ehe sowie den außerehelichen Geschlechtsverkehr zwischen Juden und Nichtjuden und verwendet erstmals den rassischen Judenbegriff. Auch zum Christentum konvertierte Juden fallen nun unter diese Bestimmungen, so dass viele Mitglieder der christlichen Kirchen betroffen sind. Das Rassenschutzgesetz widerspricht christlichen Grundsätzen und der ungarischen Tradition, Juden zu assimilieren. Es führt zu Protesten der Kirchen und einiger nationaler Gruppen, die abmildernde Ausnahmebestimmungen durchsetzen.

Auch das 3. Judengesetz ist dem Deutschen Reich zu mild. Nach dem Beschluß zur „Endlösung der Judenfrage" auf der Wannsee-Konferenz am 20. Januar 1942 setzt es die ungarische Regierung stark unter Druck, alle Juden aus dem kulturellen und wirtschaftlichen Leben auszuschalten. Sie sollen entschädigungslos enteignet, mit dem Davidstern gekennzeichnet und zum Arbeitseinsatz im Osten abtransportiert werden. Ministerpräsident Kállay schickt zwar 1942 verstärkt jüdische Arbeitskompanien in die Frontgebiete, lehnt aber die Einbeziehung der ungarischen Juden in die „Endlösung" strikt ab.

*Leonie Kücholl, 12. Jg.*

## Deutsch-ungarische Beziehungen im Zweiten Weltkrieg

Nach dem Friedensvertrag von Trianon am 4. Juni 1920 schrumpfte Ungarn auf ein Drittel seines Staatsgebietes und wurde nach der Auflösung der Habsburger Doppelmonarchie ein selbständiges Königreich. Der Reichsverweser von Horthy war bis zum Oktober 1944 Staatsoberhaupt und Oberbefehlshaber der Honvédseg und ernannte den Ministerpräsidenten. Ehemals ungarische Gebiete fielen an die Tschechoslowakei, Rumänien und Jugoslawien.

Nach der Machtergreifung Hitlers 1933 und der Einverleibung Österreichs in das Deutsche Reich 1938 versuchte die ungarische Regierung, ihre Expansionsbestrebungen zur Wiedererlangung der verlorenen Gebiete mit Hilfe Deutschlands durchzusetzen. Dabei konnte sie jedoch die Selbständigkeit Ungarns nicht auf Dauer bewahren. Die ungarischen Gebietsannexionen in der Tschechoslowakei 1938/39, in Rumänien 1940 und Jugoslawien 1941 – mit geringem eigenem militärischen Einsatz – verstärkten die Abhängigkeit von der deutschen Kriegspolitik. Sie führten im Juni 1941 zum endgültigen Eintritt Ungarns in den Zweiten Weltkrieg und zum Abbruch der diplomatischen Beziehungen mit den Westalliierten. Die ungarische Armee unterstand jetzt dem deutschen Oberkommando.

Doch bereits im August 1943 ließ Ministerpräsident Kállay insgeheim Waffenstillstandsverhandlungen mit den Westalliierten aufnehmen. Die 2. Ungarische Armee wurde von der Sowjetunion geschlagen und die Niederlage des Deutschen Reiches war absehbar. Als die Rote Armee bis zu den Karpathen vorzustoßen drohte, die nur durch ungarische Truppen verteidigt wurden, befürchtete Hitler einen Frontwechsel Ungarns. Nachdem der deutsche Geheimdienst die vorgesehene Landung von britischen und amerikanischen Luftverbänden in Ungarn meldete, beschloß Hitler die Besetzung Ungarns (Operation „Margarethe I"). Am 19. März 1944 marschierten deutsche Truppen in Ungarn ein. Die Bevölkerung, die über die politischen Hintergründe kaum informiert war, empfing die Deutschen als Verbündete.

Die militärische Einbindung Ungarns sollte durch das Absetzen der Regierung Kállay und eine neu gebildete deutschfreundliche Regierung unter General Sztojay gestärkt werden. Horthy mußte die Ernennung Veesenmayers zum „Außerordentlichen Gesandten und Bevollmächtigten des Großdeutschen Reiches" in Ungarn akzeptieren.

Sofort wurde die „Endlösung der Judenfrage" in Angriff genommen. Innerhalb von vier Monaten erfolgte die Erfassung und Deportation von 437 402 Juden.

Um die sowjetischen Angriffe in den Karpaten und Südpolen auf die Heeresgruppe Nordukraine abzuwehren, wurden im Juli 1944 viele deutsche Truppen aus Ungarn abgezogen. Horthy nutzte den jetzt vergrösserten politischen Spielraum, um die Souveränität Ungarns durch eine Regierungsumbildung zu stärken. Aufgrund der Proteste des Papstes, des Internationalen Roten Kreuzes, der Schweiz und Schwedens sowie zahlreicher inländischer Persönlichkeiten ordnete er am 6. Juli die Einstellung der Deportationen an, konnte sie aber nur für Budapest erreichen. Als er am 15. Oktober 1944 den bedingungslosen Waffenstillstand mit den Sowjets bekanntgeben wollte, besetzten deutsche Truppen mit 40 „Tiger"-Panzern Budapest. Sie zwangen Horthy, dessen Sohn sie entführt hatten, zum Rücktritt. Szálasi, Führer der ultra-rechten Pfeilkreuzler-Bewegung (Nyilas Keresztes Part), wurde am 16. Oktober neues Staatsoberhaupt. Die Terrorherrschaft der Pfeilkreuzler richtete sich besonders gegen die verbliebenen jüdischen Mitbürger in Budapest. Sie ermordeten über 10 000 Juden in der Hauptstadt und warfen die Leichen in die Donau. 30 000 arbeitsfähige Juden wurden auf einen Fußmarsch ins Deutsche Reich geschickt. 120 000 Juden kamen ins Ghetto. Die Rote Armee befreite sie am 17./18. Januar 1945. Am 4. April wurden die deutsch-ungarischen Truppen in Ungarn besiegt.

*René Meyer, 13. Jg.*

## Jüdischer Arbeitsdienst in der Honvédseg

Alle wehrdienstuntauglichen Bürger werden aufgrund des Artikels 230 des Gesetzes vom 11. März 1939 für maximal drei Monate zum Arbeitsdienst in der Honvédseg, der ungarischen Armee, eingezogen. Mit dem Kriegseintritt und infolge des wachsenden deutschen Druckes und der antisemitischen Gesetzgebung in Ungarn werden zunehmend Juden für die Dauer von zwei Jahren in den Arbeitsdienst gepreßt, der sich zu einem Zwangsarbeitsdienst entwickelt. Im November 1940 stehen bereits 52 000 Juden in 260 Kompanien mit je 200-250 Arbeitern unter dem Kommando christlicher Offiziere und Wachmannschaften. Die stark antijüdische Einstellung vieler Honvédsegsoldaten macht die Situation für die Juden unerträglich. Seit 1942 erhalten die Arbeitsdienstler schlechtere Verpflegung, geringeren Lohn und härtere Strafen als die Honvédsegangehörigen. Eine Verordnung des Kriegsministeriums vom 17. März 1942 verbietet den Juden das Tragen von Uniformen. Stattdessen müssen sie ihre eigene Kleidung anziehen und sie mit einer gelben Armbinde und Nummer kennzeichnen. Sie leben in Kasernen, dürfen aber am Wochenende ihre Familien besuchen.

Am 31. Juli 1942 lässt Ministerpräsident Kállay im Gesetz XIV die Militärpflicht für alle Juden durch den Arbeitsdienst ohne militärischen Rang und ohne Waffe ersetzen. Jüdische Offiziere haben den aktiven Militärdienst zu verlassen. Die Arbeitsdienstler werden zum Bau von Straßen, Gebäuden, Bahnstrecken, Schützengräben und Panzerfallen sowie für das Löschen von Schiffen und das Entladen von Zügen oder zur Feldarbeit eingesetzt. Man zwingt sie zur Räumung von Minen, indem man sie über die Felder hetzt.

Bis 1944 sterben über 40 000 Juden im Arbeitsdienst. Verantwortlich dafür sind die miserablen Arbeitsbedingungen und antisemitische Ausschreitungen. Willkürakte bilden in Trianon-Ungarn eher die Ausnahme. Unter deutschem Oberkommando dagegen kommen Tausende bei Einsätzen für die deutsche Kriegsindustrie außerhalb Ungarns um, hauptsächlich an der Front in der Ukraine im Winter 1942/43 sowie in den Kupferminen von Bor (Serbien/Jugoslawien). Besonders hart sind die langen Fußmärsche zu den Arbeitsplätzen. In den schlecht versorgten Lagern breiten sich Krankheiten aus, vor allem Typhus. Viele Juden laufen zu den Sowjets über.

Nach dem Einmarsch der Deutschen im März 1944 bleiben die jüdischen Arbeitsdienstler jedoch von den Deportationen verschont. Verstärkt zieht die Honvédseg Juden für kriegswichtige Arbeiten ein, gleichzeitig bewahrt sie so diese Männer vor den Vernichtungslagern. Die Anzahl der Kompanien soll auf 575 erhöht werden. Mit dem Sturz der Regierung am 15. Oktober 1944 durch Ferenc Szalási und die Pfeilkreuzler verschlechtert sich die Lage erneut: Alle jüdischen Männer zwischen 16 und 60 sowie Frauen zwischen 16 und 40 werden zum Arbeitsdienst verpflichtet. Etwa 17 000 Kriegsarbeiter treibt man in langen Fußmärschen von Budapest über Györ an die österreichisch-ungarische Grenze. Viele kommen dabei um. Wer von den Männern und Frauen noch dazu in der Lage ist, wird zum Bau des sogenannten „Ostwalls" gezwungen, der Wien schützen soll. Nur wenige überleben die Befreiung Ungarns am 4. April 1945.

*René Meyer, 13. Jg.*

*Lilly Weisz im Januar 1944*
*Foto: Privatbesitz*

*Jutka Weisz im Jahr 1944*
*Foto: Privatbesitz*

*Marget Weisz*
*Foto: Privatbesitz*

*Gyula Weisz*
*Foto: Privatbesitz*

*Lillys Verlobter Gyuri Minkusz im Januar 1944*
*Foto: Privatbesitz*

*Ilana (Ica) Binet*
*Foto: Privatbesitz*

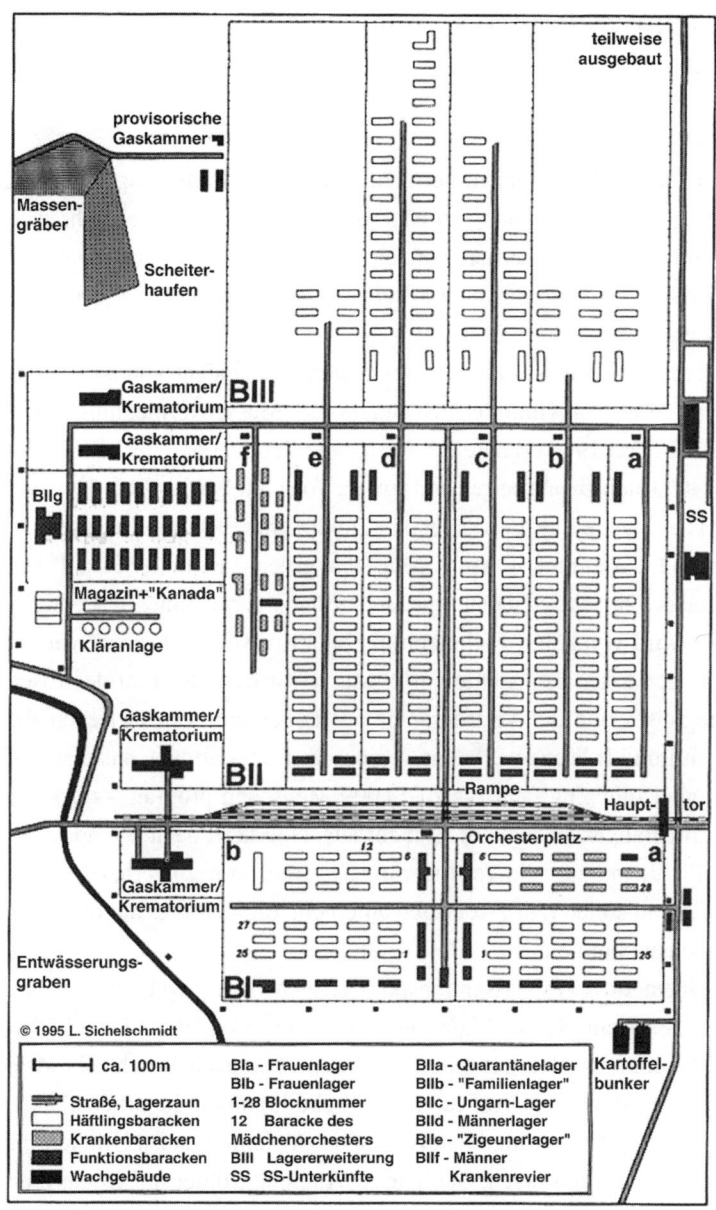

*Plan des Konzentrationslagers Auschwitz-Birkenau*
*Quelle: Lorenz Sichelschmidt, Mala – Ein Leben und eine Liebe in*
*Auschwitz, Bremen 1995, S. 60*

223

# Auschwitz-Birkenau

Die Wannsee-Konferenz in Berlin beschließt die „Endlösung": Die Ausrottung von 11 Millionen europäischen Juden ist dem Reichsführer der SS und Chef der Sicherheitspolizei, Heinrich Himmler übertragen. Der ungarischen Regierung soll ein Berater für Judenfragen aufgezwungen werden.

Bereits im Juni 1941 erhält der Lagerkommandant von Auschwitz, Rudolf Höß, von Himmler den Befehl, die Massenvernichtung vorzubereiten. Das 1940 erbaute KZ Auschwitz liegt verkehrstechnisch günstig, lässt sich gut absperren und tarnen. Von Oktober 1941 bis Juni 1943 wird das zweite Lager errichtet: Auschwitz-Birkenau mit vier Krematorien und Gaskammern. Am 8. Mai 1944 ernennt Himmler Rudolf Höß zum Bevollmächtigten der ungarischen Judenvernichtung. Die „Aktion Höß" wird von Adolf Eichmann in Ungarn vorbereitet. Noch vor Ankunft der ersten Transporte am 2. Mai 1944 wird der Bau des Eisenbahngleises und der Verladerampe am Lagerhauptweg zwischen Birkenau I und II beendet. Da das Tempo der Deportationen ansteigt – oft kommen fünf Züge mit bis zu 14 000 Menschen pro Tag – reicht die „Vernichtungskapazität" nicht mehr aus. Höß fährt nach Budapest, um mit Eichmann über die Verringerung der Transporte zu verhandeln. Abwechselnd sollen nun zwei Züge an einem Tag und drei am darauffolgenden ankommen.

Mit einem dieser Massentransporte erreichen Lilly Weisz und ihre Familie Birkenau. Sie sind hungrig und durstig, es ist der 12. Juni 1944. An der Rampe selektiert die SS die Menschen nach Geschlecht, Alter und Arbeitsfähigkeit. Auf die rechte Seite kommen die arbeitsfähigen Männer und Frauen im Alter von 14 bis 45 Jahren, auf die linke Seite die schwangeren Frauen, Behinderte, Alte und Mütter mit Kindern unter 14 Jahren. Sie werden sofort in die als Duschen getarnten Gaskammern geführt und ermordet. Auch Gyula Weisz, Lillys Vater, und die Familie ihrer Freundin Ica sind unter den Opfern.

Als arbeitsfähig eingestuft, durchläuft Lilly im Abschnitt B IIg das entwürdigende Einlieferungsritual im Desinfektionsgebäude, das sie als „Häftlingsfabrik" bezeichnet. Ihre Kleidung und Habseligkeiten gibt sie im Effektenlager ab. In dreißig Baracken sortieren Häftlinge das Eigentum ihrer Leidensgenossen, das ins Deutsche Reich geschickt wird. Nach der Schur sämtlicher Körperhaare, der Dusche und der auf der Haut brennenden Desinfektion erhält Lilly Kleidung mit einer aufgenähten Nummer. Im Unterschied zu den Häftlingen, die man im Arbeitslager in Auschwitz einsetzt, werden Lilly und die anderen nicht am linken Unterarm tätowiert, da sie für das Durchgangslager bestimmt sind.

Für die arbeitsfähigen Jüdinnen aus Ungarn ist das Lager B IIc und B III vorgesehen. Hier warten sie wochenlang als „Deposit" auf die SS-Entscheidung über ihren Einsatz in Arbeitslagern des Deutschen Reiches. Die Zahl der Frauen wird in B IIc bei ca. 30 000 gehalten und durch neue Transporte ständig ergänzt. In das Lager B III (Mexiko) kommen Jüdinnen, die noch nicht durch die Selektion gegangen sind. Ende September 1944 werden die Frauen aus beiden Lagern vergast. Anders als die Mehrzahl der Ungarinnen, so berichtet Lilly, bringt man sie und ihre Angehörigen in den Lagerabschnitt B IIb, in dem sich jüdische Familien aus Theresienstadt befinden. Er besteht aus 32 Wohnbaracken, jeweils zwei Latrinen, Waschräumen und Kochbaracken.

Wenig später erreicht ein Transport mit 635 Juden aus Rimaszombat des Komitats Gömör und 1 747 Juden aus Losconc des Komitats Nógrad das KZ Auschwitz-Birkenau, darunter Verwandte und Bekannte von Lilly sowie ihres Verlobten Gyuri. Bei der Ankunft in den Wohnbaracken fehlen jedoch Lillys Großmutter und Tanten, Gyuris Mutter und seine Verwandtschaft. Man hat sie sofort nach der Ankunft vergast.

Bei den Selektionen an der Rampe und im Lager spielt das Mädchenorchester von Auschwitz. Seine Musik versetzt die Häftlinge für einen Moment in eine Traumwelt, um sie danach die Wirklichkeit von Auschwitz noch drastischer empfinden zu lassen. Die SS-Ärzte Josef Mengele und Heinz Thilo führen wöchentliche Selektionen in den Lagern B IIc, B III und auch im Krankenbau durch. Kranke oder schwache Häftlinge kommen in die Gaskammern. Nur durch den Mut einer Ärztin und mit viel Glück entgeht die an Lungenentzündung erkrankte Jutka Weisz vorerst diesem Schicksal.

Arbeitskräfteanforderungen aus Bremen und anderen Orten führen am 29. Juli 1944 zu einer erneuten Selektion. Lilly wird von ihrer Mutter und ihrer Schwester getrennt und mit Ica nach Bremen gebracht. Sie treffen am 2. August 1944 in der Hansestadt ein.

*Florian Mategka/Daniela Nienaber, 12. Jg*

*Ungarische Juden aus Berehovo im Mai 1944 während*
*der Selektion auf der Rampe in Auschwitz-Birkenau*
*Foto: Gedenkstätte Yad Vashem*

*Auf dem Weg in die Gaskammer*
*Foto: Gedenkstätte Yad Vashem*

## Mädchenorchester von Auschwitz

Im Mai 1943 lässt der Lagerkommandant Josef Kramer ein Mädchenorchester in Auschwitz-Birkenau aufbauen. Die Musiklehrerin Clara Czjaikowska sucht vierzig junge Frauen aus acht Ländern aus.

Das Orchester ist in der Baracke 12 in Auschwitz-Birkenau I b untergebracht, nahe den Bahnschienen und 200 m von den Krematorien entfernt. Es gibt Schlaf-, Ess- und Wohnräume. Jede Frau erhält ein eigenes Bett, ein Laken und eine Wolldecke. Sie bekommen bessere Nahrung und Kleidung als die übrigen Häftlinge. Diese günstigen Umstände erhöhen ihre Überlebenschancen.

Im Musiksaal gibt es u. a. Geigen, Trompeten, Flöten, Gitarren und ein Akkordeon, später auch Cello und Bassgeige. Die Instrumente stammen aus dem Handgepäck eingelieferter Häftlinge. Das Orchester wird um Sängerinnen erweitert. Schreiberinnen fertigen die schwierigen Partituren eigens für das Orchester an. Alma Rose, Nichte des Komponisten Gustav Mahler, dirigiert und verlangt äußerste Disziplin und hervorragende Leistungen, obwohl nur wenige professionelle Musikerinnen dabei sind.

Nach vier Wochen Probe treten die Frauen zum ersten Mal auf. Ihr Podium steht gegenüber der Selektionsrampe. Das Orchester spielt bei Selektionen, Hinrichtungen und Bestrafungen sowie für die Mörder, die sich bei Walzer, Schlager oder klassischer Musik entspannen. Wenn die Arbeitsgruppen im Morgengrauen ausrücken und abends wieder zurückkehren, soll ihnen die Marschmusik den Gleichschritt einhämmern und „Kraft durch Freude" geben.

*Daniela Nienaber, 12. Jg.*

# Hessisch-Lichtenau

Lillys Mutter und Jutka fahren mit dem selben Zug in Auschwitz ab. Unterwegs werden ihre Waggons jedoch mit dem Ziel „Lager Vereinshaus Hessisch-Lichtenau", einem Außenkommando des KZ Buchenwald, abgekoppelt. Bei ihrer Ankunft am 2. August 1944 in Hessisch-Lichtenau kennzeichnet man die 1 000 weiblichen Häftlinge aus Ungarn mit dem rot-gelben Winkel und dem Anfangsbuchstaben ihrer Nationalität, da ausländische Juden als politische Häftlinge gelten. Nach der am 19. September erstellten Liste der Neuzugänge erhalten Judith (Jutka) Weisz die Häftlingsnummern 208 970 und ihre Mutter Marget Weisz 208 960. Die beiden geben als Jutkas Geburtstag den 23. Mai 1917 und als ihren Beruf „Studentin" an, um so eine frühzeitige Selektierung der erst Vierzehnjährigen zu verhindern.

In der Sprengstofffabrik Hessisch-Lichtenau, zur Verwertung chemischer Erzeugnisse 1936 erbaut und mit den Decknamen „Friedland" versehen, setzt man ab 1943/44 vor allem weibliche KZ-Häftlinge als

Arbeitskräfte ein. Die erbärmlichen Bedingungen in der Fabrik und im Lager sowie giftige Gase und der ungeschützte Umgang mit Chemikalien führt bei vielen zu Krankheiten. Haut und Haare verfärben sich rot; Leber und Lunge werden angegriffen, so dass viele an Gelbsucht und tödlichen Vergiftungen erkranken. Hunger, Prügel und Folter, stundenlange Appelle bei Hitze oder Regen, Schnee und eisiger Kälte sind an der Tagesordnung. Nach zehn bis zwölf Stunden harter Arbeit gibt es als einzige Nahrung ein Schälchen Wasserbrühe mit 50 g Brot.

Bereits drei Monate nach ihrer Ankunft werden Jutka und ihre Mutter aufgrund ihrer schlechten gesundheitlichen Verfassung am 27. Oktober 1944 mit 204 anderen Frauen selektiert. SS-Sturmscharführer Schäfer meldet dem KZ Buchenwald in einem Schreiben vom 29. Oktober 1944 den Rücktransport von 206 nicht arbeitseinsatzfähigen jüdischen weiblichen Häftlingen nach Auschwitz-Birkenau. Noch Ende Oktober werden sie in den Gaskammern von Auschwitz getötet.

*Silke Eilers/Birte Zöller, 13. Jg.*

# Bremen

Um den Bau von Behelfsheimen für ausgebombte und „volksdeutsche" Familien zu fördern, bietet der Sonderbeauftragte für das Deutsche Wohnungshilfswerk in Berlin am 22. Mai 1944 Arbeitskräfte an. Verschiedene Volksgruppen sind zur Arbeit vorgesehen, unter ihnen auch ungarische Juden. Sie dürfen nur in Konzentrationslagern untergebracht werden. Am 12. August 1944 fordert der Bremer Senator für das Bauwesen rückwirkend zum Monatsbeginn 800 weibliche Häftlinge an. Der Antrag wird über das KZ Neuengamme an das SS-Wirtschafts- und Verwaltungshauptamt (WVHA) in Oranienburg bei Berlin weitergeleitet.

Es ist das wirtschaftliche Management aller Konzentrationslager. Die Frauen sollen vom 2. August 1944 bis auf weiteres im Behelfswohnungsbau in Bremen eingesetzt werden.

Ende Juli 1944 fährt eine SS-Begleitmannschaft unter dem Kommando von Johann Hille nach Auschwitz, um zunächst 500 ungarische KZ-Häftlinge nach Bremen zu holen. Es sind junge Frauen und Mädchen, einige sind erst vierzehn Jahre alt. Sie stammen u.a. aus den Orten Bekescabe, Debrecen, Eger, Györ, Heves, Köszeg, Miskolc, Sopron und Tapolca.

Am 2. August 1944 kommen die SS-Männer mit Lilly und den anderen Ungarinnen in Bremen auf dem Neustadtsbahnhof an. Von dort geht es zur Hindenburgkaserne an der Bossdorfstraße. Die Gefangenen bringt man in den Pferdeställen unter. Sie schlafen in dreistöckigen Betten, jede Frau hat ein eigenes Bett, zwei Decken oder einen Strohsack und ein Strohkissen. Jede besitzt einen Essnapf, Becher und Löffel. Die Versorgung ist zwar besser als in Auschwitz, nicht aber die SS-Mannschaften. Sie verhalten sich genauso brutal. Lilly berichtet besonders von den Schikanen des 30jährigen sadistischen SS-Unterscharführers Peter Pittmann. Auch der Kommandeur der benachbarten Wehrmachtseinheit beschwert sich über ihn. Pittmann wird von Hille als Lagerkommandant abgelöst.

Am 28. August 1944 transportiert man 300 polnische Jüdinnen aus dem KZ Auschwitz nach Bremen. Bei deren Ankunft bietet sich den Ungarinnen ein schreckliches Bild: Verschmutzt und völlig abgemagert sehen die Polinnen aus. Sie haben schon seit Mai 1940 im Ghetto Lodz Hunger, Krankheit und Kälte erfahren. Viele ihrer Angehörigen sind gestorben. Über 208 000 Juden lebten hier auf engstem Raum, bis das Ghetto im August 1944 von der SS brutal nach Auschwitz „umgesiedelt" wurde.

Die Frauen werden jedoch kaum noch zum Bau von Behelfsheimen eingesetzt, sondern verstärkt zur Trümmerbeseitigung. Große Teile Bremens liegen in Trümmern. In der Nacht vom 18. zum 19. August 1944 ereignet sich einer der wohl schwersten Angriffe auf Bremen. 273 Flugzeuge werfen u.a. 863 Tonnen Bomben und 420 000 Thermit-Brandbomben ab. Die gesamte westliche Vorstadt steht in Flammen. 25 000 Wohnungen, damals ein Viertel des gesamten Wohnungsbestandes, sind zerstört.

Die Beseitigung der Trümmer ist gefährlich und anstrengend. Auch Lilly verletzt sich dabei. Eine Frau stirbt unter einer zusammenbrechenden Mauer in der Obernstraße; Maria, eine Polin, wird in einem Keller verschüttet. Bei Fliegeralarm dürfen die Frauen keine Schutzbunker aufsuchen. Obwohl sie Angst haben, freuen sie sich heimlich über jeden Angriff, der sie der Befreiung ein Stück näher bringt.

Als die Hindenburgkaserne am 26. September 1944 bei einem alliierten Bombenangriff zerstört wird, verkriecht sich Lilly mit den anderen Frauen ihres Arbeitskommandos ängstlich unter Heckenrosen. Zum Glück bleiben sie unversehrt. Zwei kranke Jüdinnen aber, die in der Kaserne geblieben sind, sterben bei dem Angriff. Noch am gleichen Abend transportiert man die Frauen in das Lager Obernheide.

*Gerrit Schwier/Marcus Koch, 13. Jg.*

*Arbeitskommando in der Knochenhauerstraße in Bremen*
*Quelle: Staatsarchiv Bremen IO.B 1944-03/137. LA*

*Jüdische Zwangsarbeiterinnen in der Bremer Innenstadt, 1944*
*Quelle: Staatsarchiv Bremen 10, B 1944-03/137. LA*

Abschrift!

Bremen, den 12. August 1944.

An
SS-Wirtschafts-Verwaltungshauptamt
Amt D II
Oranienburg bei Berlin

über Kommandantur Kl. N e u e n g a m m e .

Betr.: Antrag (zweifach) auf Gestellung von Häftlingen

Ich beantrage die Gestellung von

| | Häftlings-Facharbeitern | Entgelt RM | | pro Tag |
|---|---|---|---|---|
| | " Hilfsarbeitern | " " | | " " |
| 800 | weiblichen Häftlingen | " " | 4.-- | " " |
| | Häftlings-Lehrlingen | " " | | " " |

======Häftlingen insgesamt für die Zeit

vom 2.8.1944 bis auf weiteres

Die Häftlinge sollen bei folgenden Arbeitsvorhaben eingesetzt werden
(genaue Erläuterung mit Angaben über die durchzuführenden Arbeiten),

Behelfswohnungsbau Bremen

Die Arbeiten fallen unter die GB-Bau Fertigungs Kennnummern Inland 43 YZ 1

Das Bauvorhaben ist gemäss Erlass des Reichswohnungskommissars
in Berlin
vom 22.9.1943 Akt.Zch. II 21/1/19/43 genehmigt.

Es ist bekannt, dass die Häftlinge jederzeit für dringenderen Einsatz
zurückgezogen werden können

Der Senator für das Bauwesen
In Vertretung:
gez.Köster.

*Anforderung jüdischer Häftlinge zur Zwangsarbeit in Bremen*
*Quelle: Staatsarchiv Bremen 4,29/1-1307*

# Obernheide

Im Lager Obernheide in der Gemeinde Hasbergen (heute Stuhr) bringt zunächst die Organisation Todt Arbeiter für den Weiterbau der Reichsautobahn unter. Ende 1940 übernimmt die Stadt Bremen die Unterkunft. Am Abend des 26. September 1944 kommen die Frauen im Lager Obernheide an. Seit Monaten steht es leer und ist nicht für die Aufnahme der 800 Frauen vorbereitet.

Das Lager ist auf einem Wiesengelände erbaut und grenzt an eine kleine Straße, die von Pappelreihen, Weiden und Bauernhäusern umrahmt ist. Das Areal ist ca. 150 m lang, 70 m breit und von Stacheldraht umzäunt. Hinter dem Eingangsbereich mit den SS-Baracken und der Küche befindet sich der Appellplatz, umgeben von zwei Häftlingsbaracken und einer Wirtschaftsbaracke mit dem Krankenrevier, dem Waschraum und der Latrine. Ein Stacheldrahtzaun teilt beide Lagerbereiche. Die Holzbaracken sind 42,5 x 12,5 m groß. In die eine presst man die 500 Ungarinnen, in die andere die 300 Polinnen. Innen sind die Notunterkünfte in kleine Zimmer unterteilt, in denen schmale, dreistöckige Doppelbetten stehen. Jede Frau hat weniger als einen Quadratmeter Platz zur Verfügung. In Lillys Zimmer schlafen 24 Menschen. Durch die bedrückende Enge ist es in den kaum beheizten Räumen nachts wenigstens etwas warm.

Die Frauen werden um vier Uhr morgens geweckt. Sie verlassen das Lager im Dunkeln und kehren im Dunkeln wieder zurück. In langen Reihen marschieren sie an Häusern und Höfen vorbei zum Bahnhof Stuhr. Seit Anfang Oktober 1944 fahren die Frauen mit der Thedinghauser Kleinbahn von Stuhr in die Bremer Neustadt. Die Fahrzeiten der Kleinbahn sind so gelegt, dass der normale Fahrplan nicht behindert wird. In Bremen angekommen, gehen die Frauen entweder zu Fuß oder werden in offenen Lastwagen zu ihren Einsatzorten transportiert. Am Abend schleppen sie sich vom Stuhrer Bahnhof in das drei Kilometer entfernte Lager. Seit dem 13. Dezember 1944 stehen für den Transport der Frauen nach Bremen keine Züge mehr zur Verfügung, der Bremer Bahnhof und die Gleisanlagen sind zerstört. Die Frauen müssen nun noch früher aufstehen, um die sechzehn Kilometer lange Strecke nach Bremen zu marschieren. Abends haben sie neben dem arbeitsreichen Tag noch einen Fußmarsch von zweiunddreißig Kilometern hinter sich.

Beim morgendlichen Appell teilt man die Frauen in verschiedene Kommandos ein. Sie bestehen aus 25 bis 75 Häftlingen und werden von einer SS-Aufseherin, einem SS-Wachmann und einem Polier der jeweiligen Baufirma beaufsichtigt. Die Kommandos tragen die Namen der Firmen, z.B. Kommando Bödecker. Einige sind gefürchtet, andere weniger.

Die Beschäftigten der Firma Siemer & Müller schikanieren die Frauen. Die Erdarbeiten und das Aufrollen von Draht bei Focke-Wulf sind qualvoll. Man schlägt die Häftlinge und stößt sie in den Draht. Der Polier kippt die Loren aus der Sandgrube gegen Abend wieder um, so dass sie neu gefüllt werden müssen. Gefürchtet ist auch der Polier der Firma Heitmann.

Lieber melden sich die Frauen zu dem Kommando von Ludwig Breiter, Inhaber der Firma Kirbitz & Breiter, der zusätzlich Suppe an die Frauen austeilen lässt. Auch der Abbruchunternehmer Ebeling und sein Polier Albert Volk, ein ehemaliger politischer KZ-Häftling aus Berlin-Oranienburg, verteilen mehr Essen als vorgeschrieben ist. In der Silberwarenfabrik Koch & Bergfeld wärmen die Frauen des Kommandos Gesselmann sich an eigens für sie aufgestellten Öfen.

Erträglicher ist ebenfalls das Kommando des Bauunternehmers Dietrich Rohlfs. Obwohl Rohlfs Mitglied der NSDAP ist, wird nicht mit „Heil Hitler" gegrüßt. Sein Polier Georg Stührmann lässt die Frauen statt des Solls von 1 000 Steinen nur 250 Steine aus den Trümmern holen, abklopfen, reinigen und stapeln. Seit dem 16. Oktober 1944 werden 40 Frauen in Uesen zum Planieren und beim Bau von 100 Behelfsheimen eingesetzt. Ein Lastwagen bringt die Frauen zur Arbeit. Sie füllen schwere Loren mit Sand, die sie zur Baustelle schieben. Eines Tages treffen Rohlfs und sein Polier die Frauen bei Kälte und Regen in dünnen Blusen und Kleidern an. Rohlfs droht den SS-Aufseherinnen mit einer Beschwerde, ihre Maßnahmen würden den Wohnungsbau sabotieren. Die SS-Frauen erlauben den Häftlingen daraufhin, sich Jacken und Mäntel zu holen. Nach dem Krieg wird Rohlfs angeklagt, da er wie andere Bau- und Abbruchunternehmer am Krieg und den Zwangsarbeiterinnen gut verdient hat.

Am 7. Februar 1945 bringt man 100 Frauen in ein Arbeitslager nach Uphusen. Der Fahrzeug- und Treibstoffmangel ist inzwischen so groß, dass sie nicht mehr täglich die 26 bis 33 km von Obernheide zu ihren Arbeitsplätzen in Uesen, Uphusen und Hemelingen gefahren werden können. Zudem geht wertvolle Arbeitszeit verloren. Die Jüdinnen fertigen in dem Betonsteinwerk Rodieck in Uphusen Formen für Steine und Platten an, gießen Betonsteine und stellen Pressplatten aus Splitt her. In Hemelingen produzieren sie bei der Firma Lüning Fertigteile für den Behelfsheimbau.

Das KZ Neuengamme und der Bremer Senator für das Bauwesen treffen am 17. August 1944 eine Vereinbarung über die Kosten und Vergütung der jüdischen Häftlinge: Neuengamme stellt die 800 Frauen als ungelernte Arbeitskräfte für je 4,– RM pro Arbeitstag dem Bausenator zur Verfügung und erstattet für die tägliche Verpflegung 0,70 RM pro Häftling. Der Bausenator wiederum verlangt von den Bauunternehmen für jede Häftlingsfrau 0,60 RM pro Arbeitsstunde bei einem zehnstündigen Arbeitseinsatz. Von diesen Einnahmen muss der Senat die Lagermiete, Gas, Wasser, Strom, Feuerung, Kosten für Transport und 30 Männer des Schutz- und Wachdienstes bezahlen. Dennoch kalkuliert der Lagerwächter Lüllmann im August einen Gewinn von 8 232,– RM ein.

Infolge der Luftangriffe sowie der witterungsbedingten Ausfälle im Winter muss der Arbeitseinsatz der Häftlinge auf acht Stunden täglich verkürzt werden. Dadurch sinken die Einnahmen. Zudem beschweren sich einige Bauunternehmer über die mangelhaften Arbeitsleistungen der Frauen. Wehrwirtschaftsführer Eduard Lüning schreibt am 28. November 1944 an den Lagerkommandanten Hille über die Arbeit der Frauen in den Betonsteinwerken der Firmen Lüning & Sohn und Friedrich Rodieck: „Es ist unvereinbar mit unserer Fabrikation, die von hoher Dringlichkeit und dem Mindestprogramm gleichgeschaltet ist, daß fortgesetzt andere Kräfte abkommandiert werden. Ein weiterer Mangel besteht darin, daß die Frauen bzw. Mädchen anscheinend trotz Krankheit zur Arbeit beordert werden. Die Leistungsfähigkeit dieser Kranken oder Halbkranken ist im allgemeinen gleich null. Wir können derartige Kräfte unmöglich gebrauchen und bitten deshalb, die Kranken entweder in ihrem Lager zu behalten oder anderweitig zu beschäftigen. Es ist hierbei zu berücksichtigen, daß selbst die angelernten Kräfte nur Arbeitsleistungen von 20 bis 25% der gleichartigen Männerarbeit erreichen." Damit sich der Kalkulationspreis für die Unternehmen beibehalten lässt, fordert er, das Entgeld von 0,60 RM pro Arbeitsstunde um die Hälfte zu verringern. Um im Rahmen des totalen Krieges alles Produktionshemmende zu vermeiden, setzen Lagerkommandant Hille und die SS-Oberaufseherin Gertrud Heise die Kranken zu anderen Arbeiten ein. Die geforderte Kostensenkung erfolgt erst nach Absprache mit dem SS-Wirtschafts- und Verwaltungshauptamt. Das KZ Neuengamme reduziert nun den Tagessatz ab 1. März 1945 auf 3,– RM pro Häftling. Daraufhin senkt der Bausenator die Leihgebühr der Häftlinge für die Unternehmen auf 0,50 RM pro Stunde. Um dennoch im März einen Profit in Höhe von 5 192,– RM für den Bremer Bausenator zu erwirtschaften, muss der Verpflegungssatz für die Häftlinge nochmals drastisch gekürzt werden. Im August 1944 sind noch monatlich 10 500,– RM für die Verpflegung und 500,– RM für den Transport der 500 ungarischen Frauen einkalkuliert. Ab März 1945 sind es für Transport und Verpflegung von jetzt 700 Häftlingen nur noch 4 500,– RM. Der tägliche Verpflegungssatz für die SS bleibt jedoch mit 1,35 RM pro Person unverändert.

Für die Häftlinge bedeuten die Sparmaßnahmen quälenden Hunger, Krankheit und Tod. Lilly klagt im Winter über die ätzende Magensäure. Das Hungergefühl verdrängt alle anderen Qualen. Eva Cederbaum, Fagja Lesman, Bluma Leszczynska, Halina Lewin und Chawa Weiss sterben infolge der schlechten Arbeitsbedingungen und Ernährung. Das „Sorefinden" wird für die Frauen lebensnotwendig. In den Trümmern suchen sie nach Lebensmitteln oder anderen Dingen, die sie heimlich gegen Nahrung eintauschen. Werden sie erwischt, drohen drastische Strafen. Lilly bangt um Ica und Eva Klein, die eine dreitägige Arreststrafe ohne Kleidung im kalten Bunker absitzen müssen. Trotz der harten Strafen unterlässt es keine, „Sore" gegen Nahrung einzutauschen, da es zum Überleben notwendig ist. Manchmal helfen Menschen wie Henny Brunken und ihre kleine Tochter Erika in Bremen heimlich den Frauen. Doch dies ist nicht ungefährlich. „Gefangenenbegünstigung" wird von der Gestapo verfolgt; es drohen Verhaftung und Zuchthaus.

Am 31. März 1945 überbringt Obersturmführer Benedikt den Deportationsbefehl des SS-Sturmbannführers Pauly: Die Marschfähigen sollen nach Neuengamme, die Kranken nach Bergen-Belsen. Kein Häftling darf dem Feind lebend in die Hände fallen, von der Schusswaffe ist rücksichtslos Gebrauch zu machen. Am 4. April 1945 wird der „Alarm Küste" ausgegeben, die englischen Truppen stehen schon an der Ems. Alle Häftlinge, Kriegsgefangenen und Zwangsarbeiter werden in Hauptsammellager gebracht. Für das Außenkommando Obernheide ist Verden vorgesehen. Mit einem bewaffneten SS-Kommando verlassen die Frauen am frühen Morgen auf Lastwagen das Lager. Jede erhält ein Brot. Zum Glück macht Lilly ihre Absicht, sich unter den Dachplatten in der Baracke zu verstecken, nicht wahr, denn beim Einmarsch englischer Truppen wird das Lager in Brand geschossen. Am 5. April überschreiten die Häftlinge die Weser und treffen auf ungarische Soldaten. Von Uesen aus holt die Kolonne die 100 Frauen aus dem Nebenlager Uphusen ab und marschiert wieder über Uesen nach Etelsen. Einen Tag später erreichen sie erschöpft einen kleinen Bahnhof. In offene Viehwaggons gepfercht, irren sie mehrere Tage umher. Der Weg nach Neuengamme ist versperrt. Der Transport wird nach Bergen-Belsen umgeleitet.

*Inga Schröder/Birgit Hahn, 13. Jg.*

Zusammenstellung der Einnahmen u. Ausgaben
für die im Einsatz befindlichen weibl. K.Z.-Häftlinge.

**Monatliche Einnahmen:**

Für 616 im Arbeitseinsatz befindliche
Häftlinge bei 8-stündiger Arbeitszeit
mit einem Stundenlohn von RM -.50

an 24 Arbeitstagen      RM. 59 148.--

**Monatliche Ausgaben:**

| | | |
|---|---|---|
| Stromkosten .......................... RM | 250.-- | |
| Transportkosten der Häftlinge zur | | |
| Arbeitsstelle u. der Verpflegung .... RM | 4500.-- | |
| Entwesung ........................... RM | 600.-- | |
| Arzneien ............................ RM | 300.-- | |
| Lagerführer Lüllmann ................ RM | 275.-- | |
| Wäsche waschen ...................... RM | 100.-- | |
| Fernsprechgebühren .................. RM | 70.-- | |
| Feuerung ............................ RM | 700.-- | |
| Waschmittel für Häftlinge ........... RM | 100.-- | |
| Umsatzsteuer ........................ RM | 1200.-- | |
| Instandsetzungskosten ............... RM | 500.-- | |
| Kantinenware ........................ RM | 1000.-- | |

An Neuengamme sind zu zahlen für
durchschnittlich 616 im Arbeitseinsatz befindliche Häftlinge an
24 Arbeitstagen pro Tag u. Häft-
ling     RM    3.--    =    RM 44361.--    RM 53 956.--

           Überschuß      RM   5 192.--

*Einnahmen und Ausgaben für die im Einsatz*
*befindlichen KZ-Häftlinge, März 1945*
*Quelle: Staatsarchiv Bremen 4,29/1-1307*

*Luftaufnahme des Lagers Obernheide*
*Foto aus: Hartmut Müller, Die Frauen*
*von Obernheide, Bremen 1988, S. 48*

*Bau der Baracken auf den Wiesen des Bauern*
*Hans Katenkamp in Obernheide*
*Foto: Besitz der Familie Röpke aus Brinkum*

# Befehlshierarchie im Außenkommando Obernheide des KZ Neuengamme

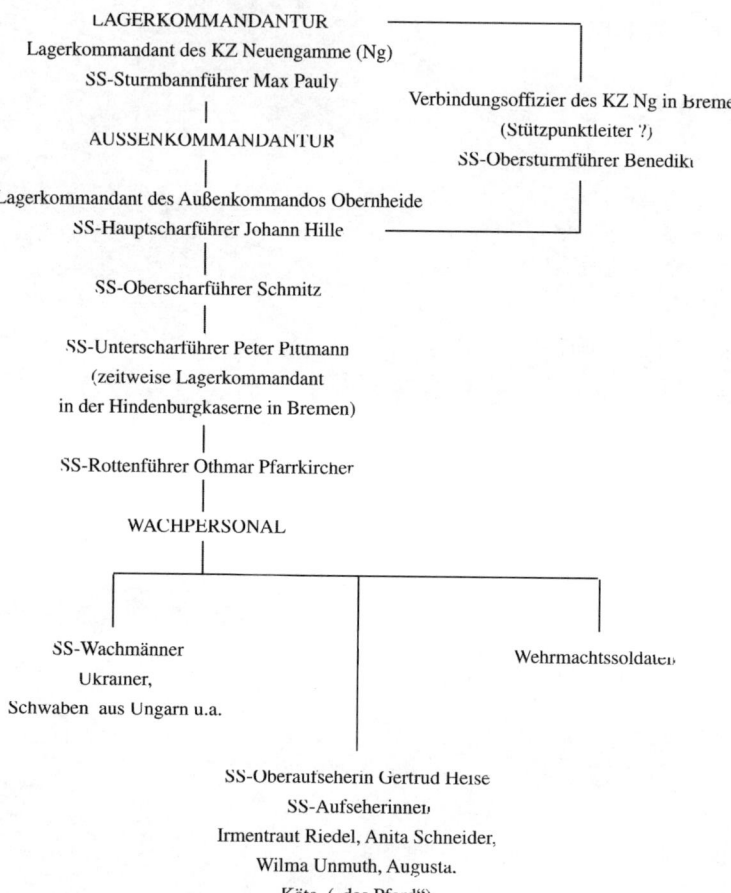

LAGERKOMMANDANTUR
Lagerkommandant des KZ Neuengamme (Ng)
SS-Sturmbannführer Max Pauly

Verbindungsoffizier des KZ Ng in Bremen
(Stützpunktleiter ?)
SS-Obersturmführer Benedikt

AUSSENKOMMANDANTUR

Lagerkommandant des Außenkommandos Obernheide
SS-Hauptscharführer Johann Hille

SS-Oberscharführer Schmitz

SS-Unterscharführer Peter Pittmann
(zeitweise Lagerkommandant
in der Hindenburgkaserne in Bremen)

SS-Rottenführer Othmar Pfarrkircher

WACHPERSONAL

SS-Wachmänner
Ukrainer,
Schwaben aus Ungarn u.a.

Wehrmachtssoldaten

SS-Oberaufseherin Gertrud Heise
SS-Aufseherinnen
Irmentraut Riedel, Anita Schneider,
Wilma Unmuth, Augusta,
Käte, („das Pferd")

*Gerrit Schwier/Marcus Koch, 13. Jg.*

# Bergen-Belsen

## Inferno

In der Nacht vom 7. April 1945 erreicht Lilly Weisz mit den anderen Frauen der Außenkommandos Obernheide und Uphusen das KZ Bergen-Belsen. Sie werden in eine Baracke des völlig überfüllten Großen Frauenlagers gepresst. Weitere Transporte treffen in den folgenden Tagen aus anderen Außenlagern der Konzentrationslager Neuengamme und Mittelbau-Dora ein. Wegen der Überfüllung des Lagers registriert die SS die Neuankömmlinge nicht mehr. Dennoch müssen Lilly und ihre Mithäftlinge zum oft stundenlangen Appell antreten. Lilly entdeckt in ihrem Lagerabschnitt Leichenstapel. Die SS lässt seit dem Beginn des Massensterbens im Februar und März 1945 immer mehr Leichen auf dem Lagergelände und in den Baracken liegen, da es in Bergen-Belsen keine großen Krematorien gibt, in denen die Leichen verbrannt werden können. Allein im März 1945 starben in Bergen-Belsen 18 168 Häftlinge. Kurz vor der Übergabe des Lagers an die Engländer, befiehlt die SS zwischen dem 11. und 14. April ca. 2 000 völlig entkräfteten Häftlingen, die Leichen zu Massengräbern zu schleppen. Am 12. April wird auch Lilly zu dieser Arbeit gezwungen. Währenddessen spielen auf Anordnung des Lagerkommandanten Josef Kramer zwei Häftlingskapellen Tanzmusik.

Die Gründe für das Massensterben im KZ Bergen-Belsen liegen weniger im Zusammenbruch des Verkehrs- und Versorgungssystems in den letzten Kriegswochen, als vielmehr in der monatelangen systematischen Vernachlässigung des Lagers durch die SS-Führung. In den letzten Tagen vor der Befreiung erhalten die abgemagerten Häftlinge überhaupt kein Brot mehr. Der Hunger führt zum Krieg aller gegen alle und gipfelt im Kannibalismus. Wegen einer defekten Pumpstation gibt es in den letzten Tagen vor der Befreiung kein Wasser mehr. Die sanitären Einrichtungen lässt die SS schon seit Monaten nicht reparieren. Im Frühjahr stehen für 20 000 bis 25 000 Gefangene genauso viele Toiletten und Waschräume zur Verfügung, wie ein Jahr zuvor für 2 000 Menschen. Das Lager verschmutzt zunehmend. Viele an Durchfall erkrankte Häftlinge verrichten ihre Notdurft dort, wo sie sich gerade befinden. Im Winter 1944/45 brechen Seuchen aus: Bauchtyphus, Ruhr (Dysenterie) und Tuberkulose. Ab Februar treten erste Fleckfieberfälle auf. Doch die Lagerverwaltung bleibt untätig. Die Medikamentenbestände öffnet die SS erst kurz vor der Befreiung. Lilly berichtet, wie sie mit anderen Häftlingen am 14. April 1945 die vollen Kleidungsmagazine plündert. Zur Strafe bringt eine SS-Aufseherin die Gefangenen ins Kleine Frauenlager, wo sich Lilly noch am Tag der Befreiung mit Typhus infiziert.

*Christian Dizdar, 12. Jg.*

# Befreiung

Am 15. April 1945 befreit die britische Armee noch vor dem offiziellen Kriegsende am 8. Mai etwa 60 000 Häftlinge des Konzentrationslagers Bergen-Belsen. Bereits am 11. April ist Himmler aufgrund der katastrophalen Lagerzustände bereit, durch die Wehrmacht einen auf Bergen-Belsen lokal begrenzten Waffenstillstand anzubieten. Dieser einmalige Vorgang während des Zweiten Weltkrieges widerspricht Hitlers Befehl zur Lagervernichtung. Am 12. April vereinbart der britische Brigadier Taylor-Balfour mit Wehrmachtsoffizieren des Truppenübungsplatzes Bergen die Übernahme des KZ-Bergen-Belsen. Das Gelände wird zur „neutralen Zone" erklärt und durch Schilder „Danger Typhus" gekennzeichnet. Nach freiem Abzug der SS-Wachmannschaften und vieler SS-Aufseher am 13. April beginnen u.a. ungarische Wehrmachtsangehörige mit der Bewachung des Lagers, damit die Häftlinge es wegen der Seuchengefahr nicht verlassen. Das Kommandantur-Personal der SS, Lagerkommandant Josef Kramer und der SS-Arzt Fritz Klein verwalten das Lager bis zu ihrer Verhaftung am 17. bzw. 19. April.

244

In den folgenden Tagen erschießen ungarische Wachposten über 80 Häftlinge, die in der Nähe der Küche nach Essensabfällen suchen. Auch nachts wird auf jeden geschossen, der sich außerhalb der Baracken befindet. Aus Angst ziehen Lilly und Ica es deshalb vor, die erste freie Nacht in einer Baracke mit Typhuskranken zu verbringen statt im Freien. Zwar stehen die Ungarn offiziell unter britischem Kommando, aber sie folgen den Befehlen ihrer eigenen Offiziere. Da viele ungarische Soldaten stark antisemitisch und nationalsozialistisch geprägt sind und sogar auf die eigenen Landsleute schießen, ziehen die Engländer sie nach einer Woche wieder ab.

Am Sonntag, den 15. April, verkünden britische Soldaten über einen Lautsprecherwagen in mehreren Sprachen die Befreiung des KZ Bergen-Belsen und versprechen Lebensmittel und ärztliche Hilfe. Lilly erwartet wie die anderen Befreiten sofort Wasser und Brot. Doch zunächst müssen sich die britischen Truppen in Bergen-Belsen, die nur aus einigen Dutzend Soldaten bestehen, einen Eindruck vom Zustand des Lagers verschaffen. Der Arzt Glyn Hughes notiert: „Die Zustände im Lager waren wirklich unbeschreiblich; kein Bericht und keine Fotografie kann diese grauenvollen Bilder außerhalb der Baracken wiedergeben, und die schrecklichen Szenen in den Baracken waren noch viel schlimmer. Überall im Lager befanden sich Leichenstapel verschiedener Höhe, einige außerhalb des Stacheldrahts, andere innerhalb zwischen den Baracken. In den einzelnen Lagerabteilungen lagen überall menschliche Körper herum. Die Gräben der Kanalisation waren mit Leichen gefüllt, und in den Baracken selbst lagen zahllose Tote, manche zusammen mit den Lebenden auf einer einzigen Bettstelle. In der Nähe des Krematoriums sah man Spuren der hastig gefüllten Massengräber, und links außerhalb des hintersten Lagerabteils befand sich eine offene Grube, halb mit Leichen gefüllt; man hatte mitten in dieser Arbeit aufgehört. In einigen der Baracken, aber in nicht vielen, waren Bettstellen vorhanden, und sie waren überfüllt mit Gefangenen in allen Stadien der Auszehrung und der Krankheit. Sie hatten nicht einmal in jedem Block genügend Platz, um sich in voller Länge hinlegen zu können. In den überfülltesten Blocks lebten 600 bis 1 000 Leute auf einem Raum, der normalerweise nur für 100 Menschen Platz geboten hätte." (Eberhard Kolb, Bergen-Belsen, Hannover 1962, S. 157 f.)

Da die britische Armee auf eine solche Situation nicht vorbereitet ist, dauert das Heranschaffen von geeigneter Nahrung länger als die vom Hungertod bedrohten Häftlinge hoffen. Auch Lilly ist enttäuscht. Erst am nächsten Tag erhalten sie Trinkwasser und eine Abendmahlzeit aus Konserven der Truppenverpflegung. Sie ist jedoch zu fett für die unterernährten, ausgetrockneten Häftlinge, so dass viele daran sterben. Schon eine halbe Tasse Suppe kann zum Tod führen. Lilly erreichen die Hilfsmaßnahmen erst einen Tag später.

Die erste Woche nach der Befreiung verläuft chaotisch. Während einer spontanen Feier in der ersten Nacht und an den darauffolgenden Tagen plündert ein kleiner Teil der Häftlinge Magazine, Kleiderkammern und das Lebensmittellager. Sie brechen in die SS-Schweineställe ein und schlachten 50 Schweine. Als Rache für Verrat und Brutalität lynchen einige Überlebende 130-140 Funktionshäftlinge.

Lilly kehrt erst am 16. April mit den anderen ins Große Frauenlager zurück. Erst jetzt können sie ihre Freiheit am Lagerfeuer feiern und Kartoffeln essen, die sie auf dem Rückweg gefunden haben. Am nächsten Tag geht Lilly mit anderen Häftlingen zu einem der umliegenden Bauernhöfe. Sie erhalten dort auf Anweisung der englischen Militärbehörden Milch, die Verteilung verläuft sehr diszipliniert.

Unter vielen Überlebenden haben sich Aggression, Haß- und Rachegefühle gegen die Deutschen aufgebaut. Belsen wird geplündert. „Gesetz und Ordnung waren mehrere Tage lang vollständig außer Kraft gesetzt, notierte Celles Militärregierung Ende April 1945,..." (Rainer Schulze (Hrsg.), Unruhige Zeiten. Erlebnisberichte aus dem Landkreis Celle 1945-1949, München 1990, S. 37)

Das Hauptproblem für die Engländer ist jedoch die Versorgung der Überlebenden und die Bestattung der Toten. Mehrere tausend Leichen liegen im Freien, erst am 17. April kann man beginnen, sie zu begraben. Auch einige SS-Männer werden eingesetzt, wie Lilly mit Genugtuung beobachtet. Am 25. April verpflichten die Engländer das gesamte inhaftierte SS-Personal, die im Lager liegenden Leichen in Massengräbern

zu beerdigen. Infolge des fortgesetzten Massensterbens steigt die Anzahl der Toten stetig. Viele „Frauen von Obernheide" sterben noch. Vom
15. April bis zum 20. Juni 1945 kommen noch 13 944 Menschen durch
die Folgen ihrer Haft ums Leben. Die Gesamtzahl der Opfer des KZ
Bergen-Belsen wird auf etwa 50 000 geschätzt.

In riesigen Massengräbern, zum Teil unter Einsatz von Bulldozern,
beseitigen die Engländer die Leichenberge. Innerhalb kurzer Zeit be-
schaffen die Briten Nahrungsmittel, legen Wasserleitungen, bauen sa-
nitäre Anlagen und versorgen die Überlebenden. Am 21. Mai brennen
sie in einem symbolischen Akt die letzten Häftlingsbaracken nieder,
auch um eine weitere Ausbreitung der Seuchen zu verhindern.

*Katrin Schmötzer/Björn Schäfer, 13. Jg.*

*Entkräftete Häftlinge schleppen Leichen aus den Zelten*
*Foto: Imperial War Museum, London*

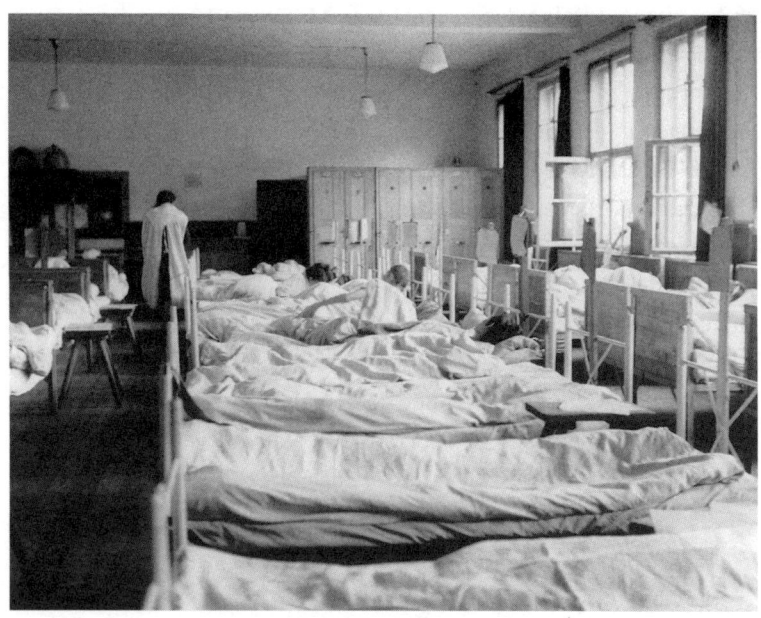

*Krankenstation des Glyn Hughes Kranken-*
*hauses im Bergen-Belsen D.P. Hohne Camp*
*Foto: Imperial War Museum, London*

## „Kasernenstadt"

Nach der Besetzung Deutschlands durch die Alliierten im Frühjahr 1945 erhalten alle ehemaligen Häftlinge den Status „DP" (Displaced Person). Sie werden in DP-Lagern, nach Nationalitäten getrennt, untergebracht und in ihre Heimatländer überführt. Wie viele jüdische DPs hofft auch Lilly auf einen jüdischen Staat in Palästina, der Sicherheit und Schutz bietet.

Im Kasernenkomplex des Truppenübungsplatzes Bergen-Hohne der Deutschen Wehrmacht, etwa 3,5 km vom KZ Bergen-Belsen entfernt, wird in aller Eile das „Bergen-Belsen D.P. Hohne Camp" eingerichtet. Brigadegeneral H.L. Glyn Hughes lässt eine Krankenstation aufbauen. Lilly bezeichnet das Lager als „Kasernenstadt". Nach der Befreiung quartiert man die Überlebenden, nach einer zunächst provisorischen Einrichtung eines Lazaretts, ein. Am 18. April bringt man die ersten 500 Fleckfieberkranken ins Lazarett. Einen Tag darauf beginnt die Verlegung der gesunden und kranken Häftlinge, die am 19. Mai abgeschlossen ist. Nun finden 14 000 Menschen in dem Kasernenkomplex Platz; Gesunde und Kranke werden getrennt versorgt. Ica erhält am 22. April einen Platz für sich und Lilly im Abschnitt der gesunden Häftlinge, obwohl Lilly schon an Typhus erkrankt ist. Da auch diese Räume überfüllt sind, schläft sie in einer Ecke auf dem Boden. Es gelingt Ica, Lilly eine Woche zu verstecken, dann wird sie von einer Zimmergenossin entdeckt und als Typhuskranke gemeldet. Lilly wird auf einer Bahre ins angrenzende Spital getragen. Sie ist ohne Bewusstsein. Die medizinische Versorgung ist schlecht. Impfstoffe, geeignete Medikamente, Anti-Läuse-Pulver für die Typhusbekämpfung sowie Desinfektionsmittel sind nicht in ausreichender Menge vorhanden. Englische Sanitätseinheiten, ungarische und deutsche Kriegsgefangene sowie Freiwillige helfen im Krankenhaus. Lilly versorgen zwei Ungarn. Im Lazarett erhält Lilly vom American Jewish Joint Distribution Committee Kleidung. 1914 gegründet, ist es die wichtigste jüdische Hilfsorganisation für die Überlebenden der DP-Lager in Deutschland, Österreich, Ungarn, Italien, Rumänien und Polen. Dieser Joint sorgt für zusätzliche Lebensmittel neben den zugeteilten Rationen, außerdem für Kleidung, Bücher und Schulbedarf sowie Gegenstände, die den religiösen und kulturellen Interessen dienen.

Nachdem es Lilly etwas besser geht, soll sie zu einem sechsmonatigen Erholungsaufenthalt mit einem Transport des Roten Kreuzes nach Schweden. Doch im letzten Augenblick springt Lilly vom Lastwagen. Zwar ist ihr die alte Heimat durch die Verfolgung des ungarischen Staates fremd geworden, aber sie hofft auf ein Wiedersehen mit ihrer Familie in Eger. Am 14. Juli 1945 erhält Lilly Agnes Weisz eine Identitätskarte des DP-Camps Bergen-Belsen, aber noch keinen Pass. Sie fährt mit dem ersten tschechischen Transport zunächst nach Prag.

*Sabine Amelsberg/Anna Plecher, 12. Jg.*

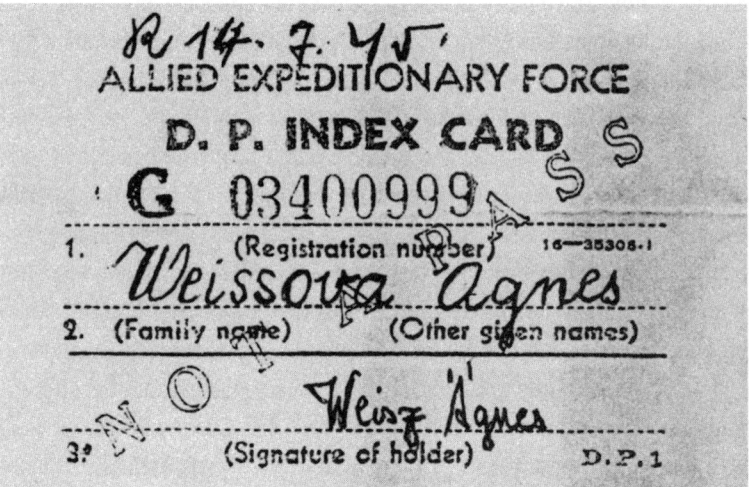

*Identitätskarte von Lilly Agnes Weisz aus dem DP-Camp Bergen-Belsen*
*Privatbesitz*

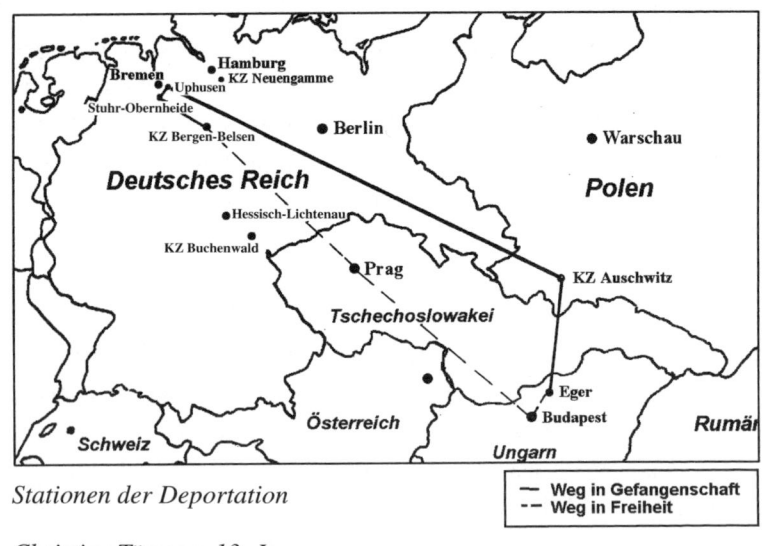

*Stationen der Deportation*

*Christian Tümena, 13. Jg.*

# Heimweg

Der Joint organisiert den Rücktransport nach Ungarn über Prag. Englische Soldaten begleiten die Frauen. Am dritten Tag kommt der Zug in der vom Krieg kaum beschädigten tschechischen Hauptstadt an. Lilly und drei weitere Überlebende aus Bergen-Belsen werden in einem Frauenheim liebevoll aufgenommen. Am 17. Juli 1945 erhält Lilly Weisz einen tschechischen Ausweis, der ihr die Wiedereinbürgerung ermöglichen soll. Lillys „KZ-Reiseroute – Auschwitz – Bremen – Bergen- Belsen" ist darauf vermerkt. Erst zwei Wochen später fahren die Frauen in die ungarische Hauptstadt. Lilly findet Budapest stark vom Krieg zerstört vor.

Sie meldet sich beim DEGOB (Mugyarországi Zsidók Deportáltakat Gondozó Országos Bizottsága) auf dem Bethlen-Platz und lässt sich auf den ausgehängten Listen registrieren. Die Namen ihrer Familienangehörigen kann sie jedoch nicht entdecken. Der DEGOB, ebenfalls vom amerikanischen Joint finanziert, ist der Landesrat der ungarischen Juden für die Betreuung der Deportierten. Von ihm erhält Lilly einen Ausweis und ein wenig Geld. Auch die Unterbringung, Bekleidung und Verpflegung wird vom DEGOB organisiert.

Im September 1945 fährt Lilly nach Eger. Sie erhält im Joint Asyl, der das Gebäude des ehemaligen Sanatoriums Kun in der Dèak-Ferenc-Gasse gemietet hat. Ihr Familieneigentum ist von der Stadtverwaltung in Eger an „anständige, christliche, ungarische Menschen" übergeben worden. Nur ein Ehepaar ist zur Rückgabe bereit. Lilly begegnet noch immer offenem Antisemitismus.

In den Trümmern ihres zerstörten Wohnhauses entdeckt Lilly Fotos ihrer Familie. Nach und nach erfährt sie das Schicksal ihrer Angehörigen: Ihr Verlobter Gyuri verhungerte im Winter 1944/45 beim jüdischen Arbeitsdienst der Honvèdseg. Ihr gehbehinderter Vater wurde nach der Ankunft in Auschwitz vergast und verbrannt, wenig später auch ihre Großmutter und Tanten. Auch ihre Mutter und ihre Schwester Jutka wurden in Auschwitz ermordet, wohin man sie als arbeitsunfähig transportiert hatte. Pfeilkreuzler erschossen ihren Bruder Pista an seinem 19. Geburtstag im Oktober 1944 auf offener Straße am Almassy-Platz in Budapest. Bewaffnete Mitglieder der nationalsozialistischen „Pfeilkreuzler Partei – Hungaristische Bewegung" terrorisierten die jüdische Bevölkerung in Budapest, besonders nach der Absetzung des Reichsverwesers Horthy am 15. Oktober 1944 und der Machtübernahme ihres Führers Ferenc Szalasi.

Von den 1 620 Juden aus Eger kehrten bis zum September 1945 etwa 40 zurück. Ein Jahr später lebten dort 215 Juden. Die ungarische jüdische Gemeinde verlor während des Zweiten Weltkrieges 564 500 Menschen, 63 000 wurden bereits vor dem Einmarsch der deutschen Truppen ermordet. 267 800 der 501 500 Opfer, die nach der Besetzung starben, stammten aus Trianon-Ungarn; 85 500 kamen aus Budapest und 182 300 aus der Provinz. In den von Ungarn annektierten Gebieten in der Tschechoslowakei, Rumänien und Jugoslawien starben 233 700 Juden.

*Hella Ahrends, 13. Jg. und Anna Plecher, 12. Jg.*

*Heimkehrende Ghettobewohner nach der Befreiung Budapests 1945*
*Foto aus: Eugene Levai, Black Book on the*
*Martyrdom of Hungarian Jewry, S. 91*

*Der Sozialminister Dr. Erik Molnar besichtigt die erste Haupt-*
*lieferung des Joint von Hilfsgütern an die Juden in Budapest*
*Foto aus: Eugene Levai, Black Book on the*
*Martyrdom of Hungarian Jewry, S. 129*

# Jüdische Religiösität im KZ

In Eger und anderen ungarischen Städten richtete das ungarische Innenministerium 1944 die Ghettos in der Nähe der Synagogen ein, um den sofortigen Protest der jüdischen Gemeinden zu verhindern. Noch war den Juden ihr religiöses Leben erlaubt. Sie durften sich zum Gottesdienst und Gebet in der Synagoge versammeln. Doch außerhalb der Ghettos waren sie Angriffen auf ihre jüdische Identität ausgesetzt. Bereits in der Ziegelei von Kerecsend zwangen ungarische Gendarme einen betenden Lehrer, Schweinespeck zu essen, obwohl das jüdische Gesetz das Essen von rituell unreinem Fleisch verbietet.

In den Konzentrationslagern war die Ausübung jüdischer Religiosität verboten. Die SS wollte nicht nur die physische Existenz der jüdischen „Rasse" vernichten, sondern auch ihre religiöse Identität. "So waren jüdische Häftlinge, von denen die SS wußte, daß es sich um Rabbiner handelte, besonderen Schikanen ausgesetzt, Arbeitskommandos wurden für den Schabbat besonders schwere Aufgaben zugewiesen, am Vorabend jüdischer Feiertage fanden besondere Selektionen statt, oder es wurde den an extremer Unterernährung leidenden Häftlingen gelegentlich an jüdischen Fasttagen eine zusätzliche Essensration zugeteilt." (Thomas Rahe, Jüdische Religiösität in Konzentrationslagern, S. 90)

Um zu überleben, mussten gläubige Juden viele ihrer religiösen Gesetze und Gebote aufgeben: Am Schabbat und an Festtagen waren sie gezwungen zu arbeiten. Religiöse Pflichten, die Gebetszeiten und -rituale sowie die Speisegesetze konnten nicht eingehalten werden. An rituell geschlachtetes Fleisch oder an eine Küche, in der streng zwischen Milch- und Fleischgerichten getrennt wurde, war nicht zu denken. Das wenige Essen war nicht koscher. Der Besitz und das Verwenden von Ritualgegenständen wie Tallit (Gebetsmantel) oder Tefillin (Gebetsriemen) waren den Häftlingen verboten. Religiöse Schriften wie die Tora (Bücher Mose) durften nicht gelesen werden. Eine jüdische Lebensführung auch nur im kleinen aufrechtzuerhalten, war nahezu unmöglich.

Die SS bestimmte den Tagesablauf der Häftlinge bis ins Detail, sogar die Zeiten zur Verrichtung der Notdurft waren vorgeschrieben.

Trotz dieser Zwangssituation versuchten wenige orthodoxe Juden, allein oder in kleinen Gruppen, ihre Religiosität heimlich zu praktizieren. Der Glaube an Gott gab ihnen Gemeinschaft, Hoffnung und Stärke und ermutigte sie zum geistigen Widerstehen.

Die assimilierten Juden, die oft atheistisch eingestellt waren, praktizierten im KZ-Alltag ihre Religion nicht oder kaum. Nur hohe jüdische Feste versuchten viele, gemeinsam zu feiern. Die Feiertage erinnerten sie an die Heilsgeschichte Israels und ließen auf eine bessere Zukunft hoffen. So begingen die polnischen und ungarischen Jüdinnen in Bremen am 18./19. September 1944 den Tag des Rosch ha-Schana, das jüdische Neujahrsfest.

Er leitet die zehn Bußtage ein, die am Jom Kippur, dem Versöhnungsfest, enden. Zum Neuen Jahr begrüßen sich die Juden mit der Formel: „Zu einem guten Jahr mögest Du eingeschrieben werden." Am 25. September 1944, als die Frauen von Bremen nach Obernheide gebracht wurden, summten sie verklärt die Melodie des Kol Nidre. Dies ist ein gesungenes Gebet, das am Vorabend des Jom Kippur den Gottesdienst in der Synagoge einleitet. Bei diesem zwei Tage dauernden Fest bittet der Gläubige Gott um Vergebung seiner Sünden und um göttliche Gnade. Gleichzeitig ist er verpflichtet, sich mit seinen Mitmenschen auszusöhnen.

Aber kann es Versöhnung mit den Tätern geben?

Da die Juden seit Jahrhunderten in Europa, besonders durch die christlichen Kirchen, verfolgt wurden, hatten sich religiöse Verhaltensmuster und Leitlinien herausgebildet, an denen sich gläubige Juden orientierten. Doch im KZ ging es um Leben oder Tod: Darf man z. B. das Leben eines Angehörigen retten, wenn dafür ein anderer Mensch sterben muss? Soll man auf die besonders unkoscheren Teile der Nahrung verzichten, auch wenn dies das eigene Leben gefährdet?

Vor einer ähnlichen Entscheidung standen auch die Frauen in Obernheide. Sie diskutierten, ob sie am Jom Kippur, dem höchsten jüdischen Fest, fasten sollten, wie es die Tora vorschreibt, oder nicht. Einige waren der Ansicht, dass strenges Fasten zur Ehre Gottes wichtiger sei als ihre momentane, hungernde Lage. Andere hielten es für richtig, in dieser Situation religiöse Gebote zu übertreten, um das eigene Leben nicht zu gefährden. Da ihre Körper schon stark geschwächt waren, sollte jede Frau für sich selbst entscheiden.

Unter den Bedingungen des Konzentrationslagers konnte der Schabbat, wenn überhaupt, nur symbolisch gefeiert werden. Als siebenter Tag der Woche gilt der Schabbat als Zeichen des Bundes zwischen Gott und seinem Volk Israel. An ihm soll jegliche Arbeit ruhen. Wie alle jüdischen Feste beginnt er bei Sonnenuntergang des Vortages. Die Mutter entzündet zu Ehren des Schabbat zwei Kerzen – „Lichwod Schabbat". Der Vater segnet vor dem festlichen Essen Wein und Brot. An diese Familienfeier erinnerten sich auch die Frauen in Obernheide, wenn sie am Freitagabend heimlich den Schabbat begingen. Im „Eger-Zimmer" war es Sitte geworden, dass Ella Hauer eine Kerze anzündete. Religiöse Texte wurden rezitiert. Die Feiern förderten die Gemeinschaft gegenüber einem Lagerleben, das die Solidarität unter den Häftlingen durch den Kampf ums Überleben ersticken sollte.

Viele Juden wie auch Christen verloren angesichts des Massensterbens und des erfahrenen Leids den Glauben an Gott. Nur sehr wenige bewahrten sich ihr Gottvertrauen. Über sie schreibt Jean Amery, selbst kein gläubiger Jude, nach seiner Befreiung: „Gleichwohl muß ich gestehen, daß ich sowohl für die religiös als auch für die politisch engagierten Kameraden große Bewunderung empfand und empfinde... Ich wollte nicht gehören zu ihnen, den gläubigen Kameraden, aber ich hätte gewünscht zu sein wie sie, unerschütterlich, ruhig, stark. Was ich damals zu begreifen glaubte, erscheint mir immer noch als Gewißheit: der im weitesten Sinn gläubige Mensch, sei sein Glaube ein metaphysischer oder ein immanenzgebundener, überschreitet sich selbst. Er ist nicht der Gefangene seiner Individualität, sondern gehört einem geistigen Kontinuum an, das nirgends, und auch in Auschwitz nicht, unterbrochen wird." (Zitiert nach Thomas Rahe, Jüdische Religiosität, S. 95)

In Bergen-Belsen bat Lilly Kertesz einen jungen Mann, für ihre tote Lagerschwester Gizi folgendes „Kaddisch der Leidtragenden" am Massengrab zu sprechen:

*„Verherrlicht und geheiligt werde sein großer Name in der Welt, die Er erschaffen nach seinem Willen, und möge Er herbeiführen sein Reich in unseren Tagen, in den Tagen Israels.*

*Amen! Es sei sein großer Name gepriesen ewig und immerdar!*

*Gebenedeiet und gepriesen sei der Name des Heiligen, der erhaben ist über alles Lob, das wir ihm darzubringen vermögen in der Welt. Ihn preisend zu bekennen, seinem Ratschlusse uns zu beugen und seiner Vaterhuld zu vertrauen, ist unser Trost und unsere Erhebung. Amen!*

*Der Frieden schafft in seinen Höhen, Er lasse Frieden walten über uns, über ganz Israel und die ganze Menschheit. Amen!"*

*Quelle: Avodah Schebelev: Gottesdienst des Herzens. Israelisches Gebetbuch, 2. Bd., Nürnberg 1898*

*Sylvia Stratmeyer/Sarah Schulz/Kristian Klooß, 13. Jg.*

*Lilly Kertész mit ihrem Mann und ihren drei Töchtern in Israel 1970*
*Foto: Privatbesitz*

*Lilly Kertész im Jahre 1949*
*Foto: Privatbesitz*

# Nachwort

„Leider hat das Staatsarchiv Bremen nicht die finanziellen Mittel, diesen Erinnerungsbericht zu veröffentlichen, aber vielleicht können Sie ihn in der Schule verwenden." Mit diesen Worten überreichte mir Hartmut Müller das Manuskript von Lilly Kertesz. Aufmerksam lasen meine SchülerInnen den Bericht. Besonders interessierten sie die Vorgänge im Arbeitslager Obernheide – einem Ort in ihrer Gemeinde Stuhr. Sie waren beeindruckt vom Schicksal dieser jungen Frau, deren glückliche Verlobungszeit mit dem Einmarsch der Deutschen Wehrmacht in Ungarn abrupt endete. Lilly Kertesz berichtet, wie ihre Familie und andere Juden ihrer Heimat verschleppt, versklavt und ermordet wurden. Im Konzentrationslager zur Nummer gemacht und in ihrer Menschenwürde verletzt, ist in ihren Erinnerungen dennoch kein unversöhnlicher Hass zu spüren. Differenziert beschreibt sie die Täter und die vielschichtige Lagerwirklichkeit, jedoch auch die vielen Zuschauer, die aus willentlicher Unwissenheit und Furcht das Unrecht schweigend duldeten – in Deutschland wie in Ungarn. Nur wenige brachten den Mut auf, ein Stück Brot zu geben oder ein mitfühlendes Wort zu äußern.

Die Jugendlichen beschlossen, sich mit den im Manuskript beschriebenen Geschehnissen intensiver auseinanderzusetzen. In einem fachverbindenden Projekt der gymnasialen Oberstufe der Kooperativen Gesamtschule Stuhr-Brinkum bereiteten die SchülerInnen in Kooperation mit außerschulischen Einrichtungen die Herausgabe des Erinnerungsberichtes vor. Lilly Kertesz erklärte sich mit dem Projekt einverstanden und stellte ihre Unterlagen zur Verfügung. Für dieses Vertrauen danken wir ihr.

Ein Kunstkurs des 11. Jahrgangs und die Multimedia AG gestalteten Vorschläge für das Buchcover und das Layout. Der Projektkurs „Spurensuche" im Fach Ev. Religion erarbeitete die Dokumentation zu den Stationen der Deportation. Die SchülerInnen recherchierten im Staatsarchiv Bremen, der Gemeinde Stuhr und in der Gedenkstätte Bergen-

Belsen. Sie baten die Archive der Gedenkstätten Auschwitz und Buchenwald, die ungarischen Stadtarchive in Eger und Kerescend, einige Zeitungen des Komitat Heves sowie die Auschwitz-Stiftung in Budapest um weitere Informationen. In kleinen Gruppen bereiteten die Jugendlichen das Material für die Dokumentation auf. Einige Zeitzeugen meldeten sich nach einem Aufruf in der Tagespresse, der Kurs wurde aber auch mit Kritik am „ständigen Aufwühlen der NS-Zeit" konfrontiert.

Gerade durch die persönliche Begegnung mit Überlebenden der Konzentrationslager wird die Erinnerung an die Shoah für die Jugendlichen nicht zur fernen Vergangenheit. Ein Einzelschicksal berührt viele stärker als die Zahlen Ermordeter in den Statistiken. Das Leid, das Lilly Kertesz angetan wurde, widerfuhr 799 weiteren Frauen in Obernheide – sowie Millionen verfolgter Juden in Europa. Die Dokumentation der SchülerInnen verknüpft dieses individuelle Schicksal mit Zahlen, Daten und Ereignissen, die mit dem Schicksal der europäischen Juden in Verbindung standen und weist so auf das gigantische Ausmaß der nationalsozialistischen Verbrechen hin.

Einer ähnlichen Aufgabe stellten sich auch ungarische SchülerInnen des Mora-Gymnasiums aus Györ, der Patenstadt der Gemeinde Stuhr. Sie recherchierten über das Leben von zwölf Jüdinnen ihrer Stadt, die 1944 ebenfalls nach Auschwitz und nach Obernheide verschleppt wurden. Die SchülerInnen beider Partnerschulen baten die Frauen, die heute in Ungarn, USA, Schweden und Israel leben, über ihre Erinnerungen an die Lagerzeit zu berichten. Ihre Adressen erhielten sie von Lilly Maor aus Haifa, der Vorsitzenden des Komitees der „Frauen von Obernheide". Die Antworten wurden in der Tagespresse von Györ und Stuhr veröffentlicht und stießen auf große Resonanz. Der Dialog beider Schulen mit Überlebenden des nationalsozialistischen Terrors wird fortgesetzt. Er schließt eine Auseinandersetzung mit den Ursachen des Antijudäismus und dem deutsch-ungarischen Verhältnis in Geschichte und Gegenwart ein.

Ohne das Wachhalten der Erinnerung an die NS-Verbrechen und das Gedenken an die Opfer ist eine völkerverbindende und friedvolle Zukunft in Europa nicht möglich. Das Buch von Lilly Kertesz ist ein Aufruf gegen das Vergessen und spricht sich zugleich für gelebte Solidarität mit Not leidenden Menschen aus. Damit ist auch heute jeder aufgefordert, sich nicht träge und gleichgültig hinter der Verantwortung anderer zu verstecken, sondern sich persönlich für Menschenrechte und Demokratie einzusetzen.

*Ilse Henneberg*

Die Dokumentation erarbeiteten Schülerinnen und Schüler des Projektkurses „Spurensuche" im Fach Ev. Religion der KGS Stuhr-Brinkum im Schuljahr 1997/98 unter Leitung von Ilse Henneberg: Hella Ahrends, Sabine Amelsberg, Christian Dizdar, Silke Eilers, Birgit Hahn, Janine Hübner, Marcus Koch, Kristian Klooß, Leonie Kücholl, Florian Mategka, René Meyer, Daniela Nienaber, Anna Plecher, Tobias Regier, Björn Schäfer, Katrin Schmötzer, Inga Schröder, Gerrit Schwier, Stefan Trotzky, Christian Tümena, Birte Zöller.

Die Vorschläge für das Buchcover und das Layout erarbeiteten Schülerinnen und Schüler eines Kunstkurses des 11. Jahrgangs der KGS Stuhr-Brinkum im Schuljahr 1997/98 unter Leitung von Ulrich Breitsprecher: Dennis Behring, Lena Blume, Phillip Cappelletti, Stefanie Castens, Torben Främke, Patrick Görner, Kim Hagedorn, Asja Hennig, Elke Heumann, Dania Klooß, Gerrit Koch, Melanie Kügler, Christian Lücking, Christian Meyer, Michael Meyer, Lorena Pabelick, Silke Peters, Kai Puckhaber, Philipp Sauer, Axel Schwier, Nicola Siefert, Björn Siemers, ClaudiaTheel, Carsten Weber, Tim Wehrenberg.

# Danksagung

Dieses Projekt ist von vielen Personen und Organisationen unterstützt worden. Unser Dank gilt allen, die uns geholfen haben und geduldige Ansprechpartner waren, insbesondere

- Lilly Kertesz und ihrer Familie in Israel für ihr Vertrauen und die gute Zusammenarbeit,
- Lilly Maor, Eva Imre Laszlone und Karolyne Krausz, ebenfalls „Frauen von Obernheide", die sich den Fragen der SchülerInnen gestellt haben,
- Dr. Hartmut Müller, Leiter des Staatsarchiv Bremen, für die freundliche Betreuung und die fachlichen Anregungen,
- Dr. Thomas Rahe, Leiter der Gedenkstätte Bergen-Belsen, für die fachliche Beratung und die Literaturhinweise,
- den MitarbeiterInnen der Gedenkstätten Auschwitz, Bergen-Belsen, Buchenwald und Neuengamme sowie der Auschwitz-Stiftung in Budapest,
- den Schülerinnen und Schülern sowie den Lehrkräften des Mora-Gymnasiums in Györ (Ungarn) für ihre Recherchen und die gute Zusammenarbeit,
- Ferenc Kocsis und Ilse Ehlers für die Übersetzung ungarischer Texte,
- der Schulleitung, dem Kollegium und den MitarbeiterInnen der KGS Stuhr-Brinkum für ihr Verständnis und ihre Unterstützung,
- Ulrich Breitsprecher, Roland Bühs, Antje Burat, Karl Gottschalk, Roberta Hoffman, Otto Kähler und Ulrike Wiggers für ihre freundliche Hilfe,
- Gerd Hommel, Nicole Nelhiebel und Hartwig Struckmeyer für ihre wertvolle Hilfe bei der Bearbeitung des Manuskriptes sowie
- dem Verleger Helmut Donat für seine engagierte und unverzichtbare Mitwirkung.

Als Lehrkräfte möchten wir uns bei unseren Schülerinnen und Schülern für ihr Engagement und ihren Ideenreichtum bedanken. Trotz der mühevollen Recherchen und der oft nicht leicht lesbaren Sekundärliteratur wurde die „Spurensuche" mit großer Ausdauer fortgesetzt.

Das Projekt hat an dem Wettbewerb „Moderne Schule" des Niedersächsischen Kultusministeriums 1997 teilgenommen und ist mit dem Förderpreis „Demokratisch Handeln" der Theodor-Heuss-Stiftung und der Akademie für Bildungsreform 1998 ausgezeichnet worden.

Wir danken für die finanzielle Förderung des Buches und des Projektes:
- dem Niedersächsischen Kultusministerium, Hannover,
- der Kreissparkasse Syke,
- der Max-Traeger-Stiftung, Frankfurt am Main,
- dem Verein „Gegen Vergessen – Für Demokratie e.V.", Bonn,
- der Gemeinde Stuhr,
- dem Förderverein der Kooperativen Gesamtschule Stuhr-Brinkum,
- der Gesellschaft für christlich-jüdische Zusammenarbeit, Bremen,
- und dem Senator für Arbeit, Bremen, dessen Unterstützung dazu dient, bremischen Schülerinnen und Schülern die Auseinandersetzung mit der nationalsozialistischen Vergangenheit zu ermöglichen.

# Literatur

*Till Bastian,* Auschwitz und die „Auschwitz-Lüge" – Massenmord und Geschichtsfälschung, München [4]1995

*Randolph L. Braham,* The Destruction of Hungarian Jewry – A Documentary Account. Vol. 1 and 2, New York 1963

*Randolph L. Braham,* The Politics of Genocide – The Holocaust in Hungary. Vol. 1 and 2, New York 1981

*Randolph L. Braham,* The Wartime System of Labor Service in Hungary – Varieties of Experiences, New York 1995

*Asher Cohen,* The Last Tragedy of the Shoah: The Jews of Hungary. In: Saul Friedman (Hrsg.), Holocaust Literature, London 1993

*J.S. Conway,* Der Holocaust in Ungarn. In: Vierteljahreshefte für Zeitgeschichte, 32. Jg., München 1984

*Danuta Czech,* Kalendarium der Ereignisse im Konzentrationslager Auschwitz-Birkenau. In: Hefte von Auschwitz. Nr. 7/8, Oswiecim 1964

*Danuta Czech,* Konzentrationslager Auschwitz – Abriß der Geschichte. In: Auschwitz – Geschichte und Wirklichkeit des Vernichtungslagers, Hamburg 1980

*Fania Fénelon,* Das Mädchenorchester in Auschwitz, München [13]1997

*Geschichtswerkstatt Hessisch-Lichtenau/Hirschhagen (Hrsg.),* 700 Jahre Hessisch-Lichtenau – Ein ergänzender Beitrag zur Heimatkunde, Witzenhausen 1989

*Gutachten des Instituts für Zeitgeschichte [zur Verschleppung der osteuropäischen Juden],* München 1958

*Israel Gutman,* Enzyklopädie des Holocaust, München 1990

*Gideon Hausner,* Die Vernichtung der Juden, München [2]1979

*Hellmuth Hecker,* Praktische Fragen des Entschädigungsrechts – Judenverfolgung im Ausland, Hamburg 1958

*Ilse Henneberg (Hrsg.),* Vom Namen zur Nummer – Einlieferungsritual in Konzentrationslagern, Bremen 1996

*Raul Hilberg,* Die Vernichtung der europäischen Juden, Berlin 1982

*Jörg K.* Hoensch, Geschichte Ungarns 1867-1983, Mainz 1984

*Holocaust Magyarorszgon Sorozat (Hrsg.)*, Dokumentumok a zsidosag üldöztetesenek törtenetehez, Budapest 1994

*Arnold Jürgens/Thomas Rahe*, Zur Statistik des Konzentrationslagers Bergen-Belsen. In: KZ- Gedenkstätte Neuengamme (Hrsg.), Beiträge zur Geschichte der nationalsozialistischen Verfolgung in Norddeutschland. Bd. 3, Bremen 1997

*Ludwig Klivenyi*, Die rechtliche Regelung der Judenfrage in Ungarn. In: Die Judenfrage, Berlin 1942

*Angelika Königsecker/Juliane Wetzel*, Lebensmut im Wartesaal – Die jüdischen DP's im Nachkriegsdeutschland, Frankfurt am Main 1994

*Eberhard Kolb*, Bergen-Belsen, Hannover 1962

*Eberhard Kolb*, Bergen-Belsen – 1943 bis 1945, Göttingen [5]1996

*Eward Kossay/Eberhard Hammitzsch,* Handbuch zum Entschädigungsverfahren, München 1958

*Levai, Eugene*, Black Book on the Martyrdom of Hungarian Jewry, Zürich 1948

*Liste der Neuzugänge* vom 19. September 1944 des Außenkommandos Hessisch-Lichtenau, Archiv der Gedenkstätte Buchenwald

*Hartmut Müller,* Die Frauen von Obernheide, Bremen 1988

*Max Münz*, Die Verantwortlichkeit für die Judenverfolgungen im Ausland während der nationalsozialistischen Herrschaft, Berlin 1958

*Christian von Neet/Rudolf Augstein/Clement Höges*, Auschwitz – Die letzten Tage. In: Der Spiegel, Nr. 4/1995

*Niedersächsische Landeszentrale für politische Bildung (Hrsg.)*, Konzentrationslager Bergen-Belsen – Berichte und Dokumente, Hannover 1995

*Philo-Lexikon*. Handbuch des jüdischen Wissens, Berlin 1936

*Thomas Rahe*, Jewish Religious Life in the Concentration Camp Bergen-Belsen. In: The Journal of Holocaust Education.Vol. 5, No. 2/3, London 1996

*Thomas Rahe*, Jüdische Religiösität in den nationalsozialistischen Konzentrationslagern. In: Geschichte in Wissenschaft und Unterricht, 44. Jg., Heft 2/1993

*Hans-Jürgen Schekahn,* Briten und Belsen. Die ersten Monate nach der Befreiung. In: KZ-Gedenkstätte Neuengamme (Hrsg.), Beiträge zur Geschichte der nationalsozialistischen Verfolgung in Norddeutschland. Bd. 2, Bremen 1995

*Klaus Schickert,* Die Judenfrage in Ungarn, Essen ²1943

*Rainer Schulze* (Hrsg.), Unruhige Zeiten – Erlebnisberichte aus dem Landkreis Celle 1945-1949, München 1990

*Denis Silagi,* Die Juden in Ungarn in der Zwischenkriegszeit. In: Ungarn-Jahrbuch, München 1969

*Wolfgang Sofsky,* Die Ordnung des Terrors – Das Konzentrationslager, Frankfurt am Main ⁴1993

*Sabdor Szenes/Frank Baron,* Von Ungarn nach Auschwitz – Die verschwiegene Warnung, Münster 1994

*Margi Szöllösi-Janze,* Die Pfeilkreuzlerbewegung in Ungarn. In: Studien zur Zeitgeschichte. Bd. 35, München 1989

*United Restitution Organization* (Hrsg.), Judenverfolgung in Ungarn. Dokumentensammlung, Frankfurt am Main 1959

*Dieter Vaupel,* Das Außenkommando Hessisch-Lichtenau des Konzentrationslagers Buchenwald 1944/45, Kassel 1984

*Johann Weidlein,* Der ungarische Antisemitismus in Dokumenten, Schorndorf 1962

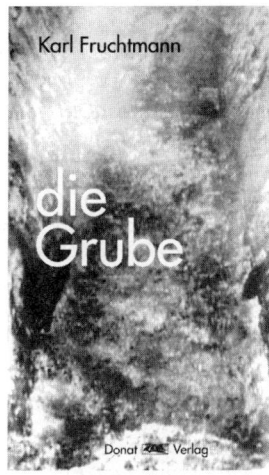